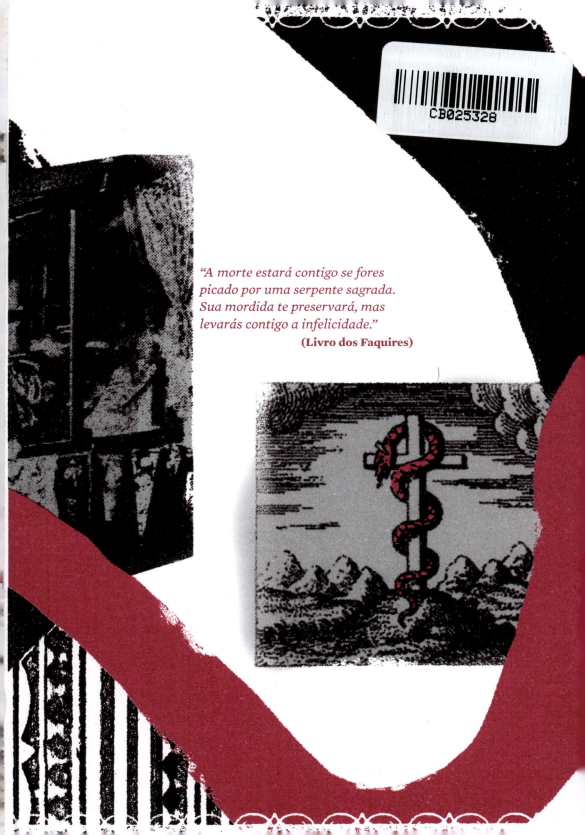

"A morte estará contigo se fores picado por uma serpente sagrada. Sua mordida te preservará, mas levarás contigo a infelicidade."
(Livro dos Faquires)

Cravo
na
Carne
fama e fome

O Faquirismo Feminino No Brasil

Alberto de Oliveira e Alberto Camarero

PREPARAÇÃO Sheyla Miranda
REVISÃO Ieda Lebensztayn
CAPA E PROJETO GRÁFICO Gustavo Piqueira/Casa Rex
FOTO DA CAPA Dario Terini
TRATAMENTO DE IMAGEM DA CAPA Alberto Camarero

DADOS INTERNACIONAIS DE CATALOGAÇÃO NA PUBLICAÇÃO – CIP

C172   Camarero, Alberto; Oliveira, Alberto
       Cravo na carne / Alberto Camarero e Alberto Oliveira. - São Paulo: Veneta, 2015.
       153 p.; il.

       ISBN 978-85-63137-41-8

       1. Arte. 2. Performance. 3. Corpo. 4. Faquirismo. 5. Faquiresas Brasileiras.
       6. História do Faquirismo Feminino Brasileiro. 7. História Social do Brasil.
       8. História de Vida. 9. Relações de Gênero. I. Título. II. Camarero, Alberto.
       III. Oliveira, Alberto.

                                                              CDU 79
                                                              CDD 791

CATALOGAÇÃO ELABORADA POR RUTH SIMÃO PAULINO

EDITORA VENETA
Rua Araújo, 124   1º andar   01220-020   São Paulo   SP
www.veneta.com.br | contato@veneta.com.br

11 Rose Rogé

Gitty **39**

49 Arady Rezende

57 Zaida

Rossana **77**

Mara **111**

Iliana **137**

163 Yone **195** Marciana

Verinha **211** Suzy King **233**

Verinha, o princípio

Alberto Camarero

O MOLEQUE saiu de casa naquela noite fria de abril e seguia muitos passos à frente do irmão, que o acompanhava tentando entender toda a excitação daquele pirralho de oito anos. A sensação era de conquista: depois de dias e dias de insistência, finalmente o moleque iria conferir aquele fenômeno. A pequena distância do destino, que se fazia a pé, nunca pareceu tão longa.

Era 1958: a televisão se restringia a pouquíssimos lares, enquanto o rádio reinava soberano. A ainda pacata Campinas, cidade sem vida cultural agitada, recebia uma atração exótica naquele outono sem graça.

O moleque, em suas andanças diurnas, seguiu o passo a passo da montagem do tosco pavilhão num terreno vazio no centro da cidade. Viu subirem as paredes de duratex, instalarem a cobertura. Quando o espaço ficou pronto, observou a colocação de uma faixa que, cortando a fachada, anunciava a atração do local. Algo como:

A JOVEM FAQUIRESA VERINHA DESAFIA A MORTE
EM SUA PROVA DE JEJUM E SUPLÍCIO.

À distância já se ouvia uma locução gravada que chamava o público e anunciava o que ocorreria ali. O tom era de suspense, mistério e assombro – exigia nervos de aço. Um fenômeno a ser comprovado por módicos dez cruzeiros, o preço do ingresso. O moleque era pura adrenalina, estava prestes a ver de perto o que já pressentia ser uma experiência devastadora. Havia dias, acompanhava as notícias sobre a apresentação de Verinha. Com a reverência de uma via-crúcis, recortava matérias sobre ela do jornal diário, coloria as fotos com lápis de cor e as fixava na parede do seu quarto, tal qual quadros numa galeria.

Fora do pavilhão, junto da porta de entrada fechada por uma cortina preta, havia uma vitrine. Do outro lado do vidro, uma desafiadora serpente viva. Uma espécie de guardiã cerbérica, que parecia dizer: "Ei, garoto, desiste que ainda dá tempo!!!".

Cruzar aquelas cortinas foi como atravessar as fronteiras do absurdo.

Num espaço nada maior do que a sala de uma casa, havia uma grande urna de cristal posicionada bem ao centro, sob um estratégico foco de luz. Naquele altar pagão, deitada sobre um leito de centenas de pregos, jazia uma jovem loura e bela, vestida num traje azul celeste de inspiração oriental. Era a faquiresa Verinha – uma mistura de santa com odalisca de carnaval.

Seu olhar vago, fruto de um provável tédio, reforçava a naturalidade de um suplício assumido – façanha atribuída somente aos santos e mártires do universo católico do moleque atônito. Ao seu lado, dentro do esquife, várias serpentes se enroscavam languidamente, abalando a pequena plateia dividida entre o espanto e a incredulidade. Uma sonoplastia discreta ao fundo reproduzia sucessos da rádio local.

Numa provável porta de entrada da caixa de vidro, muitos cadeados de proporções excessivas lacravam e garantiam a veracidade da prova. Ao lado, dois soldados do esquadrão local se revezavam dia e noite ao lado da urna, reforçando também a honestidade daquilo tudo.

Do alto, sobre a urna, descia uma rede onde viam amarrados muitos presentes dados à jovem faquiresa. Eram bichinhos de pelúcia e outros mimos, cartas de amor, bilhetes de fé e poemas dedicados a ela pelo séquito de fãs que havia passado. Vasos com flores também enfeitavam aquela instalação suicida.

A faquiresa Verinha ganhava ali um ardente fã mirim.

A exibição acabou e a bela Verinha, vitoriosa pela prova cumprida, sumiu pelo Brasil sem deixar rastro.

Nos muitos anos seguintes, o moleque crescido virou artista e buscou pela faquiresa em arquivos de jornais, estações de rádio e onde mais pudesse haver registro da apresentação que tanto o impressionou. Entrevistou profissionais da imprensa e muita gente daquela época – ninguém se lembrava de nada, nem mesmo o irmão que o levou pelas mãos. Ninguém se lembrava da passagem da faquiresa Verinha por Campinas. Houve um momento em que surgiu uma dúvida: teria mesmo existido essa personagem ou foi tudo produto da imaginação de um moleque sensível e viajandão?

Não foi. Em 2012, já em tempos de internet, documentos foram encontrados e, para o fechamento glorioso da gestalt do moleque, Vera também. Ela está viva e tornou-se grande amiga desse autor. De todas as faquiresas citadas nesse livro, ela é a última com vida e passa muito bem!

No caminho até ela, registros de outras faquiresas foram aparecendo. De uma empreitada pessoal, com a parceria competente e apaixonada do outro Alberto, essa busca virou o projeto que ora apresentamos.

Prólogo

ESTE NÃO é um livro biográfico, embora traga à tona fragmentos das histórias de vida de onze mulheres.

Não se trata de uma reconstituição completa de suas trajetórias, ainda que os capítulos sobre cada uma delas sigam uma ordem cronológica, necessária para compreendê-las melhor.

O que procuramos apresentar aqui é o perfil das mulheres que, na década de 1920 e depois nos anos 1950, dedicaram-se ao faquirismo no Brasil.

Ao mesmo tempo sagradas e profanas, essas mulheres exibiam em suas provas uma aura de mistério e tragédia que marcava suas vidas pessoais.

O que levaria uma mulher à decisão ousada e drástica de se expor publicamente por dias a fio, jejuando encerrada em uma urna transparente, deitada sobre uma cama de pregos ou de cacos de vidro na companhia de serpentes, em um tempo no qual ser atriz ou cantora já era o suficiente para desmoralizar uma mulher diante da sociedade?

Foi buscando a resposta para essa pergunta que mergulhamos no universo dessas mulheres e, fazendo uso quase que exclusivamente do que foi publicado em jornais da época, traçamos o perfil da faquiresa brasileira do século XX.

Informações que delineiam o panorama geral do faquirismo no país acompanham os textos sobre cada uma delas, assim como curiosidades sobre alguns faquires do sexo masculino que se destacaram no Brasil - esses bem mais numerosos. Os perfis apresentam uma continuidade entre si e contam, juntos, a história do faquirismo feminino nacional.

É importante destacar que a abordagem da história de cada faquiresa levou em conta uma série de fatores, entre eles a quantidade de material encontrado sobre elas e as restrições de seus familiares. Não se tratando, como já foi dito, de um livro biográfico, as diferenças acabam por ressaltar as diversas facetas da faquiresa brasileira, oferecendo ao leitor uma nova visão sobre essa forma de arte a cada capítulo.

Também vale ressaltar que escolhemos apresentar o extenso material de pesquisa – reproduções às vezes integrais, às vezes parciais, de matérias publicadas em jornais e revistas - costurado por um texto básico dos autores. Preferimos não manter a grafia original dos textos porque isso não combinaria com o vanguardismo das faquiresas. O propósito é manter, ao longo do livro, o espírito da época em que os fatos se passaram, de modo que o leitor possa ter uma noção mais exata de como as faquiresas eram vistas por seus contemporâneos.

O que procuramos apresentar aqui, enfim, é o que restou e o que nos comoveu de cada uma dessas onze mulheres que fizeram do faquirismo sua arte. O que cada leitor fará com o que encontrar neste livro independe de nós e é essa a perspectiva que nos motivou a publicá-lo.

"É esta a maior e mais interessante novidade da época.
Com a sua primeira jejuadora, o feminismo marcará
mais um tento aos seus ideais de liberdade."

A Noite, Rio de Janeiro, 16 de dezembro de 1922

Ainda que suas provas de jejum não incluíssem a urna de vidro, a cama de pregos ou de cacos, e as cobras sempre presentes nas exibições da era de ouro do faquirismo nacional, Rose Rogé foi, se não a primeira, uma das pioneiras da atividade entre mulheres no Brasil.

Não foi encontrada nenhuma referência sólida a mulheres que tenham se exibido em provas desse tipo no país antes dela.

Tal como grande parte de suas sucessoras, Rose Rogé tinha uma vida pessoal tumultuada, tendo sido notícia em quase todos os jornais do Rio de Janeiro antes de se tornar jejuadora.

Rose Rogé teria nascido em Paris em 1895, filha de pai francês e mãe italiana. Deixou a França depois de ficar viúva em 1911 e, no ano seguinte, já estava no Rio de Janeiro. Estabelecida como costureira no primeiro andar da rua do Catete, número 85, assim se apresentou em um anúncio publicado no *Jornal do Brasil* em 21 de setembro de 1912, sob o título "Madame Rose Rogé":

> "Costureira da casa Paquin, em Paris, oferece seus serviços a qualquer oficina de corte e costura; garante o mais fino gosto nas costuras chiques, toilettes e o mais que compreende, bordas e chapéus."

Uma das mais importantes de Paris à época, a casa Paquin pertencia a Jeanne Beckers, uma estilista pioneira cujas criações eram referência para a moda.

Se era verdade que Rose Rogé tinha sido costureira da casa Paquin, não há como ter certeza, mas a afirmação dava peso ao seu currículo.

Mais tarde, quando se lançava como faquiresa, Rose Rogé afirmaria que tinha sido contramestra da Casa Raunier, muito prestigiada no Rio de Janeiro. Porém não foi encontrado nenhum registro que ateste essa informação.

Em junho de 1920, outro anúncio sobre ela foi publicado no *Correio da Manhã*:

> "Pensão Rogé – Rua Voluntários da Pátria, 286 – Alugam-se aposentos ricamente mobiliados, juntos ou separados, para famílias e cavalheiros de alto tratamento. Cozinha de primeira ordem. Fala-se francês e inglês."

Dois meses depois, em 20 de agosto de 1920, um incidente ocorrido na pensão de Rose Rogé ganhou as páginas dos jornais cariocas. Um de seus hóspedes, o padre Domingos Pinna, teria se apaixonado por ela, provocando uma cena escandalosa na pensão.

Segundo o *Correio da Manhã*, Rose Rogé "notou que o reverendo, seu hóspede, perdia longo tempo a fitá-la, esquecendo entre as mãos o livro de orações, num êxtase absoluto".

Ciente de que "de fato a natureza lhe dera, com prodigalidade, elementos de sedução – dois olhos que diziam coisas, um sorriso de entontecer e um colo de garça –, madame desculpou ao padre aquele pecado e começou a fugir de sua presença para que o vigário de Cristo não tivesse aumentado o seu castigo pela reincidência no pecado".

Notando o afastamento de Rose Rogé, o padre mudou radicalmente seu comportamento. A princípio, muito conversador com os demais hóspedes da pensão, "passou a retrair-se, a fugir dos grupos que se formavam e só permanecia na sala principal quando se via sozinho para cravar os olhos no aposento de madame, querendo varar o interior, devassá-lo até encontrar a figura esguia da mulher que sobre ele, exercera tamanha preponderância".

A pensão Rogé.

Rose Rogé após misteriosa agressão sofrida em sua pensão.

Quando não pôde mais se conter, Domingos Pinna declarou-se a Rose Rogé, dizendo que "abjuraria de sua religião para ser o humílimo escravo dela". Constatando que "o padre estava como louco", Rose Rogé "percebeu que uma saída brusca podia dar lugar a um escândalo que convinha evitar. Então revestiu-se de calma e procurou chamar o padre à razão", exigindo que ele "procurasse cômodo quanto antes, noutra pensão".

"O reverendo, num rápido impulso, agarrou-a nos braços e quis colar os lábios profanos de madame nos seus, que ressumavam santidade.

Houve então o escândalo. A dona da casa gritou, vieram outros hóspedes e, cheio de vergonha, trancou-se o padre nos seus aposentos."

O jornal *Gazeta de Notícias* descrevia desta forma a cena:

"Os gritos que partiam de uma das salas da pensão fizeram com que para ali, acorressem vários dos hóspedes, que pararam surpresos diante do quadro com que não contavam. Furiosa, os cabelos desgrenhados, chispando a cólera nos seus olhos, a proprietária da casa, jovem e sempre bela, apesar do rancor que a dominava, debatia-se entre os braços do reverendo, que toda gente supunha ser um virtuoso homem.

Este recuou atônito diante dos que chegavam, soltando a sua vítima, que apresentava sinais arroxeados nos braços, no pescoço..."

Como Domingos Pinna provocou várias marcas no braço de Rose Rogé, o caso foi levado à delegacia do 7º distrito.

Dois dias depois, *O Paiz* apresentava as declarações prestadas pelo padre na delegacia. Segundo Domingos Pinna, ele teria chegado à pensão Rogé em 1º de julho, "pagando uma quinzena adiantada. Quando o prazo estava a esgotar-se, madame Rogé pediu-lhe um dinheiro adiantadamente. Ele respondeu-lhe que visto lhe parecer tratar com pessoa séria, estava pronto a adiantar-lhe dois meses de aluguel, sem prejuízo de seus direitos na contingência de sua saída antes de terminado o prazo", ao que ela concordou.

Poucos dias depois, ele foi convidado para ser "capelão de uma importante instituição" [a Beneficência Portuguesa] e informou Rose Rogé, que "com modos muito afáveis, tentou dissuadi-lo, dizendo até – em tom de quem se mostra mais gentil que ameaçadora – que havia de fazer com que ele não saísse da casa".

Em 13 de agosto, tendo visto Rose Rogé "chamar pelo telefone mensageiros para o seu serviço, pediu-lhe que chamasse um desses meninos, visto como queria mandar uma carta, na qual comunicava à diretoria dessa instituição a sua aceitação do lugar de capelão".

O mensageiro veio e Domingos Pinna entregou a ele a carta e o pagamento pela entrega. Em seguida, Rose Rogé chamou o mensageiro, dizendo que também tinha serviço para ele.

Domingos Pinna soube mais tarde que a carta não tinha sido entregue. Quando comunicou o fato a Rose Rogé, "de quem não presumia nenhuma má vontade, ficou muito impressionado ouvindo-a dizer: 'Não se meta comigo que se sai mal!'".

Domingos Pinna quis saber então qual era a agência de onde viera o mensageiro e Rose Rogé se negou a dizer. Diante de sua ameaça de ir à polícia se ela não lhe desse essa informação, Rose Rogé entregou-lhe um cartão de outra agência. Quando Domingos Pinna constatou que tinha sido enganado, foi falar com ela novamente, e Rose Rogé "respondeu que se ele teimasse, levaria uns tabefes".

Diante dessa ameaça, o padre "correu ao telefone e pediu providências ao comissário do 7º distrito, que mandou um guarda informar-se. Retirou-se o guarda, depois de ouvir dele a exposição dos fatos", ao que Rose Rogé "entrou bruscamente no quarto dele, dizendo coisas que ele, como padre, não pode repetir. Segurou-o violentamente pelos braços, sacudindo-o. Não lhe foi difícil a reação e assim, saiu para o jardim, de onde a ameaçou de pedir de novo a intervenção da polícia. Ela então foi para a cozinha e ele voltou para o seu quarto, que fechou por dentro, a chave".

Por volta das dez horas da noite, quando já estava deitado, ouviu Rose Rogé dizer em voz alta: "O bonito ele ainda não sabe!". Saiu da cama, se vestiu e telefonou de novo para o 7º distrito pedindo providência. "O comissário disse-lhe que se fosse preciso, chamasse um guarda, que estava de serviço na rua. Ele achou pouco e foi pessoalmente à delegacia. O comissário então, à vista do exposto, mandou um guarda, que ficou de plantão na própria pensão".

Mais tarde, ele e Rose Rogé foram à delegacia, "onde as calúnias da dona da pensão foram desmascaradas". Rose Rogé não quis dizer onde se encontrava o mensageiro da carta desaparecida, mas se comprometeu a devolver ao padre metade do dinheiro que ele tinha lhe adiantado.

Desse modo, "ficaram desfeitas as graves acusações que eram feitas ao padre Domingos Pinna".

Menos de um mês depois, em 15 de setembro, Rose Rogé e Domingos Pinna voltaram a ser notícia na imprensa carioca.

O Imparcial resumia assim o novo incidente:

> "Seriam quase três horas da madrugada. A casa situada na rua Voluntários da Pátria, próxima à da Matriz, estava, como toda a redondeza, mergulhada em profundo silêncio.
>
> Habitando com vários empregados o pavimento térreo, madame Rose, tendo necessidade de ir à banheira, instalada nos fundos da casa, levantou-se sozinha e verificou que na casa, todos dormiam. Depois de se demorar algum tempo na banheira, regressava para os seus aposentos quando foi inopinada e violentamente agarrada pelas costas. Subjugada, foi ainda quase estrangulada por uma grossa corda que o vulto lhe passara em volta do pescoço. Depois de uma luta tremenda, madame Rose conseguiu desvencilhar-se do seu agressor, correndo até a copa, onde clamou por socorro, sendo então anavalhada pelo covarde, que lhe vibrou dois golpes no braço direito. Com a emoção da luta, a vítima teve uma síncope, caindo sem sentidos, enquanto o misterioso personagem a abandonava, desaparecendo na treva da noite."

Dias antes, segundo *O Paiz*, Rose Rogé havia levado "uma queixa às autoridades do 7º distrito, dizendo que diariamente era ameaçada pelo telefone por uma voz que lhe assacava impropérios".

O delegado, "temendo que as ameaças fossem levadas a efeito", incumbiu um policial, "a quem estava confiada a guarda da padaria São João Baptista, situada no prédio nº 301 da rua Voluntários da Pátria, a vigiar também a pensão Rogé, que lhe fica fronteira".

Esse policial e um guarda civil teriam ouvido na madrugada do incidente os gritos de Rose Rogé e foram encontrá-la "desacordada, em desalinho e banhada em sangue, pois apresentava ferimento feito a navalha no braço direito, além de pronunciadas equimoses no pescoço e no braço, onde se viam ainda as marcas dos dedos de uma mão que a tentasse segurar de rijo". Depois de Rose Rogé ser medicada, descobriu-se que "o talho" era "muito superficial, sem gravidade alguma".

Segundo o *Correio da Manhã*, Rose Rogé ligava o atentado "aos casos em que esteve envolvido Pinna, não só pelas reiteradas ameaças que recebeu pelo telefone, como por haver reconhecido no seu agressor um indivíduo que várias vezes procurou em sua casa aquele sacerdote, estando uma vez com ele demoradamente no salão de bilhar".

Prestaram declarações à polícia os empregados da pensão – entre eles, Rosa Jorge, com quem Rose Rogé dividia seu quarto. Porém, conforme *O Imparcial*, os depoimentos careciam de importância, "pois nenhum deles testemunhou o desenrolar da cena rocambolesca".

O Imparcial publicou na íntegra um relatório em que Rose Rogé, "receosa de ser assassinada", escreveu para "elucidar à polícia sobre a terrível perseguição que sofria" por parte de Domingos Pinna.

No texto, Rose Rogé narrava uma ocasião em que havia sido "surpreendida pela presença dele em trajes de Adão":

> "...agarrando-me pelas costas, levou-me para o quarto dele; gritando como uma louca, acudiu-me a minha empregada, a qual dorme no mesmo quarto comigo. Na ocasião dessa luta, deixou-me o padre completamente rasgada e toda machucada. Fiz-lhe ver que eu ia apresentar queixa ao cardeal e na delegacia; respondeu que nas queixas das mulheres, ninguém acredita."

Procurado na Beneficência Portuguesa pelos repórteres do jornal *Gazeta de Notícias* (ao *Jornal do Brasil*, ele tinha dito que tudo não passava de uma vingança, pois Rose Rogé não lhe perdoaria nunca por ter "levado o fato que deu motivo ao primeiro escândalo à polícia"), Domingos Pinna disse que "já sabia do fato e estranhava que o quisessem envolver no mesmo quando, é certo, tudo fazia para olvidar todas as ocorrências anteriores, que bastante o aborreceram". Afirmou não saber a que amigo seu Rose Rogé pretendia "aludir dizendo ser ele o seu agressor. Não tem amigos salteadores, nem assassinos. É incapaz de desejar o mal de quem quer que fosse, não se transformaria, certamente, em mandatório de tal crime". E completou afirmando que "quanto ao resto, é pura invencionice dessa senhora, como já o expus e provei na delegacia do 7º distrito, quando ali fui refutar, diante das autoridades, as malévolas acusações suas".

A mesma reportagem lembrava que "as autoridades, pelo que apuraram as primeiras notícias do fato, afirmam não poder fazer um juízo seguro sobre o mesmo, estranhando que uma pensão familiar como a de madame Rose permanecesse expectorando de luzes até uma e meia, duas horas da madrugada, e mais a coincidência de ter a dona da casa deixado o seu leito para ir ao interior do prédio justamente à hora que na mesma entrava um homem para matá-la", e deixava no ar a seguinte insinuação sobre Rose Rogé:

> "A pensão de madame Rose é nova ainda e logo depois de instalada recebeu como distintos hóspedes um advogado membro de conhecida família de Pernambuco, da qual faz parte mavioso poeta que ama as cigarras, e um capitalista, sócio de uma forte razão social da capital daquele estado. O capitalista era acompanhado por sua família, na qual se fazia notar por sua irradiante beleza e finos dotes de espírito, uma sua filha de dezessete anos de idade.
>
> Madame Rose foi toda atenção para os seus hóspedes e à jovem, sobretudo, dispensou um tratamento repassado de tal meiguice que faria supor adulação de sua parte se à jovem realmente não sobrassem qualidades de atrair todos aqueles que se lhe aproximassem.
>
> Passavam-se dias quando, certa manhã, o advogado procurou um dos nossos delegados de polícia e lhe referiu com indignação um estranho caso que teria

ocorrido na pensão e que teve como resultado, depois de uma séria explicação entre o capitalista e madame Rose, retirar-se aquele apressadamente da casa, acompanhado de sua família.

Foi o fato que, estando certa noite dormindo no seu aposento, a jovem sentiu que à sua porta batiam de leve. Estranhou, indagando quem o fazia, e ouviu, sussurrante, a voz da dona da casa, pedindo que abrisse. A moça, sem nada julgar de mal, atendeu-a. Madame Rose falou-lhe, de modo que outros não ouvissem, para que desse um pulo até o seu quarto.

— Para quê?

— É que o seu namorado quer falar pelo meu telefone particular com a senhora.

Eram duas horas da manhã e a jovem, que não autorizara rapaz algum a declarar-se seu namorado, fez ver à madame Rose, usando de certa veemência, que aquele seu procedimento lhe causava estranheza. A dona da casa afastou-se para repetir-se o fato daí a dois dias, evitando a jovem de narrá-lo até então ao seu progenitor, para evitar um escândalo. Da segunda vez, porém, não se conteve. E o caso estourou como uma bomba! Retirou-se a família."

O Paiz, citando Raimundo Correia, concluía sua cobertura do caso dizendo que Rose Rogé, referida pelo jornal *A Razão* como "figura, ao que se diz, outrora de destaque nas rodas boêmias", era "bela demais para mulher honesta" e Domingos Pinna, em carta enviada ao delegado do 7º distrito e publicada em vários jornais em 16 de setembro, na qual se defendia das acusações de Rose Rogé, afirmava que ela, "conhecedora de todos os truques diabólicos (já tem tido pensões... de mulheres!)", simulara o assalto e o estrangulamento para acusá-lo e que a investigação verificaria que tudo não passava de "uma simulação perversa e torpe".

O incidente parece não ter sido esclarecido, pois nada mais foi publicado nos jornais a respeito.

Apenas o jornal *A Razão*, em reportagem publicada no dia 16 de setembro, contava que "no serviço médico legal", onde Rose Rogé se submetera a um exame para comprovar a agressão

que sofrera, "os médicos comentavam o ocorrido, humoristica-
mente, acrescentando um: 'Isso tudo é paixão; há mulheres de
muita força.'", deixando claro o descaso dispensado a Rose Rogé
na ocasião.

Porém, em abril de 1928, o nome do padre reapareceu em
outro escândalo, esse de proporções maiores.

No dia 07 daquele mês, o jornal *A Noite* dava o seguinte
perfil do padre Domingos Pinna:

> "Nascido em Portugal, tendo lá professado, foi, ain-
> da jovem, removido para o Brasil, onde, aqui chegado,
> teve uma das freguesias de Botafogo. Correu, em segui-
> da, outras paróquias, até que, a convite da Beneficên-
> cia e com o consentimento dos seus superiores, se fez
> capelão daquela associação. Expansivo, iluminado por
> uma inteligência brilhante, aliando aos seus dotes de
> espírito os de um grande coração, o padre Domingos
> Pinna angariou ali, como na elite social carioca e entre
> os seus patrícios aqui domiciliados, um largo círculo
> de relações."

E seguia dizendo:

> "O padre Domingos Pinna é, no entanto, um do-
> ente de há longos anos. Atacavam-no acessos periódi-
> cos de grande neurastenia, passados os quais voltava
> novamente ao seu natural de homem afável, espírito
> lúcido e perfeito cavalheiro. Desses momentos, há
> tristíssimas lembranças. Foi assim que, em certo dia,
> se atirando a um bonde para tomá-lo em movimento,
> perdeu o equilíbrio e, falseando, caindo ao solo, foi
> colhido pelo veículo, que lhe amputou um pé. Há uns
> doze anos, quando prestava os seus serviços religiosos
> à igreja de São João Baptista, viu-se, de uma feita, o
> nome do padre Domingos Pinna envolvido num gran-
> de escândalo. Era uma mulher que o acusava e a polí-
> cia e os jornais se ocuparam durante longos dias a fio
> com o caso rumorosamente.
>
> Emprestaram-se então, ao fato, aspectos que ver-
> dadeiramente não oferecia, sendo injustamente ex-

plorado o acontecido, quando não representava tudo senão mais uma das fases de sofrimento do desditoso ministro de Deus."

Sem razão alguma, Domingos Pinna atirara com uma espingarda de caça em dois de seus melhores amigos – seu afilhado e o administrador da Beneficência Portuguesa.

O fato é que a repercussão de sua convivência atribulada com Domingos Pinna acabou por fazer com que Rose Rogé perdesse tudo o que tinha e caísse na miséria, conforme ela contaria mais tarde para o jornal *A Noite*.

A solução que achou para dar a volta por cima foi a mais original possível – se lançou como faquiresa.

Em meados de dezembro de 1922, várias notas em jornais cariocas mostraram mais ou menos o texto a seguir, transcrito do jornal *O Paiz*:

"Nos últimos dias deste mês, o público do Rio poderá assistir a um espetáculo sui generis.

Trata-se nada mais, nada menos de uma senhora que será 'sepultada viva' em um de nossos teatros, a exemplo do que há anos fizera Júlio Villar, para a prova de um jejum absoluto, durante sete dias.

Rose Rogé, assim se chama a arrojada senhora, já obteve da polícia a necessária permissão, tendo também recebido atestado do respectivo médico legista.

O sexo fraco caminha..."

Interessante notar que a prova de jejum de Rose Rogé era anunciada como uma grande conquista feminina. O jornal *A Noite*, por exemplo, dizia:

"É esta a maior e mais interessante novidade da época. Com a sua primeira jejuadora, o feminismo marcará mais um tento aos seus ideais de liberdade."

Embora com início previsto para o dia 31 de dezembro daquele ano, a prova foi realizada em meados de janeiro do ano seguinte e teve duração de oito dias.

Júlio Villar.

Anúncio que trazia uma informação curiosa sobre a prova de jejum de Rose Rogé: ela tinha um telefone em seu caixão.

Sob o título "Uma enterrada viva – Madame Rogé vai se submeter a um jejum de oito dias", o *Correio da Manhã* publicou a seguinte matéria em 13 de janeiro de 1923:

"Há alguns anos, contratado pela empresa Paschoal Segreto, o senhor Júlio Villar, cidadão lusitano, sujeitou-se à prova de ficar, por espaço de oito dias, enterrado, dentro de um caixão hermeticamente fechado, à entrada do teatro São Pedro.

Antes dessa formalidade, o senhor Villar percorreu várias ruas desta cidade, metido no seu esquife, dentro de um carro de funerária, tal qual como os que fazem a última viagem.

Não faltaram depois disso os imitadores, que obtiveram o mesmo sucesso.

Agora, uma senhora, que se esconde sob o nome Rose Rogé, se decidiu a fazer a mesma experiência.

A dama de que se trata esteve, há anos, envolvida em um caso misterioso em Botafogo. Viu-se certa noite atacada no quintal de sua residência, que era então na rua Voluntários da Pátria, por um indivíduo de compleição robusta que a procurou estrangular. O fato foi cientificado à polícia, atribuindo a vítima a autoria da agressão a um sacerdote que fora seu hóspede."

Na mesma data, o *Jornal do Brasil* publicou uma reportagem em que Rose Rogé contava como seria a apresentação:

"a 'urna funerária' (com Rose Rogé dentro dela), será fechada e a chave ficará sob a guarda de uma comissão de representantes da imprensa, seguindo para a avenida Rio Branco, a fim de ficar exposta ao público no edifício do Cinema Central durante esse longo período.

Aproximando-se o dia de tão arriscada prova para a senhora Rose Rogé, aprouve-nos ir procurá-la, à sua confortável residência da rua Pedro Américo, movidos pela natural curiosidade de conhecê-la e especialmente de ouvi-la acerca desse seu cometimento. Anunciados que fomos por uma sua serviçal, recebeu-nos prontamente a gentil jejuadora, que com a mais cativante amabilidade se pôs ao nosso dispor, indicando-nos uma rica 'conversadeira'.

— Desejávamos — dissemos — que nos distinguisse com algumas palavras sobre a arriscada prova de jejum que lhe apraz encetar proximamente.

— Arriscada?! Não há risco algum. Ao término da mesma, tenho razão sobeja para lhe assegurar, nada mais sucederá que um natural depauperamento orgânico. Os efeitos da fome, bem assim como os da sede, deixam de ter as fatais consequências que a ciência lhes atribui, uma vez que possamos educar o físico, preparando-o, por exercícios contínuos e bem orientados, para a prova a que vou submeter-me.

— Quer dizer que, com esse recurso, qualquer pessoa...

— Não, senhor! — atalhou a jejuadora — Nem todas as organizações poderiam resistir a tão rigoroso, quão paciente treino, indispensável ao êxito da prova, que consiste em um jejum absoluto por espaço de oito dias. É neste particular que está o interessante da minha resolução, que tem o sabor da novidade, visto como nenhuma representante do meu sexo, até hoje, que me conste, se abalançou a pôr em prática semelhante ideia.

— Ideia que será coroada de todo o sucesso.

— Assim espero. Pelas experiências particulares que tenho feito, estou autorizada a nem sequer de leve duvidar disso. É bem certo que há, em grande parte dos empreendimentos, incidentes, imprevistos, mas, contra estes, estão todos os meus cuidados. Serei prevenida.

— Antes do dia e hora em que haverá de tomar lugar no caixão, parece-nos indispensável um preparo prévio ao organismo...

— Evidentemente. Nos três dias que precedem ao da prova, vai-se jejuando gradativamente, deixando de alimentar-se, de sorte que chegado o momento de ser enterrado vivo, já o seu físico se encontre preparado à imobilidade e à dispensa de alimento.

Nada mais tínhamos a saber. Despedimo-nos, agradecendo a atenção que nos foi dispensada pela senhora Rose Rogé, convencidos de que a sua prova, que está despertando todo o interesse, será um dos mais emocionantes espetáculos que se tem dado nesta capital."

Nenhuma das matérias encontradas sobre o jejum de Rose Rogé detalha os procedimentos da prova.

Alguns trechos de uma reportagem publicada no **Correio da Manhã** em 10 de dezembro de 1917, quando o jejuador Júlio Villar fez apresentação semelhante no Rio de Janeiro, ajudam a entender como foi feita a prova de Rose Rosé. É certo que ela se apresentou, se não em moldes idênticos aos de Villar, de maneira muito parecida com a dele.

> "O caixão é de madeira forte e resistente, de cedro, e mede quase dois metros de comprimento por cinquenta de largura e de alto, tendo uma campainha elétrica para utilidade do 'defunto' e duas lâmpadas de cores variadas para iluminar o interior do caixão. À cabeceira, foram colocados dois tubos de dez centímetros cada um para respiração, tendo interiormente uma rede para evitar a descida de qualquer coisa e contato com o 'morto' e aos pés do caixão colocado um outro tubo, nas mesmas condições e para o mesmo efeito."

E a matéria segue dizendo que "foram colocados no caixão três pequenos colchões, duas toalhas felpudas, duas colchas de fustão, dois travesseiros de paina, uma caixa de pequenas lâmpadas, um relógio, um lápis, um livro denominado 'Lágrimas' e um bloco de papel", onde os representantes da imprensa deixaram seus votos de sucesso ao jejuador. Mais adiante conta que:

> "Concluídos os últimos preparativos, às quatro horas, o jejuador recolheu-se ao caixão, sendo fechado hermeticamente, ficando as quatro chaves com diversos representantes da imprensa. Na abertura que existe à cabeceira do caixão, foi colocado um tampo de vidro, grosso, medindo cinquenta centímetros de largura e de comprimento, para ser visto de cima e com o auxílio das lâmpadas o jejuador, que vai ficar memorável nesta cidade e certamente no mundo pelas suas provas arrojadas."

É provável que outras mulheres tenham feito exibições semelhantes em outros países na mesma época ou até mesmo antes de Rose Rogé.

Uma pequena nota intitulada "Uma jejuadora", publicada em um jornal de Santa Catarina chamado **República** em 09 de março de 1892, contava que de acordo com um jornal francês *Succi e Merlati*, os jejuadores mais conhecidos da época, seriam "desbancados por uma jejuadora americana, miss Nelson, que além disso é uma excelente artista".

"Miss Nelson, que se acha em Paris, estará quarenta ou mais dias sem comer, bebendo apenas cotidianamente um copo de um líquido especial. Com esse líquido, pretende miss Nelson provar que os pobres podem dispensar o comer, sem comprometerem a saúde.

Já está organizada uma comissão de médicos que a vigiarão dia e noite, a fim de se assegurarem da verdade das declarações da jejuadora.

Enquanto durar o jejum, miss Nelson dará quatro concertos em benefício de alguns estabelecimentos de caridade parisienses."

O jornal carioca **Novidades**, em nota publicada cinco dias depois, mostrava-se ferrenho diante da exibição de miss Nelson:

"Decididamente, o respeitável público universal está cada vez mais parvo. Não há truque, por mais imbecil que seja, em que ele não caia com entusiasmo. Está atualmente fazendo furor em Paris uma jejuadora, miss Nelson, que é visitada, na média, por duas mil pessoas, a dois francos por cabeça, para... Não verem comer. A boa mulherzinha, que já foi cantora de café-concerto, conta uma deslumbrante história do famoso elixir, cujo segredo os selvagens lhe revelaram, o que alimenta melhor do que o clássico carneiro com batatas. E os pacóvios a encherem-lhe as algibeiras de francos!"

No **Correio da Manhã** de 5 de julho de 1909 foi mencionada outra jejuadora, Serval, sem citar o país em que eram realizadas suas exibições.

"O célebre jejuador Succi, que se retirou ultimamente à vida privada, achou uma concorrente na pessoa da senhora Serval, de trinta e oito anos de idade, que já tem feito jejuns públicos de mais de quatro semanas.

Durante esses jejuns, a senhora Serval toma apenas a quinta parte de uma garrafa de água mineral por dia. Um médico submeteu essa mulher a várias experiências fisiológicas e, assim, pôde observar que os sofrimentos da senhora Serval eram quase insignificantes e manifestavam-se depois de onze ou doze dias de jejum: nessa ocasião, acentuavam-se durante vinte e quatro horas, e depois desapareciam por completo.

O corpo perde seis a sete quilos de seu peso e, terminado o jejum, readquire rapidamente a sua normalidade. Bem que o rosto se tome de uma excessiva palidez – o que é fácil de compreender – , o estômago não acusa nenhum enfraquecimento e a jejuadora continua a gozar de uma excelente saúde.

Devemos acrescentar que a senhora Serval jejua unicamente por prazer, pois que é dona de uma fortuna regular e não pensa absolutamente em tirar proveito da sua especialidade.

É, no seu gênero, uma artista diletante."

Menos de vinte anos depois, porém, ninguém parecia se lembrar disso no Rio de Janeiro e Rose Rogé foi aclamada por vários jornais como a única mulher no mundo a ser faquiresa, um "arriscado empreendimento, nunca tentado pelo belo sexo", nas palavras do jornal *Gazeta de Notícias*.

Iniciada a prova de jejum de Rose Rogé, notas publicadas na imprensa no quinto e no sexto dia de jejum informavam que "de acordo com o último boletim médico, que assinala estar passando magnificamente a jejuadora senhora Rose Rogé, já se começa a desenhar um completo sucesso ao seu empreendimento audacioso" e que no Cinema Central, continuava "a afluir um grande público, todo ele movido pela natural curiosidade de conhecer a autora de tão singular ideia". Acrescentavam ainda que Rose Rogé continuava "apresentando sintomas duma resistência prodigiosa. É bem diminuto o seu abatimento físico e quanto ao moral, basta referir que é o mesmo o seu propósito firme de vencer. 'Só sairei daqui depois de pleno desempenho à minha promessa.'. É esta a invariável resposta que a jejuadora dá a quem a inquire sobre sua resolução".

Em 20 de janeiro de 1923, o jornal **A Noite** trouxe uma longa entrevista feita com Rose Rogé antes do início de sua prova. Intitulada "Uma mulher original – O romance de Rose Rogé, irmã de um bispo da França e jejuadora por obediência a um voto", a matéria revelava o que acontecera a ela depois do incidente com o padre Domingos Pinna.

"A originalidade de Rose Rogé não está só no se exibir enterrada numa sepultura com tampo de vidro durante oito dias de jejum, mas em quase todos os atos de sua vida.

Rose Rogé não é uma profissional, nem tampouco uma aventureira que tivesse vindo para aqui com o intuito de realizar um sonho de ouro. Ela é, antes, um exemplo do poder da vontade, e a prova a que se impõe agora não representa tanto uma audaciosa transação financeira como a satisfação de ver cumprido um voto, inspirado em momento crítico de sua existência. Ela como que obedece a uma predestinação do que, já agora, não despreza os resultados práticos que possam haver, tal como quem se dispõe a apanhar os frutos caídos, a tempo, de uma árvore de espinhos, tantas vezes tentada escalar.

O Rio conhece bem Rose Rogé, nas fases diferentes de sua vida, nas duas épocas de sua evidência, ainda que não tendo ela agora mais do que vinte e nove anos de idade. Quem ler hoje o nome de Rose Rogé nos cartazes de exibições e quem for vê-la mesmo, enterrada viva, à guisa de faquir indiano, não terá a menor recordação de tal personalidade, nem de quando ela esteve envolvida em ruidoso caso policial de Botafogo, nem de quando, anos antes, ela se tornou conhecida como perita contramestra de importante estabelecimento de modas da rua do Ouvidor. Rose Rogé é, pois, um tipo de romance, criado não por uma imaginação fantasista, que o seu espírito é calmo e refletido, e as suas ideias moderadas e positivas, nem por leituras de capa e espada, a que ela nunca se entregou, mas por imprevistas situações que a envolvem, de quando em quando, arrebatando-a do seu ambiente para colocá-la em atmosfera agitada.

Verifica-se com Rose Rogé, assim, o que se dá às vezes com um rio, cujo curso natural é desviado caprichosamente, deixando suas águas o liso leito de areia para correr e saltar por sobre pedras.

Nas vésperas de ser enterrada, Rose Rogé não saía de casa, preparando-se para a grande prova. Os jornais começaram a falar nela. Depois, vieram os retratos. Foi, por fim, marcado o dia em que ela devia ser metida no caixão, conduzida em cortejo e sepultada no saguão do cinema.

Rose Rogé não seria uma vencida da vida, mas capaz de enfrentar convenções e procurar a morte, por um meio tão original, oferecendo o máximo sacrifício como um exemplo? Essa ideia nos assaltou quando nos contaram duas palavras do romance de sua vida. Seria curioso ouvi-la. Facilmente tivemos o número de seu telefone. Tocamos. Ela mesma atendeu. Que sim, que receberia *A Noite* do mesmo modo por que havia sido ela recebida pelo *A Noite* certa vez. Logo que a vimos, ocorreu-nos o seu caso, passado há dois anos mais ou menos.

— Perdão, mas parece que nos conhecemos...

— De nada, senhor. É verdade que nos conhecemos. Tristes recordações do passado...

— É a ex-dona da pensão Rogé, da rua Voluntários da Pátria?

— Exatamente.

— Nunca mais ouvimos o seu nome. Nunca mais a vimos...

— O Rio é uma grande cidade hoje. Já se pode aqui viver e morrer despercebidamente, como os miseráveis de Paris.

— Temos a impressão de que, apesar de sua bela aparência, tem conhecido de perto o sofrimento.

— Posso narrar-lhe o que tem sido a minha vida e por que acabo realizando, por vontade, aquilo que já fiz obrigada pelas circunstâncias.

Rose Rogé sentou-se numa poltrona Maple, defronte à nossa, cruzou as pernas, deixando ver os pés muito bem calçados, tomou negligentemente de uma almofada de cetim com dragões de ouro, colocou-a no colo e, firmando nela os braços nus, sem pulseiras, nem braceletes, descansou nas mãos, em concha, a cabeça, sacudindo a cabeleira negra, crespa, de cabelos curtos, num gesto elegante e enérgico. Fixou-nos com seus negros olhos redondos, tipo indiano, e começou assim:

— Por muito tempo, fui contramestra da casa Raunier. Vencia na vida, mas era vencida no amor. Tive uma ligação, que foi longa, mas acabou, deixando-me proveitosa lição. Jurei a mim mesma viver unicamente por meus esforços e as minhas aptidões de trabalho. Foi quando montei a pensão Rogé, à rua Voluntários da Pátria. Ia tudo muito bem, quando surgiu o escândalo provocado pelo padre Pinna, que era meu hóspede. Resisti, houve luta, que acabou com a intervenção da polícia, por mim solicitada. De tudo isso resultou a derrocada. Fui perdendo tudo, até ficar sem nada, sem meios para viver. Todas as tentativas fracassaram. Cheguei a tomar emprestado, de minha fiel empregada, a Rosa, toda a sua fortuna, cerca de três contos, que ela foi tirando da caixa. Seria longa a descrição dessa odisseia, minha e de Rosa, que sempre me acompanhou. Basta dizer que deixamos de comer para podermos fazer anúncios, propondo-nos até para criadas, contanto que nos aceitassem juntas e com os meus três gatos angorás. Fomos aceitas em uma casa de vila Isabel, de onde tivemos que sair antes de um mês, sem vintém, mas com o estômago cheio. Era uma casa de doidos. Num quarto que alugamos, passamos sem comer três dias seguidos. Sugeriu-me tal coisa a ideia de aproveitar os ensinamentos da mais dura necessidade. Publiquei então este anúncio: 'Suplício de uma jovem ou o último passo pela honra – uma moça estrangeira, de tratamento, elegante e modesta, com vinte e sete anos de idade, que foi muito bem estabelecida nesta capital e cercada das melhores considerações pelas famílias da alta sociedade, achando-se, presentemente, reduzida quase à miséria, motivada pela caprichosa vingança de um personagem de responsabilidade, que abusou da sua pessoa, porque vivia e ainda vive gostosamente só, e a quem não se quis entregar por ser honesta, mesmo sob ameaça de morte ou da desmoralização do seu estabelecimento, não desejando enlamear-se em um mau caminho, quando já procurou, com insistência, uma colocação onde pudesse angariar os meios para se manter com compostura, e nada tendo obtido de acordo com o seu caráter, vem agora, jogando a última cartada pela honestidade, oferecer-se a um empresário teatral que a queira exibir encerrada em uma sepultura, sem alimento algum, por oito dias, precisando apenas de água e ar para não morrer, pedindo, porém, em recompensa de seu sacrifício, uma importância com a qual possa restaurar a sua vida, martirizada em defesa do padrão da honra. Carta, por obséquio, para o escritório deste jornal, para madame M. P. C.'. Nada. Não perdia a fé, entretanto. Continuei a tremenda luta. Andamos em dolorosa peregrinação por longo tempo, até que fomos parar em casa da família Cataldo, à rua Espírito Santo. Até a cama eu tinha tomado por aluguel, restando-me apenas um velho vestido, surrado, e um espelho. Dia veio em que tive de vender o espelho. Quando cheguei em casa, de volta, fui vista por alguém. Uma hora depois, recebia uma carta. Esse é outro capítulo da minha vida. Muito tempo antes, uma vez que saíra bem mal vestida já, para procurar emprego, acercou-se de mim um cavalheiro, que me reconhecera como dona da pensão. Tratei-o com delicadeza, mas afastei-o de suas ideias. Daí por diante, por capricho da sorte ou por qualquer influência estranha à minha vontade, quase sempre que saía daqui ou dali, do lugar onde o destino me atirava, ele me via e voltava a escrever-me. Nunca respondi. A minha orientação na vida estava firmada. No dia em que vendi o espelho, recebi outra carta. Nem o tempo, nem a minha atitude inflexível dissuadiam-no. Que insistência doentia! Já me enervava, já me fazia mal. Resolvi um golpe. Consenti em trocarmos ideias. Disse-lhe que nunca teria um afeto. Se algum dia, viesse a aceitar seus oferecimentos, o faria só para não morrer à fome, e assim mesmo sob exigências muito grandes. As minhas disposições eram de modo ou a afastá-lo de vez ou – o que não era de prever – a assegurar-me com garantias. Com surpresa minha, no dia seguinte, ele voltou. Estava tudo pronto. Tive que cumprir minha palavra. Não me arrependo. A ideia do jejum, porém, tornou-se uma mania para mim. Há dias, disse-lhe o que esperava levar a efeito. Ele protestou, mas acabou por me fazer a concessão. E aqui estou eu, Rose Rogé, filha de pai francês e mãe italiana, nascida em Paris, no boulevard Saint-Germain, tendo um irmão bispo na França, a exibir-me como jejuadora nesta grande e linda terra que é o Brasil, prova que realizo mais por disciplina à minha vontade, por um voto."

Pouco se falou a respeito do final da prova de jejum de Rose Rogé na imprensa, tendo sido encontrada apenas uma crônica de Hilton Fortuna sobre o assunto publicada na edição maranhense de **O Jornal** em 22 de fevereiro de 1923. Segundo Hilton, "os mesmos coveiros" que sepultaram Rose Rogé

"tiraram-na do martírio... Rose Rogé tinha as pernas bambas, os movimentos trêmulos, o corpo mal-cheiroso... Levaram-na para casa e lá, a vitoriosa teve os cuidados necessários ao depauperamento, como se viesse de uma longa enfermidade: refeições graduadas, injeções reconfortadoras, higiene e repouso. Dormiu profundamente e, através daquele sono reparador a que ela se entregou, rodaram em dança macabra moedas luzidias, cédulas novas, cheques coloridos, e tesouros, e milhões...

Quando despertou, horas depois, a rediviva fez soar a campainha; atenderam-na. Comovida, ansiosa, ainda a suar frio, cheia de desconfianças, a heroína indagou: — Quanto ganhamos?...

Ignoro a resposta dos seus camaradas, mas devia ser satisfatória e formidável a importância, a julgar pelo sorriso de gozo que pairou aos lábios embranquecidos e finos de Rose Rogé..."

Rose Rogé.

Em meados de 1923, Rose Rogé tentou se naturalizar brasileira, porém teve seu pedido indeferido, com a justificativa de "a requerente não ter a idoneidade precisa para ser naturalizada".

Depois disso, o nome de Rose Rogé desapareceu do noticiário brasileiro, figurando em alguns processos judiciais nos anos seguintes, sobre os quais não foram encontrados detalhes.

Nunca mais se ouviu falar de Rose Rogé, a primeira faquiresa a se exibir no Brasil de que se tem notícia.

O esquecimento, maldição que parece acompanhar as faquiresas brasileiras, já se fazia presente, ainda que ela fosse francesa...

"Fechada na sua urna transparente, como a querer viver às claras todos esses dias que se vai submetendo à prova de jejum, bebendo calmamente águas minerais e fumando deliciosos cigarros de fumo louro, não sabe, talvez, madame Gitty a embrulhada inominável que anda cá por fora em torno da sua prova de jejum."

A Noite, Rio de Janeiro, 14 de abril de 1928

DEPOIS DE Rose Rogé, o Brasil passou alguns anos sem ter outra faquiresa que chamasse a atenção da imprensa.

Ainda na primeira metade dos anos 20, parece ter surgido a primeira faquiresa realmente brasileira, anunciada pelos jornais como madame Barros – ela contava então pouco mais de vinte anos de idade. Madame Barros era Hosanna, esposa do compositor, cantor e professor de violão Josué de Barros, que mais tarde ficou conhecido como o homem que descobriu a cantora Carmen Miranda e também se dedicou ao faquirismo durante algum tempo.

De acordo com Ruy Castro na biografia que escreveu sobre Carmen Miranda, a alagoana Hosanna era "prima em terceiro grau do marechal Floriano Peixoto, ex-presidente da República". No início dos anos 20, a convite de Pixinguinha, Josué de Barros apresentou-se em Buenos Aires com o grupo Oito Batutas no "teatro Empire, gravaram na Victor argentina, beberam todo o dinheiro, brigaram entre si e também só conseguiram voltar porque o embaixador lhes pagou as passagens".

"Menos Josué, que ficou por lá – mas, para ganhar a vida, foi trabalhar como faquir. Seu número consistia em ficar preso em uma garrafa gigante arrolhada, sem comer, enquanto Hosanna, que o acompanhara, jazia numa urna de cristal iluminada por quatro círios. Josué pretendia bater o recorde do faquirismo local, chegando a dez dias dentro da garrafa. Quando estava a ponto de igualar a marca, a mulher do chefe de polícia fez com que o libertassem – não por compaixão, mas porque o recorde pertencia a um argentino. Josué e Hosanna trouxeram o número para o Brasil e se apresentaram em São Paulo, na Bahia, em Pernambuco e no Ceará."

O *Jornal de Recife* publicou algumas notas sobre essas apresentações, a primeira delas no dia 04 de setembro de 1925, sob o título "A encerrada viva":

"Desde ontem à tarde que se acha em exposição na rua Nova junto à confeitaria Bijou a urna de vidro onde foi encerrada a jejuadora brasileira madame Barros, que se compromete a ficar até o próximo dia 07, quando sairá do seu voluntário encerro e jejum.

Têm sido inúmeras as pessoas que têm ido ver a encerrada e lá também estivemos pela segunda vez à uma hora e meia da madrugada de hoje, encontrando-se madame Barros perfeitamente bem.

Da urna, que está fechada com quatro fortes cadeados, nos coube a chave de um deles."

Em 09 de setembro, o mesmo jornal contava que "depois de cinco dias de absoluto jejum", Hosanna deixara sua urna no dia 07 "aparentando bom estado, prova evidente de sua resistência física". Ela estava no teatro Santa Isabel, para onde havia sido transportada pela "carreta dos bombeiros", tendo recebido sob aplausos "uma artística medalha de ouro e um grande ramo de rosas".

Se madame Barros não alcançou tanta projeção na imprensa, com a alemã Gitty a história foi diferente. Ela surgiu no Brasil cinco anos depois de Rose Rogé, apresentava-se no Rio de Janeiro e recebeu grande destaque por parte dos jornais da época.

Gitty não se limitava à modalidade "enterrada viva". A prova de jejum dela já incluía a urna de vidro (que alguns jornais afirmavam ser de cristal) das faquiresas clássicas, mas ainda não se falava em cobras nem em cama de pregos ou de cacos de vidro.

A urna de Gitty parecia ser bem maior do que as das faquiresas que vieram mais tarde, e chegou a ser anunciada como um "quarto de cristal".

Se era verdade o que os seus empresários diziam à imprensa, Gitty nasceu na Alemanha por volta de 1897.

Em 20 de março de 1928, o ***Jornal do Brasil*** anunciou assim sua primeira exibição em terras brasileiras:

> "Está no Rio e pretende passar dezoito dias sem comer, encerrada em uma caixa de vidro, a jejuadora alemã senhorita Gitty, que em Berlim já se entregou a uma experiência semelhante.
>
> Um atestado passado pelos doutores Miguel Salles e Cândido Godoy, do instituto médico legal, diz que se trata de pessoa robusta, que não sofre de moléstia alguma.
>
> Pretende a jejuadora apresentar-se ao público em um dos nossos teatros."

Dias depois, foi anunciado que Gitty seria encerrada em sua urna de vidro às dezessete horas do dia 03 de abril, na rua da Carioca, 26, onde permaneceria em exposição durante dezoito dias das dez horas da manhã a uma hora da madrugada, em absoluto jejum, bebendo exclusivamente água mineral.

No dia marcado, um lanche foi oferecido aos representantes da imprensa antes do encerramento de Gitty na urna. Em ***O Paiz***, no dia seguinte:

> "Terminado o lanche, o representante de ***O Paiz***, assistido pelos seus colegas de imprensa e por todos os presentes, procedeu a uma rigorosa vistoria no mobiliário que guarnece a câmara de vidro, encontrando tudo em perfeita ordem.
>
> Em seguida, miss Gitty, sorridente, penetrou na caixa, recebendo então os votos de sucesso da imprensa carioca, fazendo-se intérprete dos seus companheiros o nosso colega Berilo Neves.

Imediatamente depois, foi a porta parafusada e devidamente selada, trazendo cada selo a assinatura da imprensa.

Todos os atos foram efetuados sob a vigilância da polícia, de maneira a não deixar dúvidas sobre a regularidade da experiência."

Passada uma semana do início da prova, começou a circular o boato de que Gitty estava sendo ludibriada pelos empresários e que, ao sair da urna, encontraria não lucros pela sua exibição, mas dívidas feitas por eles em seu nome. Um dos empresários, também alemão, desmentiu rapidamente os boatos ao jornal *A Noite*.

Em meados de abril, porém, o jejum de Gitty voltou a atrair a atenção dos jornais de forma negativa. Segundo uma notícia publicada no jornal *Gazeta de Notícias*, em 15 de abril, Gitty havia sido "vítima de uma vertigem" no dia anterior, o que causara grande alarme, e "realmente havia motivos para isso, pois a jejuadora está sem assistência médica e nessas condições é muito possível que um acidente seja fatal". Como continuaram circulando os boatos de que Gitty estivesse sendo enganada pelos empresários, eles foram detidos e levados à delegacia, onde "tudo se explicou claramente, ficando entretanto, doravante, as rendas sob a fiscalização".

Um dia antes, o jornal *A Noite* havia publicado detalhes curiosos sobre o jejum de Gitty:

"Aquela mulher que se diz indiana, a alemã Gitty, que está jejuando há longos dias, fechada numa urna de vidro, está na ordem do dia dos casos rumorosos. Transformaram madame Gitty, nome com que a jejuadora se 'crismou', numa verdadeira 'cabeça de turco'...

Fechada na sua urna transparente, como a querer viver às claras todos esses dias que se vai submetendo à prova de jejum, bebendo calmamente águas minerais e fumando deliciosos cigarros de fumo louro, não sabe, talvez, madame Gitty a embrulhada inominável que anda cá por fora em torno da sua prova de jejum.

Hoje, pela manhã, até a polícia foi obrigada a movimentar-se, intervindo no caso e detendo, para averiguações, na rua da Carioca, 26, onde se exibe Gitty, seus empresários, também alemães.

INDIA MYSTERIOSA
RUA CARIOCA, 26
Desde 3 de abril — Hoje: 9º dia
ASSOMBROSA NOVIDADE
A MORTA VIVA
MISS GITTY
8 dias e 18 noites em um quar[to de] crystal, em completo jejum, [beben]do exclusivamente agua mine[ral San]ta Cruz. Dia e noite em exposiç[ão]
INGRESSO 1$000

Gitty em sua urna, onde passava os dias de jejum "bebendo calmamente águas minerais e fumando deliciosos cigarros de fumo louro"

Gitty

Um dia destes, já o caso da jejuadora teve especial registro porque, dizia-se, quando Gitty saísse da sua urna, havia de encontrar, como aconteceu certa vez a um outro jejuador, um saldo devedor na escrita do seu negócio de jejuar, que, no entanto, deveria ser-lhe duas vezes rendoso, uma vez que ela fez economias na pensão em que se hospedara ao chegar ao Rio... Os empresários vieram a campo e explicaram. Não era verdade o que diziam. E apresentaram contas, algarismos de renda e despesa, documentando o desmentido.

Gitty, serenamente, calmamente, sem saber de nada, continuou na sua urna de vidro a beber águas minerais e a fumar deliciosos cigarros de fumo louro...

A polícia surgiu, hoje, na casa em que jejua Gitty porque se propalou o boato de que a jejuadora tivera uma síncope e estava moribunda. O denunciante contou também a história dos dinheiros em que os alemães estariam envolvidos, pelo que foram detidos.

A Noite, informado de tudo por um 'carioca-repórter', partiu em seguida para o local. Lá estava a beber águas minerais e a fumar, madame Gitty. O nosso companheiro pediu para falar-lhe depois de, a muito custo, encontrar um intérprete que entendesse o indiano. Mas Gitty falava só o alemão...

Ainda assim, foi possível saber-se de tudo. A jejuadora tivera, hoje, realmente, uma vertigem, sendo socorrida por um médico, mas declarou achar-se em perfeito estado de saúde para chegar ao fim da prova. E, antes de fazer isso, para nos receber, empoou-se e pintou de ruge os seus lábios descorados.

A polícia vai agora apurar o resto da denúncia, que a nós outros não interessa..."

Concluída a prova, Gitty teria recebido apenas "um prêmio de uma empresa de águas minerais a que servira de reclame", segundo diria algum tempo depois o *Jornal do Brasil*.

O que se sabe é que pouco tempo depois, no dia 06 de junho, Gitty foi encerrada em uma urna de vidro outra vez e repetiu a façanha em São Paulo, onde realizou idêntica prova de jejum na rua Formosa, 18-A.

Cerca de um ano e meio depois, em outubro de 1929, jornais cariocas informavam que Gitty, "em trajo egipciano", faria nova prova de jejum na rua da Carioca, 26, no início de novembro.

Dessa vez, "seu heroísmo" iria além, nas palavras do *Jornal do Brasil*: Gitty daria dez contos de réis a quem provasse que estava se alimentando durante a exibição. Além disso, Gitty pretendia jejuar durante trinta dias, não obtendo para isso a aprovação da polícia, "em virtude do laudo dos médicos legais que a examinaram, achando demasiado o prazo, que foi então reduzido para dezessete dias", limite que Gitty parece ter resolvido não obedecer, pois no endereço onde deveria se exibir foram "afixados cartazes anunciando os grandes mistérios da Índia, um dos quais era o jejum de madame Gitty por vinte e cinco dias".

Porém, essa segunda prova de jejum de Gitty no Rio de Janeiro não obteve êxito. Em reportagem intitulada "O fracasso dos mistérios da Índia – A jejuadora da rua da Carioca não resistiu à fome", em 03 de novembro de 1929, o *Jornal do Brasil* informava que Gitty, "residente à rua do Lavradio, 55",

> "não resistiu ao trabalho de passar fome para ganhar com que comer.
>
> Ontem à noite, a assistência médica foi chamada a socorrê-la, tal era o seu estado de inanição.
>
> Levada ao posto central, foi socorrida com injeções fortificantes e ali, ficou em repouso, retirando-se mais tarde para a sua residência.
>
> Desta vez, as águas maravilhosas a que fazia reclame não produziram efeito e madame Gitty perdeu o prêmio."

Esse parece ter sido o fim da carreira de faquiresa de Gitty, que se retirou de cena e de quem nunca mais se ouviu falar no Rio de Janeiro.

A MULHER FAKIR !

Attenção! Attenção!

Attenção! Attenção!

Attenção! Attenção!

Attenção! Attenção!

Attenção! Attenção!

Cine

eu do Braz

am

LTAD
1928
JOVEN JEJUA OR

**ARADY
REZENDE**

VER PARA CRER

"Não deixa de ser interessante essa competição, quando nela
intervém uma mulher bastante jovem, bem capaz de demonstrar
que nem sempre o sexo fraco é o seu."

FOLHA DA NOITE, SÃO PAULO, 09 DE FEVEREIRO DE 1928

ARADY REZENDE é a mais obscura das faquiresas pioneiras do
Brasil, ainda que tenha realizado inúmeros jejuns no estado de
São Paulo entre 1928 e 1929.

Embora seu verdadeiro nome (que não revelamos neste livro)
sugira que Arady Rezende fosse de família italiana, consta em seu
registro de sepultamento que ela nasceu no Brasil e era "filha de
pais não declarados". Segundo o mesmo documento, de 1935, ano
de sua morte, Arady Rezende contava apenas vinte e um anos de
idade. A informação parece estranha porque, sete anos antes, ela já
se apresentava ao lado de seu marido, Américo Piza, e então não
teria mais do que quinze anos de idade na época de suas exibições.

Em 09 de fevereiro de 1928, o jornal *Folha da Noite*
anunciava:

> "O senhor Américo Piza e a senhorita Arady Re-
> zende decidiram realizar uma prova de resistência no
> jejum entre eles. Assim, logo depois do Carnaval, pelo
> espaço de dez dias, em local a ser determinado, ambos
> ficarão enterrados vivos.
>
> Não deixa de ser interessante essa competição,
> quando nela intervém uma mulher bastante jovem,

bem capaz de demonstrar que nem sempre o sexo fraco é o seu."

Segundo o jornal **Folha da Manhã**, Arady chegou a jejuar também no Rio de Janeiro, porém não foi encontrada nenhuma referência mais detalhada sobre essas apresentações, assim como não foram encontradas notícias sobre jejuns anteriores de Américo Piza.

Às quinze horas do dia 03 de março, empresariados por Galetto Santos, Arady Rezende e Américo Piza foram encerrados em suas urnas no andar térreo do prédio número 103 da avenida São João, e deram início à prova de jejum. A apresentação durou dez dias e, segundo o jornal **Folha da Manhã**, "o público, por todo o tempo em que eles se entregaram a essa espontânea penitência corporal, visitou-os, tanto de dia, como de noite".

No final de março, Arady Rezende anunciava uma nova prova de jejum ao lado de Américo Piza ao jornal **A Noite**. Publicada em 29 de março de 1928 e intitulada "Desafio Original: A moça que se enterra viva quer derrotar, dentro do caixão mortuário, o outro jejuador", a reportagem dizia:

"Não deixa de ser original o desafio de que nos deu notícia, hoje, a jejuadora Arady Rezende, uma figura mignon de mulher, nervosa, interessante.

— Soube — disse-nos ela — que, em São Paulo, o senhor Américo Piza permaneceu, durante dez dias, embaixo da terra, encerrado num caixão mortuário. Acho que essa proeza pode ser superada por mim: não só ficarei esse tempo embaixo da terra, em estado de absoluto jejum, como, também, se a polícia o permitir, permanecerei enterrada, durante duas horas, sem respiração.

— E não teme morrer? - perguntamos.

A jejuadora, que é, afinal, uma menina, respondeu-nos, com certo arrebatamento:

— Não, senhor! Já fiz essa experiência e vencia-a com vantagem!

Arady, que, nesse sentido, já se correspondeu com Américo Piza, irá, apenas ache um empresário,

e Colyseu do Braz

Avenida Rangel Pestana n. 19?

R FAKIR !... — Venham
SEPULTADA VIVA !

de Malo de 1928 - HOJE
A de grande prova da
EJUADORA BRASILEIRA

ady
Rezende

á SEPULTADA VIVA du-
0 DIAS e 10 NOITES, no
is completo JEJUM,
R PARA CRER !...

Attenção!   **Attençã**

2.a-feira — 7 de Malo — 2.a-fe
A'S 21 HORAS

Grandioso espectaculo em qu
jovem jejuadora ARADY REZE
DE termina a sua prova e que

Américo Piza

encerrar-se, ao lado dele, numa urna mortuária, durante dez ou mais dias.

E digam, agora, que o feminismo não progride..."

Dias depois, os jornais davam a data da nova prova de jejum do casal, novamente em São Paulo, dessa vez em um parque de diversões situado na avenida Rangel Pestana, 192, e com duração de quinze dias. Pouco depois, porém, o jornal *Folha da Noite* informava que Arady Rezende jejuaria sozinha e por apenas dez dias, pois a mãe de Américo Piza havia falecido.

Em 28 de abril, Arady Rezende deu início à nova prova. Anúncios publicados no jornal *Folha da Noite* nessa ocasião anunciavam Arady Rezende como "a mulher faquir". A palavra faquiresa ainda não era usada na imprensa brasileira e tanto Rose Rogé quanto madame Barros e Gitty eram chamadas apenas de jejuadoras. Essa parece ter sido a primeira vez em que uma faquiresa foi anunciada dessa forma no Brasil.

Concluído mais esse jejum, Arady Rezende seguiu para Santos, onde, no final de maio, se exibiu em outra prova no teatro Guarany, novamente sozinha.

Em março de 1929, Arady Rezende e Américo Piza voltaram a se exibir juntos, "cada um em sua urna de cristal", durante quinze dias. A prova tinha fins filantrópicos e "uma determinada porcentagem da renda dessa experiência" seria doada a uma instituição de caridade.

Em dezembro do mesmo ano, o casal se exibia outra vez em São Paulo e a prova era anunciada como um desafio pelo *Diário Nacional*:

> "Aceitando o repto lançado pela jejuadora brasileira, senhorita Arady Rezende, o conhecido jejuador Américo Piza fechou contrato com uma empresa desta capital para em companhia daquela jejuadora, se conservarem encerrados em urnas durante o prazo de dez a mais dias.
>
> Esta prova, que será uma demonstração de resistência, está despertando grande interesse por ter sido uma senhorita quem lançou o desafio a um adversário bastante experimentado como o senhor Américo Piza, pois, dotado de uma construção física robusta,

tem suportado com galhardia as provas anteriores a que se submeteu."

Em 28 de dezembro, às dezesseis horas, Arady Rezende e Américo Piza foram encerrados em "dois caixões mortuários" na avenida São João, 188.

É pena que nenhum jornal dê maiores detalhes sobre a forma como eram realizadas as provas de jejum de Arady Rezende e Américo Piza, deixando apenas a impressão de que se apresentavam tanto no modelo "enterrado vivo", quanto no modelo "urna de vidro".

Depois dessa prova de jejum, que recebeu menor atenção por parte da imprensa do que as anteriores, os jornais não falaram mais de Arady Rezende e Américo Piza por algum tempo.

Em março de 1932, Américo Piza reapareceu em uma prova de jejum em São Paulo, sozinho.

Três anos depois, em 23 de abril de 1935, uma pequena nota publicada no **Correio de São Paulo** informava:

"Faleceu no hospital do Juqueri a artista Arady Rezende, que com seu marido foi muito popular em números de 'enterrado vivo'.

O enterro foi realizado no cemitério do Araçá."

Segundo o registro de sepultamento de Arady Rezende, ela teria falecido às catorze horas do dia 19 de abril, "vítima de caquexia".

O hospital do Juqueri era um hospital psiquiátrico. Não se sabe que circunstâncias levaram à internação de Arady Rezende, mas a doença caquexia pode ser definida como desnutrição aguda, mal do qual não é de se estranhar que uma faquiresa sofresse.

E assim, silenciosamente, saiu de cena Arady Rezende, dando fim à primeira fase do faquirismo feminino no Brasil.

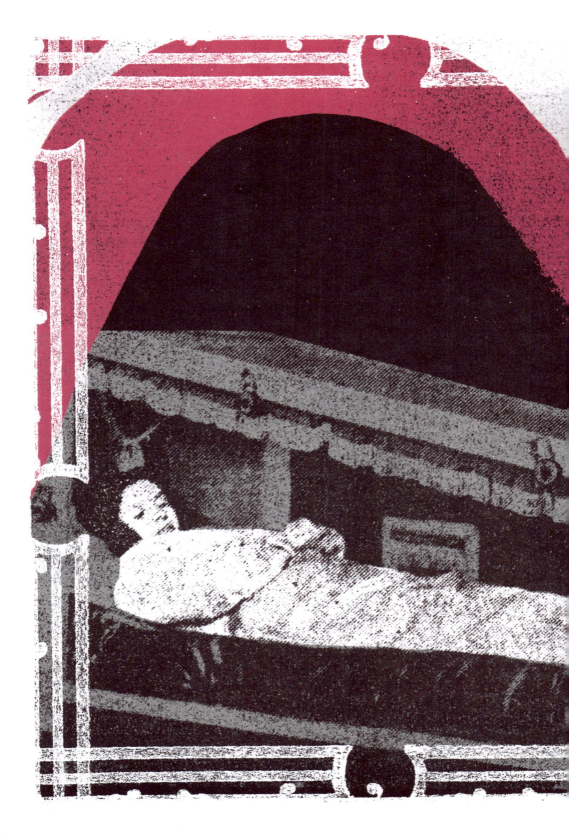

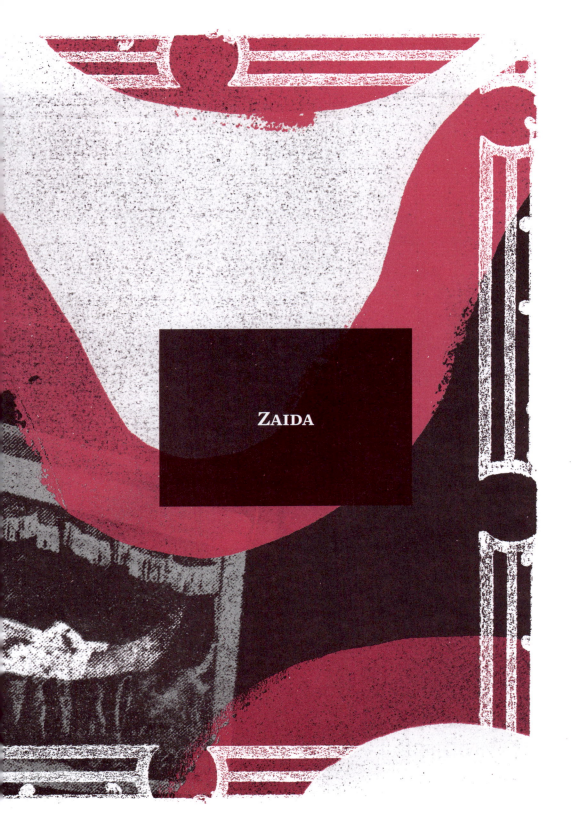

Zaida

"...nunca apareceu, em todo o mundo, uma mulher a seguir os exemplos masculinos e passar a jejuar dias consecutivos. Nunca se teve notícia de uma jejuadora profissional. O motivo, como é óbvio, seria porque o organismo feminino é muito mais frágil que o do homem. A mulher, sexo fraco, não poderia nunca jejuar, por este ou por aquele motivo. No entanto, houve quem pensasse o contrário. E, com pertinácia, passando por duras provas, surgiu, então, a primeira e única jejuadora do mundo: Zaida, uma mulher como outra qualquer, que não chega a chamar grande atenção nas ruas... Mas que é Zaida, a jejuadora."

DIÁRIO DA NOITE, SÃO PAULO, 03 DE MARÇO DE 1951

ENTRE OS ANOS 30 e meados dos 50, foram esparsas as notícias sobre faquiresas atuando em território nacional na imprensa brasileira.

É certo que elas existiam, mas o material encontrado sobre suas exibições é escasso.

Em matéria publicada no dia 31 de julho de 1935 sob o título "Mulher fenômeno", o ***Correio Paulistano*** relatava o caso de uma jovem que, embora não se exibisse publicamente, poderia ser considerada uma faquiresa pelas habilidades que apresentava – "caminha sobre pregos, encanta serpentes, pisa sobre brasas e jejua dias seguidos", dizia o subtítulo. Essas habilidades, porém, pareciam causar, pelo menos à sua família, mais preocupação do que admiração.

> "Perto de Curitiba, em Bocaiuva, apareceu uma jovem fenomenal, segundo relatam os jornais.
>
> Lúcia, de dezoito anos, filha de pais normais, dados à lavoura, de certo tempo a esta parte, se recolhia a enervantes silêncios, começou a emagrecer e a dizer coisas esquisitas.

Entre os atos espantosos que ela vem praticando figura o de lidar com serpentes e cobras como se fossem animais mansos!

Por vezes, está quieta, e de súbito, assume uma atitude misteriosa, sai correndo para o mato e dali a pouco, retorna, com uma jararacuçu ou cascavel na mão.

E vem triunfante, a cabeleira esvoaçando, a desafiar que as testemunhas dessa proeza a imitem se forem capazes!

Solta gargalhadas, brinca com as serpentes, joga-as e as apanha de novo, sem nada sofrer!

Os circunstantes estremecem de pavor. Mas ela fica inalterável.

Outros muitos atos a jovem Lúcia Alves pratica. Trepa em árvores, perpetrando perigosas acrobacias. Monta em cavalos chucros. Pisa, descalça, sobre pregos enferrujados, sem nada sentir. Caminha em brasas. Afinal, faz uma quantidade de coisas de a ferir e até matar. Entretanto, sai ilesa dessas provas como se nada houvesse feito de anormal!

O pai da moça, aflito com a transformação que ela padeceu, vem, de há três meses, que tanto dura a sua luta, trabalhando para curá-la, sem resultado, ou para conseguir explicação do mistério.

Já apelou para mezinhas, benzimentos, médicos, curandeiros, etc., sem obter a mínima melhora ou explicação!

Um dos efeitos mais sérios desse fenômeno é o jejum. Lúcia passa muitos dias sem comer. E está magra e debilitada!"

Do exterior, vinham, às vezes, notícias sobre faquiresas, geralmente anunciadas como a primeira ou a única mulher faquir do mundo.

Uma dessas, Koringa, era bastante conhecida na Europa e nos Estados Unidos. Em matéria publicada em fevereiro de 1948, a revista **O Malho** traçava o seguinte perfil de Koringa:

"Certa manhã do ano de 1932, à porta de um prédio da rua des Vinaigriers, em Paris, uma jovem bonita e possuidora de uns olhos diabólicos, a célebre Koringa, um faquir de saias, ia sendo presa por um gendarme.

— A senhorita não pode continuar a morar em Paris em companhia de tantos bichos. Se amanhã ainda estiver aqui, dar-lhe-ei ordem de prisão!

A fim de fugir aos rigores da lei, Koringa deixou a capital francesa no dia seguinte, bem cedinho, levando consigo, encaixotados, vários crocodilos e cobras.

Em Levallois-Perret, o lugar escolhido para sua nova moradia, ela alugou uma casa em cuja chácara havia uma cavalariça. Nesta peça, foram alojados os répteis que tanto horror causaram aos habitantes de Paris.

Sucedeu que, logo no dia imediato, uma das cobras escapuliu da cavalariça e foi-se instalar no interior de um soberbo Chevrolet que estava parado quase à entrada do chalé de mademoiselle! Imaginem o susto que levou o dono do carro ao abrir a portinhola!...

Passado o susto, acorreu à gendarmerie mais próxima e aí, solicitou o auxílio dos policiais. Mas nada aconteceu a Koringa... Aproveitando-se de seus dons de fascinação, ela seduziu o chefe dos gendarmes! Dias depois, nova viagem, agora para mais longe, para a Espanha...

A seguir, excursionou por várias cidades importantes – Londres, Viena, Berlim, Varsóvia, Praga, Milão, Genebra, Nova York.

Após sua recente exibição numa casa de espetáculos de Paris, um redator da revista *Inter* entrevistou-a. Entre outras coisas afirmou que 'incontestavelmente, Koringa é a primeira mulher faquir do mundo. Não é uma dominadora de animais. É, antes, uma hipnotizadora. Tem sido, no decurso de sua vida aventureira, vítima de acidentes graves. Traz nas mãos, nos braços e nas pernas cicatrizes dos golpes que seus crocodilos lhe deram. Uma vez, permaneceu três meses no hospital, curando-se de inúmeras contusões produzidas por uma 'serra' afiada de crocodilo.'.

'Essa mulher singular' – continua o jornalista – 'nasceu em Toulon e é filha de um marinheiro francês casado com uma hindu. Ela conhece todos os segredos do faquirismo praticado pelos yogues do Tibete. Não é insensível à dor, como podem pensar. Desde que se concentra e entra em transe é que se torna insensível. Estendida sobre camadas de vidro pulverizado ou pilado, pode suportar sobre o peito grandes pedras e deixar que sobre estas deem fortes marteladas. Executa exercícios de acrobacia numa escada cujos degraus são sabres afiados. Pode permanecer sepultada durante cinco minutos dentro de uma urna enterrada na areia ou mergulhada numa piscina profunda. Esta proeza é a mais arriscada de quantas executa'."

Nada foi encontrado, porém, a respeito de provas de jejum realizadas por Koringa.

Sobre uma prova de jejum realizada por uma mulher chamada June na Inglaterra, foi publicada no **Jornal do Brasil** em 18 de fevereiro de 1934 uma longa reportagem intitulada "Um caso curioso de mistificação".

"Um caixeiro viajante inglês, homem empreendedor e ardiloso, arriscou um pouco de dinheiro e de tempo na credualidade pública, certo de que o público pagaria satisfeito para ver alguém que voluntariamente se deixasse ficar privado de alimento.

Pondo em ação a teoria que engendrara, o viajante instalou em Margate, nas cercanias de Londres, uma barraca onde apresentava o seu 'espetáculo único no gênero': uma mulher que não comia, nem bebia. O espetáculo atraiu uma verdadeira multidão de curiosos, produziu para o empreendedor uma receita fabulosa e, ironicamente, terminou com a descoberta que a polícia fez de que tudo não passava de uma grosseira fraude. Disso resultou a prisão do empresário e um escândalo notável.

O hábil charlatão escolheu como paciente a atriz Winifred Tomlinson. Para melhor êxito do verdadeiro 'conto' que tencionava levar a efeito, achou bom mudar-lhe o nome e apresentou-a com o pseudônimo miss June. O plano foi simples e prático por demais: fez com que miss June, que tem apenas dezoito anos de idade, consentisse em ser encerrada numa gaiola de vidro de grandes dimensões. Anunciou depois que a exibição duraria quarenta dias e outras tantas noites, durante os quais a paciente ficaria inteiramente sem comer, nem beber.

(...)

Milhares de curiosos pagaram cinco cêntimos pela entrada, levados pelo prazer incompreensível de ver uma mulher que voluntariamente se deixava ficar sem comer e beber.

(...)

Dentro da gaiola, foi instalada uma cama, e nela ficava recostada a paciente. Cercaram-na de vários livros e revistas para que se distraísse à vontade, mas não se via, perto ou longe dela, na gaiola, nem migalha de alimento. Sempre que em redor da gaiola se agrupava um regular número de espectadores, o promotor do espetáculo trepava em um tablado e gritava, com voz retumbante:

— Senhoras e senhores! Tendes em vossa frente miss June, que está dando um extraordinário exemplo de resistência física. Durante quarenta dias e quarenta noites, ela viverá no interior desta gaiola, sem receber alimento e sem ter comunicação de qualquer espécie com o exterior. Esta é a primeira vez na história da humanidade que um ser humano, homem ou mulher, jejua publicamente e sem ter feito para isso qualquer treino especial.

Durante os dezoito dias que durou a exibição, o promotor obteve a insignificância de setecentos dólares com as entradas. Vários cartazes verdadeiramente dramáticos nos dizeres, descrevendo as diversas etapas do jejum, aumentaram a emoção e a curiosidade dos crédulos visitantes. Um desses anúncios, por exemplo, dizia: "Quanto tempo viverá ainda miss June?".

Já nos últimos dias do espetáculo, apareceu um anúncio ainda mais interessante, que dizia: "Não mostre alimentos à paciente. Não coma quando estiver junto à vitrine.".

Era intenção do empresário, com esse anúncio, dar a entender que a simples vista de alimento poderia fazer enlouquecer a paciente.

Iam assim as coisas quando, certa noite, a polícia de Margate recebeu a seguinte misteriosa mensagem: 'Se querem descobrir uma fraude audaciosa e bem feita, vão à tenda onde se exibe 'a mulher que jejua'. Tudo aquilo não passa de um grande logro, pois que na realidade, a mulher continua a comer como sempre comeu.'. Como assinatura, aparecia no fim dessas linhas: 'alguém que sabe de tudo'.

Imediatamente, vários agentes foram enviados ao lugar onde se fazia a exibição, forçaram o empresário a abrir a gaiola e tiraram miss June, que apresentava grandes olheiras e dava mostras evidentes de um prolongado jejum.

Um policial mais ardiloso demonstrou logo que as impressionantes olheiras eram arranjadas com um banalíssimo truque de maquiagem teatral e que a extrema palidez da paciente era apenas consequência de uma camada de pó bem distribuída.

— Fui eu quem fez a denúncia. — disse miss June à polícia — Desde que fui encerrada nesta gaiola, tenho sido alimentada diariamente.

(...)

Um exame minucioso na gaiola deixou ver que um dos vidros laterais corria sobre rodízios, deixando uma abertura pela qual era fácil fornecer à prisioneira alimentos de toda espécie. A revelação do truque causou profunda sensação entre os habitantes de Margate, que durante tantos dias se tinham deixado iludir pelo suposto jejum da mistificadora. No dia do julgamento dos acusados, o salão ficou cheio de curiosos, exatamente como havia ficado a barraca ao tempo em que o público acreditava na realidade do sacrifício de miss June.

(...)

— Sinto muito o que aconteceu. — disse ela — Só me prestei a esse plano porque precisava de trabalho, mas espero conseguir um emprego no teatro para não precisar voltar a lançar mão de meios iguais a esse para ganhar o meu sustento. Não me lembro como foi que entrei em contato com esses homens; sei apenas que fui arrastada pela necessidade de ganhar a vida. Quando consenti em deixar que me encerrassem na gaiola, eles me prometeram cinquenta dólares se eu permanecesse dentro dela os quarenta dias anunciados. Aceitei, pedindo apenas que me dessem para encher as longas horas que me esperavam alguns livros e umas poucas revistas. Os empregados alimentavam-me duas vezes ao dia. Recomendaram-me que se algum espectador entrasse na barraca no momento em que eu estivesse comendo, procurasse esconder a cabeça sob as cobertas. Nos primeiros dias, a minha situação não foi má; porém, à medida que passava o tempo, aquela permanência contínua na cama foi se tornando insuportável. Comecei a procurar um meio de sair daquela horrível gaiola. Uma espécie de sonolência doentia apoderava-se de mim tomando-me conta dos membros e do cérebro. Compreendi que o único recurso que me restava era pedir o auxílio da polícia se eu não quisesse acabar louca.

Miss June fez as suas declarações com absoluta calma, como se não tivesse medo de ser contestada. As suas palavras eram ouvidas com verdadeira ansiedade.

— Afinal, — continuou a atriz — uma noite, aproveitando o descuido dos empresários, escrevi aquele bilhete. Batendo no vidro, consegui chamar atenção de dois meninos que estavam próximos e foram eles que se encarregaram de levar a mensagem ao seu destino. Logo depois, chegou a polícia e eu vi o meu martírio terminado. Ainda que pareça um contrassenso, preferi arrostar os dissabores da prisão a continuar dentro daquela gaiola para ganhar cinquenta dólares.

Gould, o organizador da fraudulenta exibição, foi condenado a um mês de reclusão depois de ter pago as custas do processo."

As condições que levaram June a se tornar jejuadora não eram muito diferentes das que levariam, mais de duas décadas depois, algumas mulheres brasileiras a se tornarem faquiresas.

Nessas duas décadas, às vezes aparecia nos jornais alguma pequena referência sobre faquiresas atuando no Brasil.

Uma carta de um leitor, publicada no jornal **Folha da Manhã**, na seção "Desabafos de Juca Pato", no dia 28 de dezembro de 1930, falava rapidamente de uma faquiresa que tinha jejuado recentemente na capital paulista durante dois meses, sem dar, porém, seu nome. O teor da carta expunha sua opinião sobre a presença desse tipo de exibição em uma grande cidade como São Paulo:

"São Paulo, apesar de seu vertiginoso progresso, apesar dos arranha-céus e apesar da nova pavimentação (um pouco estragada pelos incêndios dos dias da revolução), permanece sempre uma cidade provinciana.

Digo isso porque, além dos circos de cavalinhos que deitaram suas raízes numa das principais avenidas, à moda do interior, de vez em quando, aparecem nas ruas do Triângulo os 'fenômenos' que exploram a credulice humana e estulta. Há pouco, tivemos a mulher que jejuava dois meses a fio. Em seguida, apareceu a mulher faquir que fazia coisas do arco-da-velha e atualmente, eis que se instala à rua XV de novembro uma 'mulher maravilha' que aparece e desaparece à vontade do freguês desde as oito da manhã até a meia-noite, sem descanso, sem intervalos, sempre com a 'charanga' a tocar músicas... futuristas e com o camelô a porta convidando o 'inclito e culto' a gastar os dez tostões para ver a 'maravilha'! O mais lindo disso tudo é que um cavalheiro, ex-inspetor do senhor Laudelino de Abreu, toma conta da caixa com ares de sultão, cenho fechado, gestos de príncipe!

Creio que andando nesse passo, em breve, teremos exibições de 'homens serpentes', 'mulheres macacos', 'donzelas com barbas', em pleno centro da cidade e contra as suposições dos 'agaches' aqui da terra..."

Quase vinte anos depois, em meados de 1949, o ***Jornal do Dia***, de Porto Alegre, anunciava Adda-Nari, uma mulher faquir que se apresentava nos cinemas da cidade. E também nesse ano, a faquiresa Iliana, segundo diria seu esposo ao jornal ***Folha do Norte***, de Belém, em 1957, teria batido o recorde mundial feminino de jejum pela primeira vez em São Paulo.

Em janeiro de 1951, o ***Diário da Noite*** falava de Sandra, "a mulher faquir", que se exibia no Rio Grande do Sul "encerrada numa urna de cristal, deitada sobre uma esteira de pregos, anunciando que assim permaneceria durante dez dias", e sofrera, por diversas vezes, "síncopes dentro da urna em que estava, sendo por isso recolhida ao hospital". Depois de socorrida, Sandra afirmara que pretendia "repetir a proeza interrompida", mas não se sabe se isso chegou a acontecer.

Na sequência, no início de março do mesmo ano, surgiu Wilmara, em Curitiba, se exibindo durante "quinze dias e quinze noites em uma urna, deitada sobre mil pontas aguçadas de pregos, em completo jejum e com duas grandes cobras", de acordo com anúncio publicado no jornal local *A Tarde*. No mesmo mês, apareceu também Zaida, em São Paulo, cuja prova de jejum recebeu grande atenção por parte da imprensa paulista.

Zaida teria nascido por volta de 1929 e não era brasileira. O *Diário da Noite* paulista, que fez a cobertura de sua prova de jejum, nunca mencionou sua nacionalidade, deixando claro apenas que ela não era brasileira e a única língua que falava era estrangeira.

No dia 03 de março de 1951, Zaida era apresentada ao público paulista pelo *Diário da Noite* em matéria intitulada "Zaida, a jejuadora, vai tentar bater o recorde mundial em São Paulo".

"Ela é o tipo da mulher comum, que não chega a chamar grande atenção nas ruas. Estatura mediana, com vinte e dois anos de idade, moreno-clara, olhos e cabelos castanhos, cinquenta e cinco quilos – eis Zaida. Um tipo como qualquer outro de mulher, um pouco tímida talvez. E o que devemos ressaltar em tudo é o seu peso: cinquenta e cinco quilos, um peso normal para moças como ela. Tudo muito normal, menos a sua pronúncia, para quem chegar a manter conversa com ela, pois Zaida fala somente o castelhano e esta é a primeira vez que visita São Paulo. Mas, então, – perguntariam os leitores – por que uma reportagem com Zaida? É ela, por acaso, uma grande escritora? Uma artista de cinema? Um grande cartaz do rádio? Do teatro? Ou então que mistérios envolvem a sua personalidade?

Muita gente já ouviu falar em jejum. Começa-se a saber do que se trata quando se estuda catecismo ou quando... A miséria obriga. Há outros casos, porém, como o de Mahatma Gandhi, que jejuava movido pelos seus ideais. Nos campos de concentração, muitos morreram de fome. E sempre as notícias corriam mundo, assombrando a todos. Mas há outros casos também: há os jejuadores profissionais. São eles verdadeiros prodígios de força de vontade e de domínio sobre si mesmos. No Brasil, muitos jejuadores tornaram-se famosos com as suas experiências levadas a efeito no Rio ou em São Paulo. Aqui, em nossa capital, tivemos oportunidade de assistir a muitos deles. Há até um brasileiro – Urbano – que chegou a ficar trinta dias sem comer, encerrado num caixão, sob a curiosidade dos paulistanos.

Todavia, também há a ressaltar uma coisa: nunca apareceu, em todo o mundo, uma mulher a seguir os exemplos masculinos e passar a jejuar dias consecutivos. Nunca se teve notícia de uma jejuadora profissional. O motivo, como é óbvio, seria porque o organismo feminino é muito mais frágil que o do homem. A mulher, sexo fraco, não poderia nunca jejuar, por este ou por aquele motivo. No entanto, houve quem pensasse o contrário. E, com pertinácia, passando por duras provas, surgiu, então, a primeira e única jejuadora do mundo: Zaida, uma mulher como outra qualquer, que não chega a chamar grande atenção nas ruas... Mas que é Zaida, a jejuadora.

Zaida assombrou a todos quantos a viram passar por jejuns demorados, assombrando ainda mais os cientistas de todo o mundo. Começou suas experiências em Santiago do Chile. Na capital do país andino, fiscalizada pelo povo, pelas autoridades e pelos médicos, realizou a sua primeira prova. Foi encerrada num caixão de cristal, vestida em trajes árabes, e ali, permaneceu dias e noites a fio, sem comer. Bebia, de quando em vez, um pouco de água mineral. No final, quando já a ansiedade empolgava o povo chileno, Zaida saiu de seu sarcófago, um tanto debilitada – é certo – , mas firme como sempre e com a mesma saúde que gozava antes. Um sucesso em todo o mundo. Surgia a primeira jejuadora, provocando uma onda de comentários na imprensa e, principalmente, nos meios científicos.

Zaida não ficou no sucesso inicial. Queria fortalecer as suas provas de que uma mulher podia jejuar tão bem ou melhor que o homem. Fez várias turnês para demonstrações. Visitou todas as cidades argentinas, como Córdoba, Mendoza, Tucumán, Rosário e Buenos Aires. Sempre o mesmo resultado, melhorando às vezes quanto ao tempo de jejum. Em todas as ocasiões, apresentava-se da mesma forma: dentro do caixão de cristal, com policiamento, fiscais etc.. Já se tornava até uma rotina o jejuar de Zaida.

Eis que lhe surgiu outra ideia: iria jejuar acompanhada de serpentes. A prova fora feita pelos homens e Zaida queria provar que também era capaz. Fez, então, várias experiências, coroadas de êxito, jejuando na companhia de cobras venenosas. Cita-se, todavia, um acontecimento que lhe traz triste memória: foi o seu jejum, com víboras, na cidade de Rosário (Argentina). Deitada ao lado de onze víboras, ela tentava bater um recorde de jejum encerrada em seu sarcófago de cristal. Porém, ao chegar ao vigésimo quinto dia, eis que uma das víboras a morde e Zaida teve que ser retirada do caixão, ardendo em febre. Foi uma experiência, sem dúvida, perigosíssima por que passou.

Zaida chegou ainda ontem a nossa capital. Acompanhada de seu consultor, senhor Francisco Nasello, veio fazer uma visita à redação do jornal. Estava encantada com o Brasil, tendo chegado de navio a Santos. Vem de Buenos Aires, onde há pouco foi alvo da curiosidade popular. Entrevistada pela reportagem, Zaida mostrava-se – como já nos referimos – igual a todas as moças, mesmo um pouco tímida. Contou-nos que as suas experiências são puramente científicas, cujos resultados já prestaram valiosos serviços à medicina em geral. Disse-nos que pretende realizar em São Paulo a sua prova máxima. Quer bater o recorde mundial de jejum, o qual é de cinquenta e cinco dias. Tem muita esperança. E espera, principalmente, honrar a nossa cidade com o feito.

Zaida convida todos os interessados para assistirem à sua prova máxima de jejum. Deverá ela permanecer cinquenta e seis dias fechada em seu sarcófago de cristal, que ficará instalado na esquina do largo do Paissandu com a avenida São João. O jejum iniciará, precisamente, quarta-feira, às dezoito horas. Conta ela com o estado atual do seu físico.

Por outro lado, Zaida, a jejuadora, convida, por nosso intermédio, todos os médicos de São Paulo para acompanharem a sua experiência. Os facultativos, por certo, terão relevantes interesses no acontecimento, pois Zaida, além de ser a primeira jejuadora do mundo, deverá tentar um recorde importante para a medicina.

Zaida ainda convida as autoridades de São Paulo. Sugere que estabeleçam um verdadeiro cordão de fiscalização ao redor de seu sarcófago de cristal, a fim de que não pairem dúvidas a respeito da prova.

Segundo declarações de Zaida à reportagem, as chaves do seu sarcófago de cristal, depois que ela se encontrar em seu interior, serão entregues às redações de jornais e às autoridades da capital. E promete que somente os médicos poderão tirá-la de lá, caso haja perigo de sua vida. Do contrário, permanecerá em seu jejum até completar os cinquenta e seis dias e cinquenta e seis noites, e, assim, bater o recorde mundial."

Novas notas baseadas nessa primeira reportagem foram publicadas no **Diário da Noite**, anunciando o início próximo da prova de jejum de Zaida no dia 07 de março.

Curiosamente, Zaida era tida pelo **Diário da Noite** como a primeira jejuadora do mundo, o que prova que em 1951, as exibições de Rose Rogé, madame Barros, Gitty e Arady Rezende já estavam totalmente esquecidas, tendo sido também ignorada a existência de outras faquiresas estrangeiras de quem já se havia tido notícia no Brasil.

É interessante notar que mais de vinte anos depois das últimas provas de faquiresas que haviam chamado maior atenção da imprensa no Brasil, a fórmula dessas exibições tinha sofrido mudanças significativas. O modelo seguido era o dos faquires do sexo masculino que se apresentavam no país, que, por sua vez, seguiam o tipo de exibição adotado pelos faquires estrangeiros – a partir dos anos 50, principalmente os franceses.

Além do aumento significativo do período a se passar em jejum – oito ou dez dias já não impressionavam o público – , era preciso mais do que superar a fome para demonstrar resistência

Zaida e Francisco Nasello falam ao Diário da Noite

"No largo do Paissandú, 23, esquina da avenida São João, quando se providenciava a instalação do sarcófago de cristal em cujo interior permanecerá a jejuadora Zaida."

física: a cama de pregos ou cacos de vidro submetia o faquir à tortura e à dor.

O modelo "enterrado vivo" praticamente se extinguira e os faquires realizavam suas exibições expostos em urnas de vidro de menor ou maior porte, mas bem diferentes do caixão de madeira dos primeiros jejuadores nacionais e do "quarto de cristal" de Gitty.

E já não estavam sozinhos – se exibiam quase sempre na companhia de cobras de diversas espécies. Ao contrário do que se pode pensar, as cobras tinham uma função prática nas provas e jejuar ao lado delas não era mera demonstração de valentia.

Um dos primeiros faquires a se exibir no Brasil ao lado de cobras parece ter sido um homem conhecido como professor Bassú, que também se dizia astrólogo e quiromante e se apresentava Brasil afora no início dos anos 30. O modelo de exibição adotado por Bassú ainda era o clássico "enterrado vivo" dos faquires pioneiros e, dentro dele, as cobras tinham uma função especial, conforme ele explicava ao jornal *O Radical* em reportagem publicada no dia 24 de novembro de 1934.

"— E as cobras que foram enterradas consigo?

— As cobras são boas companheiras para o enterrado vivo pelo fato de respirarem o ar viciado. A cobra respira o oxigênio e fica com o carbono para fabricar o veneno. As duas cobras que comigo conviveram durante quinze dias não foram levadas para o túmulo com o intuito de provar coragem de minha parte, e sim, apenas, como disse, para respirarem o ar viciado. Foram extraídos os venenos das mesmas. No dia, porém, em que saíram do túmulo, seria encontrada grande quantidade de veneno nas mesmas se fossem submetidas a exame."

Depois de encerrada em sua urna, Zaida sumiu das páginas do *Diário da Noite* por alguns dias, voltando a ser notícia no dia 19 seguinte. A matéria "Do interior de seu sarcófago de cristal, Zaida dirige-se às autoridades" contava que, ao completar doze dias e doze noites de exibição, Zaida "falou pela primeira vez aos jornalistas do interior de seu sarcófago de cristal":

"Reclama a extraordinária mulher um rigoroso policiamento para a sua prova, em face do grande interesse despertado pela sua iniciativa. 'Sou uma jejuadora profissional e a minha experiência é séria e honesta', disse, 'por isso, depois de estar completando quinze dias de jejum, quero ser fiscalizada e gostaria de ter um policiamento de um guarda civil permanente ao lado de meu caixão'. São as únicas reclamações de Zaida. Por outro lado, está deveras satisfeita com o público paulista, que está compreendendo o alto espírito de sua prova. Zaida encontra-se bem disposta e espera permanecer em seu sarcófago, completamente em jejum, até bater o recorde mundial, isto é: cinquenta e seis dias e cinquenta e seis noites sem comer. O espetáculo, bastante emocionante, poderá ser assistido por todos os paulistanos, pois o sarcófago de cristal, com Zaida em seu interior, encontra-se instalado no largo do Paissandu, 23, esquina da avenida São João."

Se Zaida obteve êxito em sua prova de jejum, não se sabe, pois dali em diante o **Diário da Noite** deixou de cobrir sua exibição e outras matérias a seu respeito não foram encontradas.

Apesar disso, a apresentação de Zaida ainda inspirou um artigo de João Lua, "A mulher ideal", publicado no **Jornal de Notícias** em 07 de abril de 1951, quando ela ainda se encontrava encerrada em sua urna.

"Que vem a ser a mulher ideal? Eis uma pergunta para a qual se obteriam milhares de respostas diferentes se fosse lançada em concurso.

Há muitos anos, na França, uma revista fez esta interrogação aos leitores: 'Quando é que começamos a envelhecer?'. Dentre milhares de soluções, ganhou o primeiro lugar aquela que foi diretamente ao fundo do problema, pela maneira mais simples:

— Quando começamos a achar tudo imoral.

Sim, quando o sujeito entra em crise de puritanismo é porque os achaques da velhice estão tomando conta do seu organismo. Nem de outra forma se explicaria que o bom senso popular acertasse em proclamar que 'o diabo depois de velho, faz-se ermitão'.

Zaida e Francisco Nasello

Zaida no momento em que era encerrada em sua urna em São Paulo

Mas vejamos o conceito da mulher ideal. Como os homens vivem à procura dessa criatura engendrada mais pela nossa fantasia do que pelos dados concretos da natureza, o samba famoso consagrou a Amélia, a mulher que passava fome, apanhava e vivia contente. Prova de que, mesmo entre a gente simples, a procura da mulher ideal constitui uma preocupação.

Recordo-me de que há muitos anos, nos Estados Unidos, um cidadão requereu divórcio alegando que a esposa comia demais. Logo pela manhã, para quebrar o jejum, absorvia uma dúzia de ovos e dois litros de leite. Por aí, o leitor fará uma ideia da capacidade dessa filha de Eva, que não era positivamente uma mulher, mas um tubo digestivo com órgãos anexos. O marido, para manter uma esposa assim, precisava trabalhar em dobro. Tudo quanto ganhava era destinado a mercearias, leiterias, padarias e quitandas.

Logo, para esse cavalheiro, o tipo da mulher ideal seriam aquelas vaporosas criaturas do Romantismo, que se alimentavam de pétalas de rosa, embora candidatas – mas candidatas voluntárias, o que é mais poético – a uma tuberculosezinha vitalícia.

Oh! as mulheres românticas de meados do século passado, as inspiradoras de Dumas, Balzac, Musset! Quanto ao velho Dumas, amou ele uma sílfide, a langorosa Mélanie, 'pálida e fria, muito loura e fria'. Para essa dama, que mais parecia um raio de luar feito mulher, a tuberculose era a doença dos seres privilegiados e o grande Dumas, mulato exuberante, forte como um cavalo normando, para obter as graças da musa, fez-se também tuberculoso, e nunca aparecia diante dela sem antes molhar o lenço em tinta vermelha. Depois, punha-se a tossir, simulando fortes hemoptises.

Pois, não lhes digo nada, a mulher ideal acaba de aparecer em São Paulo – é a jejuadora que ali está no largo do Paissandu. Há setecentas e quarenta e quatro horas que não ingere coisa alguma, nem um pastel de brisa."

Eternizada por João Lua como a mulher ideal, Zaida juntou-se às suas esquecidas antecessoras.

ROSSANA

"Amiga das criaturas de meu sexo, defensora intransigente dos direitos da mulher, confesso que não vejo com olhos contentes e coração feliz mulheres se dedicarem à profissão de faquir. Não que tenha preconceitos; isto não. Acho mesmo que a mulher é capaz de realizar qualquer proeza masculina, acho que ela, como o homem, pode exercer qualquer profissão, e se implico hoje mais do que nunca com a de faquir, é justamente porque conheço minhas irmãs. Ficar numa urna, sem se falar, nem se agitar, sem viver o vôo das moscas, não é muito próprio à mulher. Saber que a vida aqui fora continua, difícil, porém lindíssima, estar ali presa, inativa, sem tomar parte nela, não é muito feminino."

A Noite, Rio de Janeiro, 29 de agosto de 1955

ENTRE A exibição de Zaida e o início da fase áurea do faquirismo no Brasil, algumas faquiresas que jejuaram no país passaram quase despercebidas pela imprensa.

O faquir Urbano, em suas viagens pela América Latina no início dos anos 50, seguia acompanhado de sua esposa Elvira, brasileira, de pai russo e mãe polonesa, segundo a revista colombiana *Semana*. Elvira também se apresentava em provas de jejum e era conhecida como "la fakiresa rubia", porém parece não ter chegado a jejuar no Brasil. Quando Urbano se exibiu em São Paulo e no Rio de Janeiro em 1955, estava casado com Mara, que também era faquiresa e jejuou ao lado dele mais de uma vez. Ela contou à imprensa carioca que começara sua carreira se apresentando na América Latina.

Mara e Urbano se exibiram em São Paulo em março de 1955, e parece ter sido na divulgação dessa prova de jejum que a palavra faquiresa foi usada pela primeira vez no Brasil.

Também em São Paulo, a exibição da faquiresa Nazaré foi o tema da carta de um leitor publicada no jornal *Folha da Noite* em 28 de abril de 1955.

"Um bafejo de Coney Island invade a nossa já movimentada Cinelândia.

O crescimento incomparável da metrópole paulistana criou maior anseio em sua população na busca de novos divertimentos e sensações, numa esperança vã de suavizar as agruras da vida atual em uma cidade moderna. Além dos diversos cinemas e casas de espetáculos teatrais, agora temos também exibicionistas de resistência física, alguns dos quais acompanhados de atrações as mais variadas e imprevisíveis.

Cabe à Divisão Social de Costumes julgar e verificar a veracidade e objetivo desses maratonistas, bem como os meios pelos mesmos empregados, pois que, na qualidade de mero espectador, já tive ocasião de observar que um deles, aliás, uma delas, que se intitula 'faquiresa', miss Nazaré, se apresenta como jejuadora, embora bebendo água mineral e fumando, e seus empresários afirmam, juram, se preciso for, que nenhum jejuador no mundo poderia prescindir do consumo do precioso líquido para beber sem sucumbir por caquexia.

Com quem está a verdade? Seria justo e louvável que a própria polícia investigasse cautelosamente a fim de ficar em condições de esclarecer o público, impedindo dessa forma que embusteiros saqueiem os pobres bolsos de uma população sequiosa de distração, de um lenitivo para seus sofrimentos e problemas.

Será sempre melhor prevenir do que remediar, diz o velho e sábio adágio, e isso compete única e exclusivamente às autoridades."

Na mesma região da capital paulista, chamou atenção o caso da faquiresa inglesa Margareth, relatado assim pelo **Diário da Noite** em 07 de maio de 1955:

"O salão da avenida São João, 520, onde estava em exibição, encerrada em uma urna de vidro, uma mulher que anunciava pretender jejuar por vinte e oito dias, esteve em polvorosa, pois alguém acusou o faquir responsável pelo espetáculo de estar ludibriando o público, de vez que alimentava a mulher, além de facilitar-lhe, durante a madrugada, a saída de sobre os pregos onde permanecia deitada.

Margareth, faquiresa inglesa que se exibiu em São Paulo em meados de 1955

Assistentes ali se encontravam e com a denúncia, a balbúrdia foi enorme, pois naturalmente os que haviam pago os cinco cruzeiros da entrada protestavam em altas vozes."

Feita a confusão, a polícia foi ao local e um dos responsáveis pela prova tentou subornar o subdelegado, pelo que foi preso.

Na delegacia, um empregado do faquir "afirmou que de fato Margareth recebia alimento e isso vinha acontecendo desde o dia em que ela foi encerrada na urna", dez dias antes.

Kenelli, uma das esposas de Silki, o mais conhecido faquir brasileiro de todos os tempos, também se dedicou a jejuar por aqueles anos, quando ainda era casada com ele.

Acompanhando Silki em suas viagens pelo Brasil, Kenelli, que era italiana, anunciada como "a Rainha da Lua", "a Mulher Cobra" e "a Loura Atômica", costumava se apresentar "cantando canções internacionais e dançando com uma cobra de dois metros de comprimento", de acordo com cartazes da época.

Um desses cartazes informava que seu show, que oferecia ao público "arte, luxo e sensação", era "rigorosamente impróprio até dezoito anos". Outro cartaz, mais sensacionalista, prometia "arte, mistério e filosofia" no número em que Kenelli dançava "com suas famosas serpentes enfrentando o perigo com sorrisos nos lábios".

Em matéria publicada no dia 06 de junho de 1955, o jornal *A Noite* traçava o seguinte perfil de Kenelli:

"É ela uma jovem esguia e loura, italiana, muito bonita, com olhos de um azul limpíssimo, dona de gestos e palavras que lembram a generosidade dos vinhos da 'campagna' italiana. Nasceu artista. Dança todos os estilos e é exímia na interpretação das canções napolitanas. Muito cedo, deixou a casa dos seus pais, dedicando-se ao teatro. Finda a guerra, ingressou numa trupe, cujo empresário declarou ir fazer 'turnê' pela África. Kenelli, ao saber que o primeiro ponto de parada seria Casablanca e que a companhia era composta quase que exclusivamente de mulheres, desistiu da viagem. E tinha razão. Tempos depois, soube que suas colegas, aquelas que acertaram contrato, tinham sido empresadas por um mercador de escravas brancas.

O desejo da jovem atriz de conhecer terras e mostrar a sua arte era, entretanto, grande. Assim, certo dia, quando lhe veio o que chama 'vontade de ver pessoas estranhas', arrumou as malas, tomou um 'Giulio Cesare' qualquer e só desceu em Buenos Aires. Representou em diversos teatros da América do Sul. Conhece, intimamente, os camarins das casas de diversões da Venezuela, do Uruguai, da Bolívia, Chile etc. E foi no Rio Grande do Sul justamente que teve lugar o seu encontro com Silki, isso há seis anos. Casaram-se após um rápido namoro e a história só não termina aí, com o clássico 'e foram muito felizes', porque Silki teve de interromper a lua de mel para se submeter a uma das suas provas de jejum.

Começa então o drama de Kenelli. Zelar pela segurança do esposo dentro da urna; cuidar do bem-estar das cobras que a substituíram, em parte, no leito de pregos; fiscalizar os empresários e os diferentes tipos de sucos ministrados ao jejuador e, mais que tudo isso, acompanhá-lo nos exercícios preparatórios para a prova.

Depois, nas conversas à beira do fogo, Silki contou como se sentia feliz quando estava fazendo jejum. Não sabemos se foi por ciúme da tranquilidade espiritual que o marido diz alcançar quando dentro da urna de vidro, cercado de jiboias, ou se foi para substituí-lo na manutenção da família durante o tempo em que se recupera para um outro jejum, que Kenelli também se determinou ser faquir. Embora atualmente, ainda se encontre na página sessenta e dois do livro que ensina yoguismo, a valorosa moça já fez também seu jejunzinho, de vinte dias, sobre um colchão de molas, pois ainda não tem o devido treino para se submeter às espetadelas dos pregos ou aos arranhões dos cacos de vidro como faz Rossana, amiga e aluna de Silki."

De qualquer forma, ainda que outras provas de jejum tenham sido feitas por mulheres nesse período, a prova inaugural da era de ouro do faquirismo feminino no Brasil teve início em agosto de 1955, no Rio de Janeiro, e dela começou-se a falar mais de dois meses antes, em junho.

O Brasil encontrou sua primeira grande faquiresa em Rossana, que trazia consigo todos aqueles que viriam a ser os elementos clássicos das representantes nacionais da profissão: os cabelos louros, ainda que oxigenados, a urna de vidro, a cama de pregos ou cacos de vidro (em seu caso a segunda opção), as cobras e uma vida pessoal conturbada .

Rossana nasceu em Taquara, no Rio Grande do Sul, em 1930.

Casou-se ainda adolescente e teve dois filhos, uma menina e um menino – a menina faleceu antes de completar um ano de idade.

Já nessa época, Rossana tinha o sonho de ser artista. Seu filho conta que ela queria ser cantora e inclusive chegou a fazer aula de canto no Rio de Janeiro. Pouco antes de iniciar sua prova de jejum, Rossana diria ao **Diário Carioca** que se dedicara ao balé na adolescência.

Essas aspirações artísticas, somadas à frustração de um casamento que acontecera cedo demais tanto para Rossana quanto para seu esposo, e a uma paixão sobre a qual pouco se sabe, acabaram por fazer com que ela abandonasse o marido e partisse para Belo Horizonte, deixando o filho sob a guarda de seus pais.

Não há informações se Rossana saiu do Rio Grande do Sul já com a ideia de ser faquiresa, de como ela adotou a carreira e o nome artístico. Segundo matéria publicada no jornal **Última Hora** em 28 de junho de 1956, Silki descobrira Rossana em Belo Horizonte

"durante uma das suas exibições. O faquir ficou impressionado, pois durante a prova, a moça quase permanecera o tempo todo ao lado da urna. Nasceu assim o seu primeiro conhecimento com a arte de passar fome e, por fim, a bela pequena, na época quase menina, confessou o que pretendia:

— Minha maior vontade é fazer a mesma coisa...

Silki tratou de submetê-la a rigoroso treinamento e certo dia, anunciou para espanto de todos o espetáculo sensacional: 'Rossana, a faquiresa, vai passar vinte dias no interior de uma urna tendo como companhia serpentes venenosas!'. E assim, ela se projetou nas páginas dos jornais, 'enfrentando a morte para ganhar a vida' – outro slogan de grande efeito que, não há dúvida, lhe garantiu a fama."

Embora tenham sido encontradas vagas referências sobre exibições de Rossana em Bagé, no Rio Grande do Sul, e Ilhéus, na Bahia, sua primeira prova de jejum a respeito da qual foram encontrados maiores detalhes aconteceu em Belo Horizonte e teve início no dia 28 de janeiro de 1955. Segundo sua entrevista para o **Diário Carioca**, o jejum durou 20 dias, durante os quais ela esteve "na amorável companhia de duas cobras, fantasiada de odalisca, sobre um exótico leito de cacos de vidro".

No dia do início da prova, o jornal **Diário da Tarde**, de Belo Horizonte, publicou reportagem intitulada "Faquir brasileira permanecerá dentro de uma urna de cristal, vinte dias sem se alimentar".

"Vindo do Rio de Janeiro, a artista brasileira Rossana mostrará ao público de Belo Horizonte a sua capacidade de faquir – permanecendo, sobre cacos de vidros, envolta por jiboias e sucuris e sem comer, durante vinte dias e vinte noites – em uma urna de cristal lacrada.

Rossana já realizou, anteriormente, provas em Bagé, no Rio Grande do Sul, e em Ilhéus, na Bahia, onde conquistou, por sua extraordinária resistência física, a admiração e o espanto de todos.

Em original e interessante entrevista que mantivemos com a jovem e bonita faquir brasileira, tivemos a oportunidade de colher curiosas opiniões da mesma sobre sua estranha arte. Diz ela, defendendo-se diante da argumentação masculina de que 'o sexo frágil é fraco', que 'tem provado e continuará provando que a mulher tem tanta capacidade física e realizadora quanto o homem'.

Disse-nos ainda que durante a prova, emagrece de dez a treze quilos – disso dependendo o seu estado nervoso, o clima e uma outra série de fatores.

Rossana tem vinte e quatro anos, é bonita e pretende se exibir fora do Brasil ainda nesse ano, devendo percorrer alguns países da Europa.

Terminando a entrevista, a faquir fez algumas considerações sobre o faquirismo – afirmando que na Índia, ele é praticado por fanatismo, mas que em outras partes do mundo, é considerado e respeitado como uma verdadeira arte.

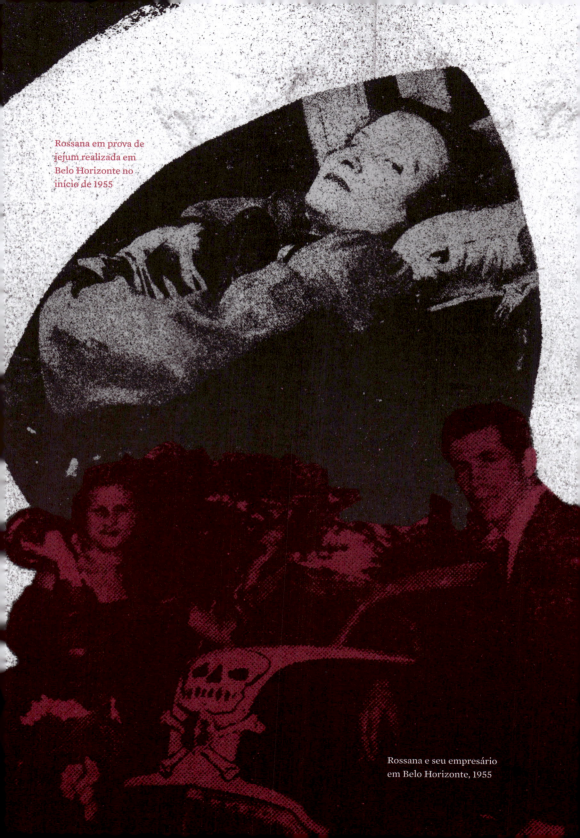

Rossana em prova de jejum realizada em Belo Horizonte no início de 1955

Rossana e seu empresário em Belo Horizonte, 1955

Às dezoito horas de hoje com a presença de representantes da imprensa falada e escrita da capital e de autoridades municipais, em uma sala do prédio da rua Carijós, 408, Rossana será colocada dentro de uma urna de cristal – que será lacrada – em companhia de várias serpentes. O ato deverá ser irradiado pela rádio Itatiaia e filmado pela TV Tupi, vindo do Rio de Janeiro para esse fim e que, posteriormente, televisionará a cena.

Durante os dias de duração da prova, Rossana será assistida pelo médico doutor Geraldo Fortes.

Todas as demais providências para o completo êxito da maior faquir brasileira já foram tomadas pelo senhor José Eloy de Matos, residente nessa capital e empresário de Rossana durante sua permanência em Belo Horizonte."

A prova teve fim no dia 17 de fevereiro, quando Rossana foi transportada para o estádio do Paissandu, onde sua urna foi aberta.

O Brasil sempre tivera seus faquires do sexo masculino, mas não foi por acaso que a primeira grande faquiresa do país despontou naquele momento. Em 1955, o faquirismo entrava em sua fase áurea no Brasil, motivado principalmente pelo destaque que vinha obtendo Silki, que, além de se propor a exibições mais longas, almejava bater o recorde mundial de jejum no Rio de Janeiro, exposto no Cineac Trianon, na Avenida Rio Branco. As exibições de faquirismo ganhavam então uma faceta nova – já não eram apenas as provas em si que interessavam ao público, mas a disputa entre os faquires.

Uma matéria publicada pelo **Diário Carioca** em 29 de maio de 1955, intitulada "Guerra dos faquires", expunha o seguinte panorama:

"O Rio de Janeiro, que é permanentemente uma cidade de barriga vazia, tomará conhecimento agora de uma guerra subterrânea e acrimoniosa de dois faquires que estão passando fome voluntariamente.

Há trinta dias, depois de ganhar notoriedade com uma fuga sensacional de um cubículo penal, Silki encerrou-se com quatro cobras, para dormirem e jejuarem solidamente sobre um leito de pregos, no hall do Cineac

Trianon. Há dezesseis dias, apareceu por Copacabana o cidadão Kasman, que também ganha a vida passando fome, no idêntico propósito de seu concorrente de derrotar a marca mundial de jejum, que se encontra no estômago do francês Burmah, em oitenta e dois dias.

Silki chorou quando soube da instalação desleal de seu companheiro de ofício por lhe conhecer os antecedentes profissionais. De Kasman, diz-se que toma suco de tomate, namora, propõe casamento, telefona e pede, de vez em quando, filé com fritas. Se, todavia, o jejuador da zona sul conseguir alongar sua fome até noventa e quatro dias, Silki ficará obrigado a protelar mais um dia sua prova, e assim ficará indefinidamente, até a morte, se Kasman resolver caprichosamente mostrar que está infenso à glutonice pelo tempo que lhe aprouver.

A fim de que a disputa seja realizada lisamente, Silki enviou a Kasman, em 27 de maio, a proposta de que ele se transfira de Copacabana para o Trianon, coloque sua urna envidraçada ao lado da sua e, estômago a estômago, disputem o recorde. Silki lhe dará o handicap de perder catorze dias para igualarem condições. Kasman responderá delicadamente que não aceita porque em quinze dias já lucrou cento e cinquenta contos. E a guerra dos faquires continuará. Conheça, porém, detalhes dessa disputa em reportagens que o ***Diário Carioca*** publicará a partir desta semana."

Nos dias que seguiram, os jornais continuaram publicando notícias sobre a disputa entre Silki e Kasman, que chegou ao fim no dia 08 de junho, quando Kasman teve que abandonar a prova depois de uma briga com seu empresário.

Antes disso, porém, no dia 03 de junho, o ***Diário Carioca*** estampava em sua primeira página uma fotografia da exibição de Rossana em Belo Horizonte, sob o título "Surge um terceiro faquir: uma loura".

Na matéria, Rossana dava detalhes da prova de jejum que realizara na capital mineira e garantia que jejuava "desde garotinha", contou sobre como teria se iniciado na arte de jejuar e seus planos para o futuro.

Rossana e Silki

"Presentemente com o aparelho digestivo aberto à glutonaria, embora deste vício não abuse, tenciona a jejuadora nacional exibir-se no Rio, mais tarde, provavelmente em outubro, estendendo sua turnê da fome à Venezuela e Argentina, dando uma esticada à Europa, onde frequentará com seu jejum Itália, Suíça, Síria e Egito, estranhamente não incluindo em seu programa a Índia.

Desde fevereiro, não faz Rossana jejum público, praticando, vez por outra, em seu hotel, no Flamengo, para não perder a forma intrínseca, uns estágios de fome doméstica, alimentando-se apenas de música clássica, quando o rádio convém em satisfazê-la, e de folhas de papel impresso em livros didáticos e romances, inclusive de madame Delly.

Sua prática no ofício começou aos catorze anos de idade, quando surpreendeu, um dia, livros de yoguismo na biblioteca provinciana de seu avô, no Rio Grande do Sul. Pouco mais tarde, descobria uma reportagem na revista *Eu sei tudo* que dizia ser o faquirismo uma lenda. Decidiu-se a experimentar sua capacidade de adaptação à fome trancando-se num quarto com uma suposta birra juvenil e permaneceu, dessa forma, dois dias sem comer. Aquilatando suas resistências, foi progressivamente exercitando-se, já agora em fugas sucessivas pelas matas da fazenda de seu avô que lhe permitiam perder-se horas inteiras pensando liquidamente numa vida espiritual."

Rossana dizia ainda que conhecia Silki desde "tenra idade e identificaram-se, pouco mais tarde, pela comum qualidade de 'ter o estômago do tamanho de uma noz'. Foi nessa época profissionalizada por Silki, que a ensinou não somente a afastar o nojo pelas cobras como a enfrentar de público e sem temor a circunstância de ter um estômago delicado e nada exigente".

"Ontem, vendo do lado de fora o jejum de seu mestre, confessou humildemente: 'Não chegarei aos pés de Silki. Mas sou mulher e isso é natural'."

"Indagada se dedicava suas habilidades profissionais apenas à greve voluntária da fome, acrescentou resoluta:

— Absolutamente! Também sou faquir. Simplesmente acho pouco estético uma mulher andar se espetando com facas e estiletes todos os dias, o que prejudicará sensivelmente a minha plástica, com multiplicadas cicatrizes. Aliás, - completou – uma vez eu experimentei. E comecei a enfiar um punhalzinho no seio, mas, ao atingir uns cinco centímetros de profundidade, ele não quis ir adiante. E assim mesmo, veja o senhor, ficou uma cicatriz.

Rossana confessa ainda que não tem por hábito, em tempos de liberdade, alimentar-se com exagero:

— Como pouco e tenho enorme inveja de quem aprecia um bom prato."

Sabendo que Rossana se casou e teve filhos tão cedo, é difícil discernir, nessa apresentação dela ao público carioca, realidade e fantasia.

Poucos dias depois, em 15 de junho, Rossana voltou a ganhar matéria de primeira página no **Diário Carioca** e também no jornal **A Noite**.

Intitulada "Vai jejuar de maiô a faquir", a reportagem do jornal **A Noite** trazia uma fotografia de Rossana de maiô sobre uma legenda que explicava que ela estava "exercitando o uso de múltiplos maiôs para ambientar-se à futura indumentária profissonal", que seria "negra, justa e de cetim" e informava que "com a firme disposição de jejuar ou morrer, num leito de cacos de vidro (dentro de sua urna), se não conseguir alcançar sessenta dias de resistência orgânica aos alimentos sólidos", Rossana acabava de assinar "um contrato com os empresários do Cineac Trianon para exibir-se" ali a partir do dia em que Silki finalizasse a sua prova.

"As bases do contrato referem-se apenas ao cumprimento dos sessenta dias que Rossana deverá guardar dentro de sua urna, embora exista uma condição de natureza moral que poderá estender a prova a limites imprevisíveis. Exigiu Rossana que, de nenhum modo e sob qualquer pretexto, viessem a forçá-la os circunstantes a abandonar a prova antes da época anunciada.

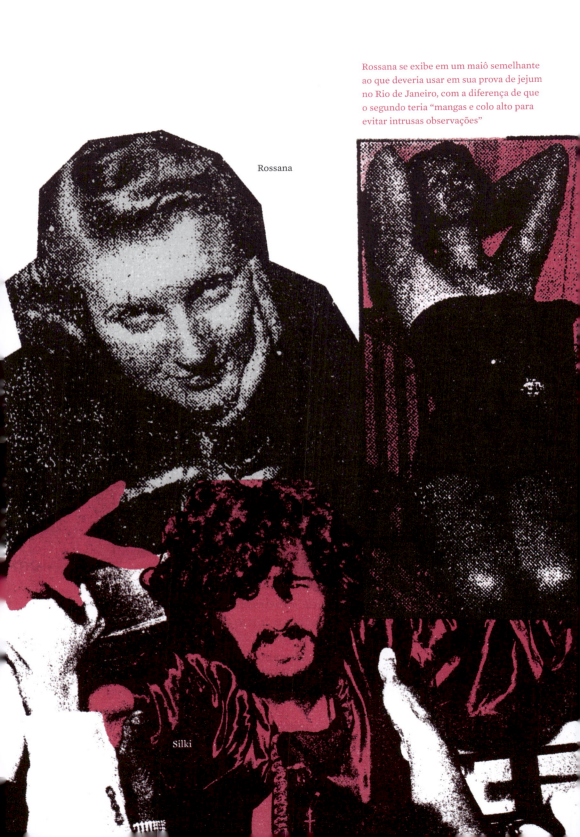

Rossana se exibe em um maiô semelhante ao que deveria usar em sua prova de jejum no Rio de Janeiro, com a diferença de que o segundo teria "mangas e colo alto para evitar intrusas observações"

Nada resolverá, disse, que a arrebatem da urna, por imposição médica, se verificarem seu precário estado de saúde, porque ainda neste caso, ficará de jejum até os sessenta dias, fora da redoma, ainda que a morte, como juiz supremo, decida encerrar a maratona."

Segundo o **Diário Carioca**, Rossana seria acompanhada em sua exibição por "quatro cobras audazes que se exibirão em trapézios volantes". Sobre as cobras, o jornal contava que:

"Após os entendimentos comerciais mantidos com a empresa que lhe financiará a prova, dedicou-se a jovem faquir aos arranjos preliminares de sua missão, comunicando-se com o Jardim Zoológico a fim de conseguir-lhe um considerável estoque de cobras que lhe permitisse permanente companhia para sua incômoda vigília. Ainda esta semana, se fará acompanhar de uma índia xavante (Topanga) que deseja ajudá-la na seleção dos répteis.

Topanga, que exerce presentemente no Rio misteres de copa e cozinha numa residência de Copacabana e de cuja patroa vem trazendo um perigoso agastamento (já confessou que está meio saudosa de deglutir carne humana), tenciona agregar-se à bela faquir para seguir-lhe o tumultuado destino, exceto nas coisas de jejum, para o que já declarou não possuir qualquer vocação."

Durante todo o mês de julho e no início de agosto, Rossana fez algumas aparições em jornais e revistas, por exemplo, aparecendo fotografada ao lado de Silki na **Revista da Semana** e comendo o bolo de aniversário do faquir dias depois, quando o fim da prova dele e o início da sua já tinham data certa – 07 de agosto.

No dia 05 de agosto, enquanto Rossana se submetia aos exames exigidos pelo Serviço de Censura como condição para autorizar a prova, o **Diário Carioca** publicava a seguinte nota:

"Por motivos que apenas uma dama talvez conheça, Rossana (a bela faquir) decidiu substituir seu traje primitivo (um maiô) para a exibição de jejum que se iniciará no domingo, no Cineac Trianon, pelo recorde mundial feminino, por uma fechada e austera roupa de bailarina. Sua anterior prova, em Belo Horizonte, onde cumpriu vinte dias de abstinência de alimentos sólidos, foi realizada com uma roupa de odalisca. E Rossana traz recordações pouco gratas das inconveniências masculinas que ouviu (circunstancialmente inativa) quando pupilas inconvenientes ultrapassavam a gaze dos calções fofos para objetivos mais concretos."

No dia marcado, Silki levou o título de "campeão mundial de jejum" e saiu da urna no Maracanãzinho. No estádio ocorreu o Festival Silki, no qual prometiam estar presentes Virgínia Lane, Emilinha Borba, Luz del Fuego, Dalva de Oliveira, Carmen Costa e outras personalidades da época.

Para o ***Diário Carioca***, Rossana tinha sobre Silki "a vantagem de exibir, além do seu sacrifício pessoal, o espetáculo de uma jovem singularmente graciosa que se devotou a uma forma inusitada de viver, em que a renúncia à sua natural vaidade de mulher bonita é um agravante para todos os demais sofrimentos que o abatimento físico durante a prova pode ocasionar".

Pouco antes do início de sua exibição, contrariando o que vinha dizendo em suas primeiras entrevistas, Rossana anunciou à imprensa que aquela seria a sua última prova de jejum, pois ela se encontrava "seriamente apaixonada".

Assim, em 07 de agosto de 1955, depois do Festival Silki e de um coquetel oferecido à imprensa, do qual também participou Wilza Carla (que ainda não usava esse nome e era uma das candidatas ao posto de Rainha dos Comerciários, concurso promovido pelo jornal ***A Noite***), a urna de Rossana foi lacrada.

O primeiro incidente da prova de Rossana aconteceu em seu segundo dia de exibição, quando, de acordo com o ***Diário Carioca,*** "para cumprir ao imperativo de uma necessidade fisiológica, teve a jejuadora necessidade de apelar em voz alta aos homens que se retirassem do salão momentaneamente. Ante a recusa formal de alguns mais afoitos e inconvenientes cidadãos, funcionários da empresa tiveram quase incisivamente de demovê-los da ideia de assistir a um espetáculo extra por métodos violentos".

No dia seguinte, Eneida, conhecida jornalista brasileira, declaradamente comunista e autora de uma importante obra sobre o Carnaval carioca, comentava o caso em sua coluna no jornal *A Noite*:

"Mais respeito, é o que todas nós, mulheres desta cidade e quiçá deste país, devemos exigir ao público masculino para a moça que está se exibindo como faquir no Cineac Trianon e que ontem, segundo conta um matutino, necessitando atender certa necessidade fisiológica, pediu aos cavalheiros presentes que deixassem a sala por alguns minutos e eles apenas riram, brincaram e ficaram.

Rossana, a loura e destemida jejuadora, escolheu realmente uma profissão difícil, à qual ainda não estão habituados nossos colegas do sexo masculino. Ninguém queria ver Silki levantar da urna, mas há muita gente neste mundo que se pela para ver intimidades femininas.

Não sei se Rossana está de maiô negro, colante, como ela própria anunciou a um jornal antes da prova, numa entrevista. Se estiver assim vestida, com cobras e vidros pontiagudos, então creio que muitos homens passarão a tarde amolando a paciência da pobre moça, que podia ser girl de uma companhia de revistas, funcionária de Ministério ou cantora de rádio, mas que escolheu a pior, mais amarga e difícil das profissões.

Mais respeito, portanto, pedimos nós, e devemos fazê-lo com toda a força de nossos pulmões. Se a pobre moça Rossana quer passar fome em urnas, deixemo-la fazer, pois quem sofre é ela. Mas não abusemos de sua paciência, não atropelemos sua vontade de ficar ali sessenta dias exposta à visitação pública pelo fato de não comer nada, ela que antes da prova declarou a um jornal que é doida por um bife com fritas.

Para realizar sua exibição faquírica, a moça Rossana, que tem apenas vinte e quatro anos, encontrou todas as dificuldades: foi apenas ajudada pela Censura, que legalizou sua documentação. Li isso num jornal que exibiu inclusive o retrato de Rossana, apresentando-nos uma bonita moça de cabelos louros, longas e bem cuidadas mãos. Por que a mulher neste país continua até hoje tropeçando com toda a sorte de obstáculos mesmo quando está disposta a exercer uma profissão honesta, se bem que muito difícil, como é a de faquir?

Pedindo mais respeito aos homens para com a nossa representante na urna de vidro, estamos também desejando a Rossana sessenta dias de fome suportada, sessenta dias de vidros menos torturantes. E a vitória, sim, a vitória, porque Rossana está disposta a bater o recorde mundial feminino da fome. Nunca até hoje houve no mundo uma mulher que passasse sessenta dias sem comer. Lembremos que Rossana passará também sessenta dias sem falar, o que para nós, mulheres, é realmente uma tarefa dificílima.

Salve Rossana!"

Texto publicado no jornal *Imprensa Popular*, em 10 de agosto, dizia que "vestida com um tecido leve e preto, com uma palidez que os cabelos caídos sobre as espáduas acentuam, Rossana, à primeira vista", parecia "incapaz de resistir à prova tão árdua", mas a "aparente fragilidade" era desfeita por sua "confiança inabalável" em si mesma. Na entrevista, Rossana garantia:

"Só penso em vencer a prova. Sempre desejei ser faquir. Desde garota, fui alucinada pelo faquirismo. Meus pais desejavam que eu me formasse em professora; cheguei a fazer o ginasial, mas a minha vocação era outra, como vocês veem. Fui discípula de Silki e a ele, devo muito. Meu único pensamento é vencer a prova, e creio que não decepcionarei."

Pouco depois do primeiro, um segundo incidente veio abalar outra vez sua paz na urna – no dia 10 de agosto, Rossana sofreu "profundo corte na mão direita com pontiagudo caco de vidro dos que fazem o seu colchão", nas palavras do *Diário Carioca*.

"O acidente ocorreu quando tentava modificar a posição do corpo para melhor assentar os rins (já malferidos) no leito em que se propôs ficar sessenta dias para conseguir o recorde mundial de jejum feminino. Durante a madrugada já se acidentara a bela jejuadora (inaugurando

A entrada de Rossana na urna de vidro

A faquiresa e Wilza Carla

No momento em que era encerrada em sua urna

seus acidentes físicos). Outro vidro, rasgando a malha de sua negra roupa de balé, seccionou-lhe a pele e provocou transbordamento de três gotas de sangue."

A exibição de Rossana foi perdendo o destaque na imprensa. Em 19 de agosto, vários jornais cariocas publicaram uma mesma nota intitulada "Rossana estaria amando sem esperança?" e com o longo subtítulo "Ridículos os boatos de amor frustrado como causa do autoflagelo pelo jejum a que se submete – O pálido semblante da bela Rossana, entretanto, bem poderia esconder as amarguras de um amor impossível – Convidada, ontem, a desistir de tamanho sacrifício, reagiu estranhamente, dizendo: 'Conheço meu destino, e permanecerei fiel a ele'". O conteúdo da nota:

> "Já em seu décimo quarto dia de jejum e tortura, sobre cacos de vidro e entre cobras, a bela e loura Rossana, austeramente vestida com uma colante malha preta de bailarina, prossegue desmentindo os incrédulos que não acreditavam na capacidade feminina do autoflagelo. Quaisquer que sejam, porém, os motivos que tenham levado Rossana a se encerrar na urna, eles estão pondo à mostra uma vontade de aço e isto surpreende por estar acontecendo numa tão jovem e linda criatura."

Dez dias depois, em 29 de agosto, Rossana voltava a ser o centro das atenções no noticiário carioca.

"Rossana deixou a urna de vidro", matéria do jornal *A Noite*, relatava que depois de "uma violenta crise nervosa, consequente de sucessivos abalos e contrariedades diárias que invadiam a urna de Rossana", ela interrompera sua prova durante a madrugada do dia 28, quando médicos "chamados ao local para atender-lhe uma crise de choro, disparos no coração e paralisia das pernas, constataram a imediata necessidade da suspensão do jejum".

Disse o doutor Heraldo Costa, médico de Hossana: "as condições psicológicas de uma pessoa que se encontra encerrada numa urna, sem alimentação normal, nem condições mínimas de conforto, devem ser excelentes, sem o que sensivelmente prejudicado estará o jejuador".

Dessa forma, "a crise nervosa sofrida por Rossana" teria sido "o motivo determinante de suspender-se a sua prova". Constatado o perigo que ela corria caso continuasse encerrada na urna, perguntaram a Rossana "se desejava sair da urna e ela, embora concordando", teve uma "crise de choro, esta mais violenta".

"Deixando a prova pelo meio, Rossana foi muito aplaudida pelo público que diariamente ali acorria para observá-la".

A equipe médica do hospital Souza Aguiar, para onde Rossana fora levada, determinou que ela ficasse internada ali por pelo menos vinte e quatro horas. Mas Rossana exigiu sua transferência para uma casa de saúde e sua saída do hospital foi narrada assim pelo *Diário da Noite*:

> "Não havia ainda o relógio batido cinco e meia. Notou-se grande movimentação nas proximidades da sala onde se encontrava Rossana. Vários cavalheiros traçavam planos para a retirada da faquir, estando no terraço interno a caminhoneta número 1-95-98.
>
> A reportagem se aproxima, ocasião em que um deles afirma ter o médico ordenado que Rossana não falasse a ninguém, bem como desaconselhado qualquer fotografia naquela oportunidade.
>
> Eis que um enorme embrulho todo branco, carregado por alguns homens sobre uma carreta, é metido dentro da caminhoneta referida, que parte célere.
>
> (...)
>
> Inquerimos os médicos sobre o estado da jejuadora fracassada. Nada de grave. Depois de alguns dias na casa de saúde a que se recolheu, estará em condições de se locomover com facilidade.

Adiantaram ainda os facultativos não haver partido deles qualquer restrição a que Rossana falasse à reportagem. Ela mesma pedira não deixar ninguém penetrar na sala de repouso, visto não desejar falar aos jornalistas, naturalmente envergonhada com o próprio fracasso.

É por isto que Rossana foi atirada para dentro da caminhoneta embrulhada num lençol por seus dedicados acompanhantes, que fingiram levar naquele embrulho um defunto qualquer. Foi para a casa de saúde Santa Lúcia, à rua Voluntários da Pátria".

Na noite seguinte, Rossana, "já refeita da crise de nervos e ligeiramente alimentada, convocou a imprensa para uma entrevista no quarto quinze da casa de saúde Santa Lúcia".

Ao jornal **A Noite**, Rossana disse que "as condições normais de uma prova de jejum eram violentadas durante os vinte dias que durou sua abstinência, visto que se encontrava desassistida de alguns funcionários que ela contratara cuja incompetência e irresponsabilidade não lhe poupavam dentro da urna trazendo-lhe problemas marginais que tinha de resolver várias vezes durante um mesmo dia". Em seguida, afirmou que "qualquer tentativa de responsabilizar-se a terceiros a interrupção de sua prova deve ser imediatamente repudiada, sobretudo uma versão que pretenda atribuir ao homem a quem ama e a seu caso sentimental com ele a existência de algum fato que tenha determinado o ocorrido".

Para o **Diário Carioca**, em entrevista publicada no dia 30, declarou:

> "Não desejava voltar a este assunto desde que me propusera a silenciar e esquecer toda esta fase da minha vida para dedicar-me aos projetos que, há dois meses, venho traçando, com outra pessoa, para o meu futuro, de uma vida recatada, tranquila e, ao que espero, feliz."

Assim, se recolheria "definitivamente à vida privada, com o propósito de não repetir suas exibições de jejum e encerrar o ciclo de existência da personagem Rossana".

Concluindo a cobertura do encerramento da prova, o jornal **A Noite** informava que "substituindo Rossana no mesmo local onde sua prova foi interrompida, irá o Cineac Trianon lançar outra jejuadora (Scheherazade) que se propõe também o recorde mundial feminino". Isso, porém, não chegou a acontecer, e nada foi encontrado de mais concreto sobre a faquiresa Scheherazade.

Fora do noticiário, na sessão "Pingos & Respingos", do **Correio da Manhã**, assinada por Cyrano e outros colegas de redação, foi publicado um poema sobre o fracasso de Rossana, "A mulher faquir", antecedido por um "Do noticiário: Rossana, a mulher faquir do Cineac, desistiu da prova, aderindo, no vigésimo dia, a um prato de purê de batatas":

Rossana, ainda estudante
de faquir (está na cara),
não pôde levar adiante
essa façanha tão rara

vinte dias de jejum
com todo apuro e requinte
arrasará qualquer um
por isto não deu... no vinte

coitadinha da Rossana!
tão bonita e bem lançada
após uma fome insana
a pobre não vale nada

sai da urna semimorta
(quem a viu e quem a vê!)
p'ra ela agora o que importa
é um bom prato de purê

e Silki, que aliás ensina
Rossana, o caso relata
- eu bem disse que a menina
era faquir... "na batata"!

E Eneida voltou a escrever sobre Rossana em sua coluna, num artigo sobre o faquirismo feminino intitulado "Lição de coisas":

"Jejuar, ser faquir, é a última moda, todos sabemos, mas precisamos, antes de mais nada, tirar, das exibições faquirescas, lições de coisas. Assim, vejamos: para que um faquir de qualquer sexo realize sua prova a contento, para que vença peçonhentas cobras e pontiagudos pregos, é preciso, antes de mais nada, que ninguém o amole. Dentro da urna, com fome, o faquir precisa principalmente de paz, de não me amole, de deixe isso para depois. Portanto, para ser um faquir vitorioso, é preciso, antes de mais nada, ser um homem ou mulher feliz. Constatou-se que o pobre do Kasman desistiu

"Foi ontem o dia das crianças na exibição de jejum. Uma menina de três anos de idade comunicou à sua mãe a exigência de beijar a faquir. Satisfeito seu desejo (através da portinhola), deu seu lugar a outra menina que circundava, enciumada, a urna, limitando-se esta, porém, por temor às cobras, em apertar a mão de Rossana."
***Diário Carioca**,*
agosto de 1955

Rossana em caricatura de Mendez

da prova por desespero, desamor, desunido da família que sobre ele, mais vivo do que morto, jogava restos de briga e pedaços grandes e pequenos de insultos. Agora o mesmo aconteceu com Rossana, a loura faquira que na madrugada de domingo abandonou seu projetado recorde mundial feminino de fome. Tudo ia bem, Rossana realizava sob aplauso público seu emagrecimento ou seu regime para emagrecer (Rossana está um pouco gorda e não fica bem a uma mulher jovem e bela a gordura), mas foi forçada a sair da urna. Por quê? Porque em torno dela, amor não havia, nem ternura, nem ser ou seres vigilantes que do lado de fora estivessem como uma sentinela, evitando que a moça sofresse aborrecimentos, contrariedades naturais aos homens.

Outra lição é que um faquir, por mais fechado que esteja na sua urna, não vai para a prova contando apenas com o mau humor e a traição das cobras; há cobras do lado de fora e essas mais perigosas porque estão sem fome, bem nutridas e fortes. Uma cobra numa urna é menos perigosa do que um homem fora dela. Essas conclusões vêm acompanhadas de muitas outras, as mais diversas, que bem analisadas e catalogadas darão, com certeza, para se escrever um pequeno tratado, um volume de suas trezentas páginas ou mais.

Amiga das criaturas de meu sexo, defensora intransigente dos direitos da mulher, confesso que não vejo com olhos contentes e coração feliz mulheres se dedicarem à profissão de faquir. Não que tenha preconceitos; isto não. Acho mesmo que a mulher é capaz de realizar qualquer proeza masculina, acho que ela, como o homem, pode exercer qualquer profissão, e se implico hoje mais do que nunca com a de faquir, é justamente porque conheço minhas irmãs. Ficar numa urna, sem se falar, nem se agitar, sem viver o voo das moscas, não é muito próprio à mulher. Saber que a vida aqui fora continua, difícil, porém lindíssima, estar ali presa, inativa, sem tomar parte nela, não é muito feminino.

Enfim, Rossana perdeu o recorde feminino da fome, o que considero absolutamente sem importância. Como a moda dos faquires e faquiras continua, para substituí-la vai aparecer outra mulher e esta, senhores e senhoras, se chama Scheherazade.

Scheherazade, será que você é feliz? Se não o for, ouça o meu conselho: não entre na urna, não; não passe fome. Cuidado com as cobras chamadas homens. Olhe o exemplo de Rossana, que, se não aguentou sua amarga prova, foi porque não contou com o amor. Você leva como Silki, alguém que vá impedi-la de sofrer? A mulher de Silki é tão vitoriosa quanto ele, pois velou infatigavelmente pelo seu direito à fome. E você? Pense bem, Scheherazade."

Também o padre Artur Costa, em sua coluna "Um pouco de tudo", publicada no jornal carioca *A Cruz*, falou sobre Rossana no dia 18 de setembro de 1955:

"Rossana lera a história de certos faquires, homens extraordinários que conseguem viver sem nenhum alimento durante várias semanas e até meses. A moça tinha imaginação e quis imitar os faquires. Meteu-se dentro de uma urna de vidro na companhia pouco amável de algumas cobras e com a intenção bem firme de não comer, nem beber durante sessenta dias. Mas acontece que Rossana não possuía todas as qualidades requeridas para suportar um tão longo período de fome. A fome não é só uma necessidade fisiológica. É também 'uma resultante do pensamento fácil e incontrolável', como nos ensina sabiamente um repórter de *A Notícia*.

Ora, o pensamento de Rossana se descontrolou facilmente, e acredito que, entre outras razões de maior transcendência, terá também contribuído para esse descontrole a falta de um bifezinho com batatas.

Seja como for, a moça desistiu de ser faquir como eu já desisti de ser deputado ou mesmo vereador.

Rossana confessa que a sua maior tristeza foi haver decepcionado as mulheres.

Não, minha fracassada heroína, você não decepcionou a ninguém. Fique tranquila com as tuas cobras e a tua derrota. E não pense que as mulheres se alegrariam muito com uma vitória tua. As mulheres são tão ciumentas umas das outras que chegam a preferir o triunfo dos homens à glória do seu próprio sexo.

Depois, eu lhe repito, minha pobre Rossana, que o teu fracasso não decepcionou a ninguém. Todos sabíamos que uma moça assim bonita e nervosa não podia ter vocação para faquir. Se alguém se decepcionou, foi você mesma, por haver confiado demais nas tuas próprias forças. É a desgraça de muita gente. Você entrou na urna de vidro como certos homens entram na vida literária. Somente, você encerrou em vinte dias a sua prova de faquir e eles, mais teimosos, continuam até morrer a sua aventura de homens de letras."

Depois disso, Rossana foi morar no apartamento 608 do número 234 da rua Sá Ferreira com o jornalista incumbido pelo *Diário Carioca* de fazer a cobertura da disputa entre Silki e Kasman meses antes. Ela se manteve afastada dos holofotes por quase um ano, embora a imprensa carioca não tenha deixado de lembrar o fracasso de sua exibição quando Mara, esposa do faquir Urbano, bateu o recorde mundial de jejum feminino, no mesmo Cineac Trianon.

Mas Rossana estava destinada a ser manchete mais uma vez.

Os títulos estampados nos jornais em 28 de junho de 1956 variavam no tom. O jornal *A Noite* optara por "Matou-se Rossana, a mulher faquir", enquanto o *Diário da Noite* e o *Última Hora* preferiram, respectivamente, os poéticos "Morreu de amor a bela faquiresa" e "Rossana morreu de coisas do coração". A notícia, porém, era a mesma – Rossana se suicidara.

O jornal *A Noite* narrava dessa forma o suicídio de Rossana:

"Rossana, a faquir gaúcha que em agosto do ano passado substituiu Silki no saguão do Cineac para uma tentativa audaciosa de estabelecer novo recorde mundial feminino de fome e tortura, acabou cedendo, ontem, aos conflitos sentimentais que a atormentavam, marcando assim a sua segunda derrota contundente. Esta definitiva e irremediável. Vencida pelo amor e pelo desespero, trancou-se no banheiro de sua residência, na rua Sá Ferreira, 234, apartamento 608, abriu os bicos de gás do aquecedor e ficou esperando a morte, com a mesma tranquilidade com que esperava também novos louros na carreira excêntrica que abraçara. Só que, desta vez, alcançou o que da primeira, não conseguira. Quando uma vizinha suspeitou, alertada pelas emanações do gás, nada mais podia ser feito, uma vez que a faquir já estava em estado desesperador. Mesmo assim, ainda foram empregados esforços para salvá-la, no hospital Miguel Couto. Tudo inútil, já que, ao receber os primeiros socorros, Rossana faleceu, estabelecendo assim a sua grande e definitiva derrota."

Segundo o **Diário da Noite**, o comissário do 2º distrito apurou que Rossana "tentara, antes, contra a vida. Tinha ela o complexo de que estava acometida de terrível mal, tendo a impressão de que tinha, na cabeça, um tumor maligno. Isto agravava, mais ainda, sua vida íntima com o amante. As brigas entre ambos eram constantes e os vizinhos sabiam disso". Relatava também que no dia anterior ao suicídio de Rossana, tinha havido entre ela e o jornalista "séria altercação", o que fizera com que ele resolvesse "deixar a casa, pernoitando fora, mantendo assim sua resolução de abandonar a amante". Destoando da versão do jornal *A Noite*, o **Diário da Noite** contava que na manhã do suicídio, quando seu amante voltou para casa, percebeu que "forte cheiro de gás saía do banheiro. Forçando a porta, conseguiu penetrar no quarto de banho, encontrando Rossana caída ao solo, agonizante".

O corpo de Rossana foi sepultado em Porto Alegre, no cemitério São Miguel e Almas, sendo removido mais tarde para Três Coroas, no interior do Rio Grande do Sul.

No dia 30 de junho, o **Correio da Manhã** publicava um pequeno poema assinado por Cyrano e companhia sobre a morte de Rossana:

"Nada há que o destino dome
no seu trágico furor:
por um contraste sem nome,
Rossana que viveu 'de fome'
morre por fome de amor"

Quatro dias depois, ***O Globo*** publicou um epitáfio da faquiresa:

Rossana na casa de saúde Santa Lúcia

Rossana

Rossana era o seu nome;
bonita, cheia de ardor,
viveu de jejum, sem fome,
morreu de fome de amor

No dia seguinte, um novo artigo de Eneida, em sua coluna no ***Diário de Notícias***, sintetizava assim a história de Rossana:

"Primeiro, foram os seus retratos nos jornais: uma bela mulher loura, declarando vinte e quatro anos, se chamando Rossana, de profissão faquir. Foi no ano passado, no momento em que surgiram vários faquires nesta cidade, cada qual prometendo maior exibição de sofrimentos no Cineac Trianon. Fechados em urnas, com cobras deslizando em seus corpos pousados em pregos e outros objetos pontiagudos, corria o povo pagando entrada para vê-los definhar, enquanto a polícia exercia rigorosa fiscalização. Rossana anunciou que ia bater o recorde feminino de jejum, até hoje em poder de uma francesa que passou sessenta dias sem comer.

Por que escolhera, tão moça e tão bela, uma profissão tão desagradável? Por que não fora ser datilógrafa, empregada pública ou mesmo modelo de casas de moda, já que era assim, bonita e loura? Ela própria, no momento de sua exibição, não contou as razões de sua escolha. Parecia uma criatura muito entusiasmada pela vida: declarou que se exibiria de maiô negro muito colante e afirmou, antes de começar seu voluntário jejum, que adorava um bife com fritas.

Rossana, a faquir, encheu a cidade com seu nome e sua beleza. Entrou na urna; quatro dias depois, um vidro partiu-se, ela ficou ferida na mão direita, mas continuou a prova. Não aguentou, porém, e antes mesmo dos trinta dias, rompia o jejum, largava pregos e cobras e declarava que ia abandonar definitivamente aquela vida: amava um homem, ia viver com ele, queria ser apenas uma mulher amando e amada. Queria ser feliz. Desapareceu. Nossos faquires profissionais (porque amadores há muitos nesta cidade, quiçá neste país de vida tão cara) vêm de quando em vez contar isto e aquilo aos jornais, não querendo ser esquecidos. Rossana não. Rossana sumiu. Infelizmente, na semana passada, reapareceu a moça não mais loura, bela e corajosa, mas morta, desgraçadamente morta, pois se matou.

Uma história de amor muito banal: o casal brigava muito. Rossana, que deixara de se chamar assim para retomar seu verdadeiro nome, numa dessas brigas ouvira do companheiro o adeus para nunca mais. Naturalmente, o moço saiu batendo as portas. Voltaria, como voltou, mas Rossana não teve paciência para ver como terminaria aquela briga. Trancou-se no banheiro, abriu as torneiras de gás e quando o companheiro voltou, encontrou-a agonizante; rápido, levou-a para o hospital Miguel Couto, onde ela morreu.

Pobre Rossana. A coragem que possuía para passar fome gostando de bife com fritas, aquele seu corpo que ela gostava de vestir com maiôs negros mesmo servindo de passeio para cobras, tudo isso, inclusive seu coração à prova das proezas faquíricas, fracassou diante do possível abandono do amor.

Agora esqueceremos Rossana; não mais ouviremos falar em sua vida, não mais saberemos se ela foi corajosa algum dia se fechando numa urna. Sabemos apenas que foi muito covarde abandonando a vida.

Como entender essas coisas do amor?"

Rossana era uma faquiresa passional – viveu, jejuou e morreu por paixão.

Mara

Urbano

Mara

"O que não se explica é que uma mulher, jovem e linda, divorcie-se da vida
para se entregar à mais espantosa das agonias. Eis aí o aspecto mais trágico
do caso: a mulher que se propõe a leiloar a própria beleza sessenta dias.
Aos olhos da cidade, que desfilará diante do caixão, pouco a pouco, trocará
suas formas de miss qualquer coisa por pelancas quase obscenas. Cada quilo de
beleza perdida a aproximará cada vez mais da imagem da bruxa de 'Branca de
Neve e os sete anões'. Essa autoflagelação provoca um frio na espinha do patrício
mais indiferente. Justificaríamos o faquirismo de um bofe. Mas, convenhamos,
é de amargar assistir à 'morte' da louríssima Mara, que troca a areia de
Copacabana por pregos que não têm mais tamanho e os sorvetes de casquinha
pela laranjada rala e sem açúcar."

ÚLTIMA HORA, RIO DE JANEIRO, 22 DE NOVEMBRO DE 1955

EM MARÇO DE 1955, a palavra *faquiresa* apareceria em um
anúncio publicado no jornal **Folha da Manhã** cujo tema era a
prova de jejum que a faquiresa Mara faria em São Paulo ao lado
do faquir Urbano, seu esposo. Porém, a imprensa brasileira ado-
taria o termo *faquiresa* oficialmente apenas em novembro daquele ano, quando Mara iniciou nova exibição no Rio de Janeiro.

Usada em vários outros países da América Latina desde,
pelo menos, o início dos anos 50, a palavra faquiresa provavelmente foi trazida ao Brasil por Urbano, que entre o final dos
anos 40 até meados dos 50 realizou inúmeras provas de jejum
por toda a América Latina. Talvez o termo tenha sido, inclusive,
introduzido naqueles países por Urbano, que tinha ao seu lado
Elvira, então sua esposa, conhecida como "la fakiresa rubia",
sobre quem parecem se referir todos os primeiros registros da
palavra na imprensa latino-americana.

Em 31 de agosto de 1955, às vésperas de iniciar a prova de
jejum que o consagraria como "recordista mundial de jejum e
tortura", Urbano disse ao jornal *A Noite* que Mara, que também
se exibiria em breve, era "bastante conhecida na América Central por suas provas surpreendentes". Nesses países, Mara era
anunciada como "fakiresa Mara".

No Brasil, Mara parece ter sido a primeira faquiresa a ser chamada assim. A partir de sua exibição no Rio de Janeiro, em 1955, a palavra faquiresa passou a designar todas as jejuadoras que surgiram no Brasil até o final da década, quando a prática do faquirismo feminino se extinguiu no país.

Assim, em 21 de fevereiro de 1956, era publicada no jornal *A Noite* uma matéria intitulada "Mulher é embaixador, jejuando é faquiresa", na qual o filólogo Antenor Nascentes vinha dar fim a duas dúvidas "de interesse popular" surgidas naquele momento: uma sobre o uso da palavra embaixatriz para se referir a uma diplomata brasileira, título que segundo ele era conferido à esposa de um embaixador e não a uma mulher que exercia essa função, pois "nos quadros administrativos só existem as designações masculinas. Não se leva em conta o sexo", pelo que a diplomata deveria ser chamada de embaixador, e outra "sobre a senhora Mara, que os jornais e rádios chamam de 'faquiresa'". A respeito da segunda, Antenor Nascentes disse:

> "Já anotei o termo numa ficha, com o nome de Mara, uma referência à sua exibição no Cineac Trianon em 1955 e outras informações. Aí a designação é aceitável, uma vez que se trata do poder criador da língua. Existia o termo faquir. A língua precisou criar um novo para fixar precisamente a presença da mulher. Surgiu assim o termo 'faquiresa', que os filólogos e gramáticos não podem deixar de aceitar."

Urbano foi um dos primeiros faquires a se exibir no Brasil não como "enterrado vivo", mas exposto em uma urna de vidro.

Segundo o próprio Urbano, em entrevista publicada pelo jornal *A Noite* em 31 de agosto de 1955, depois de estudar "em um colégio de monges lazaristas", onde "desde cedo, fez grandes retiros espirituais e penitências, formando assim, no rigor de uma educação moral e religiosa, sua personalidade", ele, ainda adolescente, partira com um padre, "especialista em letras clássicas, retórica e metafísica", para o Japão, onde "tomou contato com o budismo". "Daquela data em diante, passou a cultivar a filosofia yogue", inclusive "na própria Índia, permanecendo entre 'santos' durante vários anos".

APRESENTAÇÃO SENSACIONAL DE JEJU
URBANO - O FAKIR - "O ARTISTA DA FO
SUPEROU O PRÓPRIO GANDI

O grande fakir brasileiro de fama internacional e dado como morto, volta de "torneo" pelas 3 Américas, re-exibindo-se ao público de São Paulo com suas a bravas e arriscadas provas de fakirismo, agora mais sensacionais que nunca — 25 e 25 noites absolutamente sem comer e com a boca costurada, encerrado numa de vidro

Urbano — "O artista da Fome" — e a encantadora Mara — símbolo da paciência e resignação — apresentar-se-ão, simultaneamente durante 25 dias e 25 noites sem comer, em jejum completo, encerrados em urnas de vidro num desafio sem par. Um espetáculo emocionante, período em que Urbano estará com a boca costurada.

MARA - A FAKIREZA

Fascinante mulher que, com sua juventude, graça e encanto, permanecerá e rada numa urna de vidro, durante 25 dias e 25 noites, em absoluto jejum, numa a tira demonstração de grande força de vontade, educação e domínio de sua mente a matéria.

Veja-os hoje, dia 31 a partir das 20 hs
Av. São João, 501 — perto do Cine "Ritz"
Entrada Cr$ 5,00, Imp. Incluso.
—— Em exibição durante o dia e à noite, interruptamente ——

Urbano em sua prova de jejum realizada no Rio de Janeiro em 1955

Aos vinte anos de idade, de volta ao Brasil, Urbano teria se exibido pela primeira vez como faquir na Bahia, "permanecendo encerrado em uma urna, sem comer, durante oito dias". Na mesma entrevista, Urbano conclui a narração de sua saga dizendo que "depois de efetuar diversas provas em nossa terra, embarcou para a Europa e visitou dezenas de países", tendo estado, até então, em "nada menos de cinquenta e dois países, efetuando setenta e três provas de faquirismo".

A primeira prova de jejum de Urbano sobre a qual foram encontradas referências data de janeiro de 1922. No dia 04 daquele mês, o ***Correio Paulistano*** publicava a seguinte nota:

> "O nosso público, sempre ávido de sensações novas, vai assistir no próximo dia 06 do corrente à apresentação do artista brasileiro senhor Urbano, que se propõe a passar dez dias encerrado numa urna de cristal, sem comer, nem beber, batendo assim o recorde dos jejuadores que nos últimos anos têm visitado o nosso país.
>
> É de notar ainda que o trabalho do artista patrício, ao que nos informam, se distingue de todos os outros do mesmo gênero até hoje realizados: pois, enquanto geralmente estas experiências têm sido feitas dois metros abaixo do solo, Urbano pretende levá-las a efeito dentro de uma urna de cristal hermeticamente fechada, meio metro acima do solo. Desta forma, pode o público presenciar os menores detalhes e verificar a ausência de qualquer truque."

Embora previsto para o dia 06, o início da exibição de Urbano ocorreu às duas e meia da tarde do dia 09.

Pouco tempo depois, em 12 de fevereiro, Urbano voltava a fazer nova exibição em São Paulo, no salão de exposições da rua de São Bento, 24-A.

Para essa prova, Urbano mandara "confeccionar no Rio de Janeiro uma nova urna de metal niquelado, caprichosamente ornamentada com lâmpadas elétricas e suspensa em artísticos varões metálicos". Além disso, dessa vez seria feita "a apresentação de Urbano como poeta", pois ele ofereceria "poesias a todas as senhoritas que, no momento da visita, lhe deixem o nome e a residência".

Dias depois, Urbano seguiu para o interior do estado, onde fez novas provas de jejum, ao fim das quais parece, ao contrário do que disse ao jornal *A Noite* em agosto de 1955, ter abandonado a profissão de faquir.

Somente muitos anos depois da primeira prova, em 22 de março de 1947, Urbano retomou a carreira de faquir e voltou a se exibir em uma prova de jejum, dessa vez durante doze dias, em São Paulo, na avenida São João, 98.

Em seguida, iniciou uma longa turnê pela América Latina e sobre suas provas de jejum nesses países, podem ser encontradas várias referências, tanto em jornais da época, quanto em crônicas escritas até hoje por pessoas que nunca esqueceram as exibições de Urbano. Isso não acontece no Brasil, onde ele é raramente lembrado.

Os relatos de quem se lembra das exibições de Urbano na América Latina falam de um folheto biográfico que era distribuído a quem ia assistir a ele. Em matéria publicada no jornal *A Noite* em 05 de setembro de 1955, Urbano diz que escrevera um livro, editado em espanhol, chamado *A vida do faquir Urbano escrita por ele mesmo*, que talvez não fosse mais do que esse folheto. Também presente em todos os relatos é a lembrança de Elvira, "la fakiresa rubia", sua esposa na época.

No final de 1954, de volta ao Brasil, Urbano se exibiu em Curitiba, onde jejuou durante trinta e dois dias. E, em 31 de março de 1955, foi encerrado, com a boca costurada, em uma urna de vidro em São Paulo, na avenida São João, 601, para uma prova de jejum com duração de vinte e cinco dias. Dessa vez, trancada em uma urna de vidro ao lado da sua, estava Mara, que se exibiria durante o mesmo período.

Anunciada como "fascinante mulher que, com sua juventude, graça e encanto, permanecerá encerrada numa urna de vidro durante vinte e cinco dias e vinte e cinco noites, em absoluto jejum, numa autêntica demonstração de grande força de vontade, educação e domínio de sua mente sobre a matéria", Mara parece ter feito a sua estreia como faquiresa no Brasil.

Mas não foi por essa exibição que ela ficou conhecida. Meses depois, no Rio de Janeiro, Urbano e Mara bateriam os recordes mundiais masculino e feminino de jejum e seriam consagrados como Rei e Rainha da Fome.

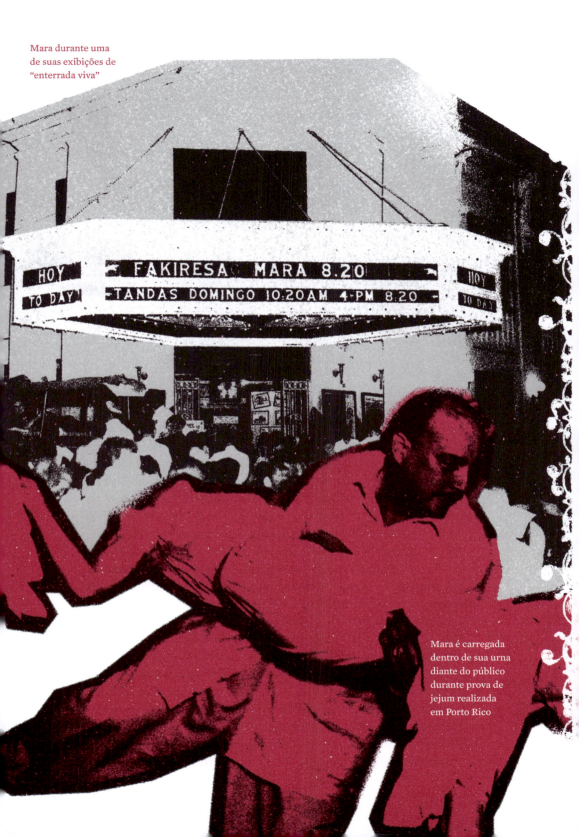

Mara durante uma de suas exibições de "enterrada viva"

Mara é carregada dentro de sua urna diante do público durante prova de jejum realizada em Porto Rico

Em meados de 1955, durante a prova de jejum que deu a Silki o título de "campeão mundial de jejum", Urbano fizera, segundo o *Diário da Noite* em reportagem publicada em 22 de julho, "declarações a um jornal acusando Silki de ter desistido de uma prova de jejum em Caracas, na Venezuela", e afirmando "outras coisas, que feriram o brio de Silki". Em resposta a essas acusações, o empresário de Silki, "com a sua anuência", desafiara Urbano "a competir com Silki, nas mesmas condições e no mesmo local". Urbano respondera que aceitava o desafio e ultrapassaria "em cinco os noventa e nove dias de Burmah", que detinha então o título almejado por Silki. Sentindo-se ameaçado, Silki decidira prolongar sua prova por mais cinquenta dias além dos cem previstos inicialmente "para acabar com as pretensões do rival". Assim, Silki e Urbano se exibiriam simultaneamente durante algum tempo no Cineac Trianon.

Porém, segundo o *Diário Carioca* de 05 de agosto de 1955, "a Censura impediu a prova de Urbano", baseando-se "não só em suas precárias condições físicas (só tem um pulmão), como também no fato de ter ele passado recentemente quarenta dias sem comer, portanto não estando em condições de tentar a superação do recorde mundial". Dessa forma, Silki saiu levando o título quando alcançou os cem dias previstos, Rossana foi encerrada em sua urna de vidro no Cineac Trianon e ao fim de sua prova, Urbano deveria ir também ao Rio de Janeiro "para tentar submeter-se a uma das modalidades de faquirismo que conhece – mais provavelmente a de crucificado vivo".

Em 31 de agosto de 1955, poucos dias depois do fracasso de Rossana, o jornal *A Noite* publicava uma longa matéria sobre Urbano, que acabava de ser contratado pelo Cineac Trianon para se exibir em uma prova de jejum durante cento e cinco dias, arrebatando de Silki o título de "recordista internacional de fome". Nela, Urbano contava que, embora tivesse assinado "um contrato para exibir-se em Nova York", tinha preferido "adiá-lo e cumprir os cento e cinco dias de jejum no Cineac", pois queria "provar aos seus compatriotas o seu valor profissional", visto que se sentia "quase magoado por não ser conhecido pelos brasileiros, pois sua fama no exterior lhe valeu o cognome de 'El Magnífico' e de 'O Grande

Urbano'". Urbano informava ainda que "ao terminar a prova, sua esposa, também iniciada na prática do faquirismo", iria "substituí-lo na urna" e fazia questão de "ressaltar sua profunda admiração por Silki".

No dia 03 de setembro, Urbano era encerrado em sua urna de vidro no Cineac Trianon e dava início à sua prova, com a benção de Silki, que, um dia antes, declarou ao jornal *A Noite* que considerava Urbano "como o mais credenciado para tentar superar a prova honestamente".

Dois dias depois, o jornal *A Noite* narrava assim o início da exibição de Urbano:

"Urbano pretende permanecer cento e cinco dias em absoluto jejum, deitado, como Silki, num leito de pregos e igualmente entre perigosas serpentes.

Antes de fazê-lo, porém, convidou a imprensa para um coquetel, na sobreloja do Cineac, onde terá lugar a dura prova.

E às onze e meia do sábado último, o faquir brasileiro, que ali se encontrava ao lado de sua esposa, Mara, a qual também pratica o faquirismo, falou aos representantes dos jornais, tendo posado para os fotógrafos e cinegrafistas. A seguir, seu médico assistente, doutor Heraldo Costa, que foi o mesmo de Silki, passou a examiná-lo, tomando-lhe a pressão, pulso etc., achando-o – segundo disse à reportagem – perfeitamente apto para a prova.

Terminado o exame, Urbano convidou os representantes da imprensa escrita e falada para o coquetel, sendo aí saudado pelos presentes. A seguir, trocou de roupa, envergando um vistoso pijama de seda vermelha. Na sala, um grande número de pessoas acompanhava, com os jornalistas, os passos do faquir. Uma escada foi colocada junto à urna de vidro. Jornalistas presentes receberam cadeados, que foram colocados nos lugares onde a urna se abria, de modo a vedá-la por aquela forma, conservando todos as respectivas chaves para o dia da abertura. Um longo beijo da esposa, que ria e chorava a um tempo, e Urbano entrou para a sua nova 'residência' de vidro e pregos. Por uma janelinha, ainda aberta, foram passadas duas grandes cobras. Por fim, o fechamento dessa última comunicação com o exterior."

No início da exibição de Urbano, surgiu uma porção de boatos sobre ele. Um falava sobre as multas que Urbano teria que pagar por estar jejuando no Rio de Janeiro e não em Nova York, outro dizia que ele roía a cauda das cobras e outro que se alimentava do hálito delas. Além desses, voltava a circular o boato que afirmava que Urbano tinha apenas um pulmão. Para comprovar que tinha os dois, Urbano expôs radiografias no Cineac Trianon.

Segundo reportagem publicada no **_Diário Carioca_** em 06 de novembro de 1955, decorridos dois meses do encerramento de Urbano em sua urna de vidro, era grande o "insucesso financeiro" que acometia sua prova e ele, "face ao desinteresse do público por sua arte", estava "ameaçado de gozar de um estado de constante fome, presente e futuramente".

Talvez por conta disso, a prova de jejum de Mara foi antecipada para meados de novembro e ela ganhou a atenção da imprensa carioca.

Explicando como se dera seu ingresso no faquirismo, Mara declarou ao jornal **_O Globo_** que "era comerciária em Curitiba quando por lá apareceu o faquir Urbano, ganhando a vida com seus jejuns. Mara entusiasmou-se, fez experiências privadas e descobriu que também poderia passar fome. Pouco depois, deixou de ser comerciária e começou a fazer exibições públicas de faquirismo, iniciando a sua carreira em Bogotá, na Colômbia", onde permanecera jejuando durante trinta e cinco dias em 1950, quando tinha vinte e cinco anos de idade. "Quando andava por Havana, encontrou-se com Urbano. De colegas, passaram a namorados e acabaram casando-se para passar fome juntos, por profissão, com uma eficiência bem pouco invejável".

Mais tarde, em 26 de janeiro de 1956, Álvaro Armando, Théo e companhia publicaram na sessão "Na boca do lobo" do jornal **_O Globo_** um poema chamado "O teu amor é uma... Urna!", no qual satirizavam o casamento de Mara e Urbano. O poema foi apresentado como "a carta que (presumimos) Urbano teria escrito a Mara" quando se conheceram.

Mara, gentil senhorita,
você é jovem, bonita
e cheia de sedução,
eu sou sujeito decente
vivo a vida honestamente
não tenho muita ambição

há dias, tenho notado
seu trabalho, articulado
com a técnica perfeita:
faz o jejum com perícia,
depois, é minha patrícia
e moça muito direita

ora, nós dois trabalhamos
no mesmo setor, levamos
a vida sob jejum,
case, portanto, comigo
e faremos, sem perigo,
de dois destinos, um só

tanta gente há que se casa
com mil problemas de casa,
luta diurna e noturna,
não teremos luta insana,
"teu amor é uma cabana!"
ou "teu amor é uma urna!"

o casal, por mais que se ame,
é natural que reclame
da carestia sem nome,
nós descobrimos um meio
de usar o dinheiro alheio
fazendo a indústria da fome...

eu vejo toda essa gente
pegar duro no batente
e não ter o que comer,
não comemos, é verdade,
mas nossa especialidade

é – não comer p'ra viver!

nós dois não temos problema
jejuamos por sistema
ganhamos dinheiro assim,
faremos nossa família
sem prestação de mobília
nem compromissos sem fim

logo, o nosso casamento
traz perfeito entendimento
e nos fará grande bem,
não serei um caloteiro
quando não trouxer dinheiro
para pagar o armazém

casemos, portanto, Mara,
nossa chance 'está na cara',
será o sucesso do ano!
responda depressa ao grito
do coração tão aflito
do teu dedicado Urbano.

Alguns dias antes do início de sua prova de jejum no Rio de Janeiro, Mara deveria realizar uma exibição de "enterrada viva", "em determinada profundidade, por baixo da terra durante um prazo convencional que deveria ser estabelecido em nove minutos", em um campo de futebol. Segundo reportagem do **Diário Carioca** publicada no dia 6 de novembro de 1955:

"Inicialmente recorrendo à administração do estádio do Maracanã, foi-lhe negado o campo de futebol sob alegação de que os sucessivos jogos de futebol ali disputados não poderiam ser preteridos por um show extra que a jejuadora pretendia. Outra circunstância impossibilitava o espetáculo: o evidente estrago que sofreria o campo com um esburacamento necessário a uma prova dessa natureza.

A segunda investida de Mara foi no sentido do Vasco da Gama franquear-lhe seu campo para a exibição. Sucede todavia que o Vasco, embora os seus impedimentos não fossem da mesma natureza dos apresentados, em argumento ponderável, pelo Maracanã, trazia, amargamente, na crônica de seus feitos, um obscuro período de atuação inglória, quando se ausentou por nove anos da primeira colocação nos campeonatos de futebol.

Esta circunstância fora obra das ocultas artes de um cidadão, dublê de ponta-esquerda e macumbeiro, conhecido pelo apelido (sinistro e proibitivo para os fãs vascaínos) de Arubinha. Após um dia de fartura de gols, quando o Vasco creditara no arco do Andaraí doze arrasadores pontos, Arubinha, sobraçando um sapo, fora durante a noite enterrá-lo no gramado vascaíno com a praga implícita de que os cruzmaltinos levariam tantos anos quantos os gols consignados no Andaraí para poder novamente sagrar-se campeão. A bruxaria prevaleceu nove anos, voltando o Vasco a gozar a glória de um campeonato somente em 1945."

Dessa forma, depois de "uma reunião sigilosamente realizada nos salões vascaínos", a diretoria do Vasco da Gama teria decidido "não correr o risco de um novo enterramento em seu campo".

No dia 17 de novembro, Mara foi encerrada em sua urna de vidro no Cineac Trianon, ao lado da urna onde Urbano jejuaria ainda por mais trinta dias. A prova de Mara deveria durar trinta dias além do fim da exibição de Urbano e ela, aos sessenta dias de prova, superaria o "recorde mundial feminino de jejum e tortura", que era de cinquenta e seis dias e pertencia à francesa Yvette. Ao jornal *A Noite*, Mara declarou que tiraria "a má impressão deixada" e demonstraria "ao mundo a fibra da mulher brasileira", uma clara referência ao fracasso de Rossana meses antes.

De acordo com o *Jornal Pequeno*, de Recife, nessa prova, Mara jejuava encerrada "numa urna bem menor e menos confortável do que as comuns usadas pelos faquires" e embora permancesse "deitada sobre pregos", não permitira "cobras em sua companhia".

"'Cobras não!', disse, dando ênfase à sua repulsa pelas amigas preferidas de Luz del Fuego..."

Mara fala ao microfone pouco antes de sua urna ser lacrada

Mara em coquetel oferecido à imprensa antes de seu encerramento em uma urna de vidro no Cineac Trianon, ao lado da urna de Urbano

No dia de seu aniversário, Mara, "enchendo os pulmões de ar, soprou a velinha" de seu bolo "de dentro mesmo da urna, apagando-a"

Mara em sua urna, no Cineac Trianon

No dia 22 de novembro, um artigo sobre a exibição de Mara era publicado no jornal *Última Hora*, na seção "Sport Scope", assinada por Diabo da Fonseca e Bonecos de Arés. Sobre Silki, foi dito : "aceita-se que um barbado, sob o peso da responsabilidade familiar, encerre-se numa urna e lá permaneça uma centena de dias". Já sobre Mara:

"O que não se explica é que uma mulher, jovem e linda, divorcie-se da vida para se entregar à mais espantosa das agonias. Eis aí o aspecto mais trágico do caso: a mulher que se propõe a leiloar a própria beleza sessenta dias. Aos olhos da cidade, que desfilará diante do caixão, pouco a pouco, trocará suas formas de miss qualquer coisa por pelancas quase obscenas. Cada quilo de beleza perdida a aproximará cada vez mais da imagem da bruxa de 'Branca de Neve e os sete anões'. Essa autoflagelação provoca um frio na espinha do patrício mais indiferente.

Justificaríamos o faquirismo de um bofe. Mas, convenhamos, é de amargar assistir à 'morte' da louríssima Mara, que troca a areia de Copacabana por pregos que não têm mais tamanho e os sorvetes de casquinha pela laranjada rala e sem açúcar. No entanto, visto de outro ângulo, talvez possamos aceitar esse autêntico suicídio à prestação. Vemos o sacrifício de Mara como uma espécie de fuga. A urna tem o clima próprio e intransferível. E, ao lado do marido, será menor seu martírio de mulher. É preciso não esquecer que nada menos de oitenta dias a separam de Urbano. Na impossibilidade de receber seus carinhos, de ouvir suas palavras, ela imaginou a fórmula ideal: sofrerem juntos. Longe das tentações do mundo, sentindo as mesmas contrações de estômago, eles estarão num mesmo plano. Essa comunhão de pensamentos ajudará o casal a alcançar a meta. Cada olhar será uma mensagem de carinho, cada sorriso um disfarce da própria dor. Mentalmente eles estarão um nos braços do outro numa cena de amor jamais retratada pelo cinema francês."

No dia 25 de novembro, dia do aniversário de Mara, "seus amigos, numa atitude mais de 'amigos da onça'", segundo o *Diário de*

Notícias, lhe ofereceriam um bolo, que ela teria que cortar, mas não poderia comer, "sendo a torta devorada ante seus olhos pelos presentes".

A mesma reportagem que anunciava seu aniversário informava ainda que, "perguntada se desejava desistir" de sua prova, Mara dissera:

> "A despeito das dores que sinto pelo corpo, pelas torturas dos pregos, e as marcas roxas que eles me deixaram, eu jamais desistiria do meu intento de superar o 'recorde mundial feminino de jejum', pois que assumi perante o público, autoridades e imprensa este solene compromisso, que não poderei deixar de cumprir por um conceito de honra, e porque quero demonstrar ao mundo que a mulher brasileira tem energia, intrepidez e força de vontade!"

Pouco depois, no dia 01 de dezembro, o jornal *A Noite* relatava que "vítima de tremores, alucinações e descontrole de nervos", Urbano "sentiu que forças estranhas se apoderavam de si, a tal ponto que, em dado momento, como um endemoninhado, agarrou um pedaço de madeira que serve de escora para as cobras e ameaçou partir as vidraças da urna". Nesse momento, porém, "sua força muscular falhou por completo, seus braços fraquejaram e seu corpo amolecido completamente caiu sobre o leito de pregos", num "estranho sono profundo", do qual só despertou "pela manhã, em completa calma, sem nem lembrar-se da ocorrência". Diante do quadro, Mara sofrera "forte abalo nervoso", permanecendo vigilante enquanto ele dormia.

No dia seguinte, o jornal *A Noite* dizia que Urbano seria proibido de permanecer encerrado se viesse a sofrer "nova crise de quebra-quebra" e ressaltava que "a beleza, porém, que Mara irradia em torno da urna onde se acha trancada compensa os percalços a que se arriscam os que compareçem à sobreloja do Cineac para testemunhar o sensacional desfecho da porfia da fome".

Na tarde do dia 13 de dezembro, no Cineac Trianon, quando Urbano ultrapassou os cento e um dias do então "campeão mundial de jejum" Jathan (que em outubro superara Silki em um dia), "os alto-falantes proclamavam Urbano o novo campeão, enquanto simultaneamente fogos espoucavam numa saudação ao vitorioso mundial da fome. Entrementes, os flashes dos fotógrafos estouravam em flagrantes quando a Rainha das Atrizes, a formosa Janette Jane, presenteou Urbano com uma faixa, na qual se lia 'recordista mundial de jejum e tortura'".

Ao completar os cento e cinco dias de jejum em 17 de dezembro, Urbano resolveu ficar ainda mais cinco dias em sua urna e declarou ao jornal *Imprensa Popular*:

> "Não quero que o Brasil perca o campeonato da fome de maneira nenhuma. Esse título há de ficar aqui enquanto eu tiver forças para sustentá-lo. E creio que o campeonato mundial da fome ficará mesmo comigo, porque está para nascer o faquir capaz de arrebatar-me o título."

Depois de cento e dez dias de exibição, Urbano deixou a sua urna. Sobre ela, o jornal *Última Hora* publicou a seguinte reportagem em 10 de janeiro de 1956:

> "A esta hora, não mais investido nas suas funções de faquir, Urbano, campeão mundial de jejum, com cento e dez dias sem ingerir alimento sólido, não suspeita, nem de leve, sequer, do destino degradante que estão reservando para a urna que o acolheu durante a sua temporada de fome no Cineac e que foi o seu verdadeiro 'leito de glória', como ele mesmo se expressou. Este pensamento assaltou o repórter quando ele corria displicentemente os olhos pelos anúncios de 'compra-se' e 'vende-se' do *Jornal do Brasil* e deparou com um deste gênero: 'Faquires – Urna – Vendo a do faquir Urbano, confortável e ventilada. Ver na rua São José, 64, senhor Djalma. Serve para galinheiro ou viveiro'."

Procurado pelo jornal, o "senhor Djalma", dono de uma loja de discos, explicou que Urbano, ao fim de sua prova, dera a urna a um amigo que, sem saber o que fazer com ela, a passara para ele, que por sua vez, "já um pouco desiludido com os possíveis fregueses para a sua (de Urbano) urna, declarou ao repórter que ele mesmo pretendia transformá-la num muito pouco poético galinheiro".

Enquanto isso, agora sozinha, Mara prosseguia com a sua exibição.

É curioso notar que a cobertura feita pelo jornal *A Noite* da exibição de Mara frisava principalmente o fato de que ela continuava "estranhamente bela" a cada dia de jejum. Uma nota publicada em 27 de dezembro e intitulada "Estranhamente bela, Mara prossegue", seguida pela longa chamada "Qual será o misterioso segredo da conservação de sua beleza? Em que consistirá o fenômeno da preservação de sua formosura ante as tremendas torturas por que passa? Quarenta dias de fome e uma enorme legião de fãs, cada dia mais numerosos e surpresos! Assim prossegue a faquiresa Mara em sua extraordinária prova!", dizia:

> "Um fato que vem movimentando e surpreendendo a todos é a estranha conservação da beleza e da graça da faquiresa Mara. Completando hoje quarenta dias de fome e torturas, com a fiscalização permanente e severa da polícia de vigilância, a louríssima faquiresa mantém ainda em todo o seu esplendor a sua formosura, que lhe tem granjeado grande número de admiradores, que a cada dia verificam que Mara, embora mais emagrecida, está cada vez mais encantadora.
>
> A despeito de seu estado geral, acusado por seu médico assistente, apresentar astenia e pele ressecada, o que demonstra sua grande carência de proteínas, vitaminas, sua beleza, como um milagre, se apresenta aos olhos de todos fulgurante."

Nesse mesmo dia, Mara ultrapassou o "recorde sul-americano feminino de jejum".

Pegando carona na exibição de Mara, o jornalista Abílio de Carvalho, "figura representativa da classe pelas suas performances anteriores, algumas de âmbito internacional", conforme o jornal *Gazeta de Notícias* em 28 de dezembro, iria "estabelecer um recorde sensacional, permanecendo, em vigília, vinte dias – dia e noite – ao lado da urna da faquiresa como fiscal da prova e testemunha de sua lisura". Para se ter uma ideia de quem era Abílio de Carvalho, basta dizer que uma de suas outras "aventuras jornalísticas" fora, "em cordas", reconstituir "a trajetória traçada pelo compositor Assis Valente em sua felizmente frustrada tentativa de suicídio, do alto do Corcovado". Ao lado da urna de Mara, Abílio de Carvalho superou o "recorde sul-americano de cobertura jornalística".

No dia 16 de janeiro de 1956, Mara completou sessenta dias de jejum e venceu a francesa Yvette. Mas ela decidiu prolongar a prova por mais sete dias e enviou o seguinte telegrama aos jornais de Curitiba:

> "No ensejo em que ao lado de meu marido faquir Urbano, campeão mundial de jejum, acabo de conquistar o recorde universal feminino de jejum, sentindo-me orgulhosa de minha condição de curitibana, ofereço comovida à minha terra natal os últimos sete dias da delicada prova e glorioso marco de minha profissão."

O jornal *A Noite*, em 17 de janeiro, informava que Mara estava "sendo vítima de calafrios, febre e intensa debilidade física e orgânica, tudo motivado por um perigoso estado gripal", o que punha em risco o final de sua prova, que teria terminado no dia anterior se ela não tivesse resolvido completar "sessenta e sete dias de estranho martírio voluntário", e "assim, na previsão de algum acidente, que bem poderia ser-lhe fatal, cogita-se de obrigá-la a suspender a prorrogação de sua prova, já vitoriosa".

Não foi preciso. Mara se recuperou logo e suportou os dias que ainda tinha pela frente, fazendo até "blague quando interpelada por jornalistas e radialistas a respeito de sua temerária prova", chegando mesmo, "durante uma dessas entrevistas", a cantar "um samba carnavalesco" para uma emissora.

Assim, às dezoito horas do dia 23 de janeiro, no auditório da rádio Mundial, Mara deixou sua urna, finalizando a prova com êxito.

Passada uma semana, o *Diário da Noite* contava que Mara, depois de alguns dias em repouso no instituto cirúrgico Gabriel de Lucena, seguiria para sua Curitiba natal, para completar seu restabelecimento. Segundo o *Diário da Noite*, Mara tinha perdido vários quilos, mas ganhara um bom dinheiro, embora não quisesse dizer quanto a experiência tinha lhe rendido.

Sobre Mara, o jornal *Gazeta de Notícias* publicou uma interessante crônica de Maura de Senna Pereira no dia 29 de janeiro de 1956. Nela, a jornalista cristalizava a imagem de Mara como a mais doce das faquiresas.

"Não, não sou apreciadora de jejuns e torturas, mas, apesar disso, aqui estou me congratulando com a vitória de Mara, minha quase xará e quase conterrânea, já que nasceu em terras vizinhas da minha terra catarinense.

Fui vê-la num dos últimos dias da sua prova, levada pelo nosso Abílio de Carvalho, agora também ele campeão – campeão sul-americano em cobertura jornalística, com medalha de ouro no peito, menos gordo apesar de não ter jejuado, mas pelo próprio esforço da cobertura realizada, que durou trezentas e tantas horas, ao lado da faquiresa, controlando a sua difícil prova.

Bela e loura, toda envolta no lilás moderno, dentro da urna em que voluntariamente se enclausurou, sobre um agudo leito de pregos e com quase setenta dias de jejum, Mara dava a impressão de estar deitada sobre um colchão de pétalas. Gentil, coerente, natural, falou nos seus treze jejuns anteriores e no que estava amargando agora, esse adicionado à tortura dos pregos, graças ao qual se tornara a primeira faquiresa do mundo.

Não, não sou apreciadora de jejuns e torturas. Lembro aqui um poema em que sonho com um grande sol brusco iluminando a terra inteira, debaixo do qual não existem mártires, nem monstros, e o trigo dourado possa crescer para todos.

Eis-me, no entanto, batendo palmas para a patrícia Mara, pois, já que existem provas desse gênero, não posso ser insensível a que uma mulher brasileira seja capaz de tamanha tenacidade e tamanha resistência, a fim de conseguir o cobiçado título. E de resistir, sem se mostrar esquálida e sucumbida, e nem ao menos, ter estampado na face nenhum daqueles sinais que manifesta qualquer mortal quando o almoço está demorando.

É verdade que ela se queixou dos pregos cruéis. Mas o queixume veio num sorriso sem dor, amplo, simpático, enquanto a pele de leite e flor parecia alimentada de frutas e a loura faquiresa parecia a 'bela adormecida' acordada."

No final de fevereiro, o jornal *A Noite* anunciava que o casal de faquires partiria em breve para Salvador, mas não se sabe se eles chegaram a se exibir ali.

O que se sabe é que no início dos anos 60, Urbano e Mara estavam fixados em Curitiba, onde ele era diretor social do Clube Atlético Paranaense e, como "astrólogo, místico e faquir", nas palavras do *Correio do Paraná*, apresentava um programa de rádio chamado "Os astros falam e dirigem nossos pensamentos" ou "Os astros falam e dirigem o nosso destino" - os jornais mencionavam os dois nomes. Ela participava ativamente da Liga das Senhoras Católicas de Curitiba.

Urbano e Mara tiveram dois filhos e faleceram no Paraná, afastados da vida artística.

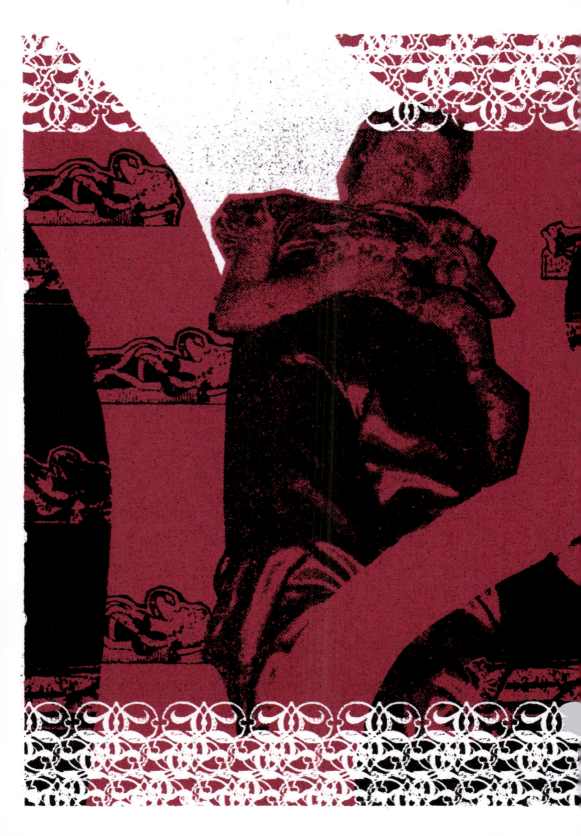

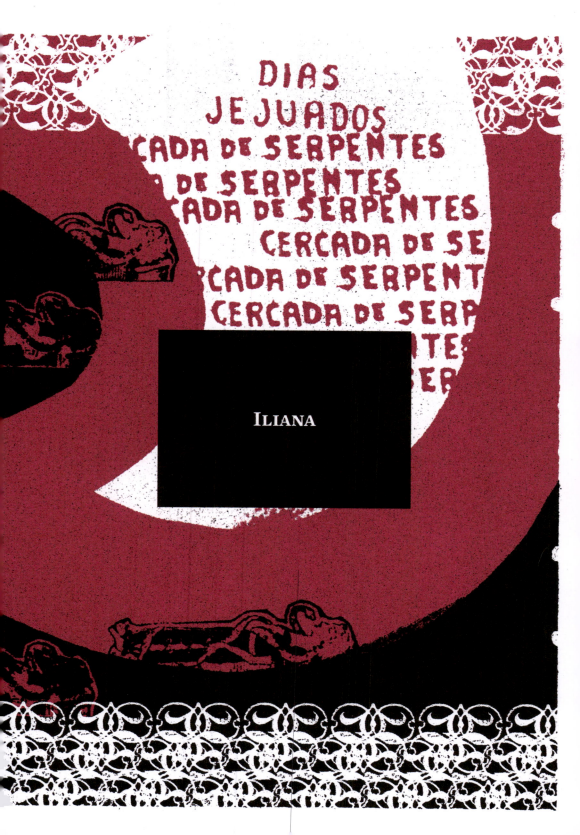

"...outros dedicam-se a práticas singulares para ganhar o pão de cada dia – ficam dezenas de dias sem comer, deitados sobre pregos, uns comem lâminas de barbear, vidros quebrados, põem chamas na boca; já para alguns, o negócio é enterrar-se uma ou duas semanas, em uma urna que tem como comunicação com o mundo apenas um tubo de vidro, para receberem alimentos, e serem observados pelos curiosos que pagam para ver 'aquilo'. Esses são os faquires. Dedicam-se a provas as mais estranhas, sofrendo que só joelho de beata em Semana Santa, para, no fim da história, ganharem uma soma que mesmo fabulosa, talvez não compense em virtude da saúde que fica abaladíssima."

DIÁRIO DE PERNAMBUCO, RECIFE, PERNAMBUCO, 28 DE MARÇO DE 1956

DEPOIS DA exibição de Mara no Rio de Janeiro, a figura da jejuadora profissional se tornou mais popular no Brasil.

Agora chamadas faquiresas em todo o território nacional, elas se espalharam pelo país e, de quando em quando, ocupavam as páginas dos jornais.

Artistas que atuavam em outras áreas, como a vedete Suzy King, e moças até então anônimas despontaram como faquiresas. E as mulheres que já se dedicavam à profissão ganharam maior destaque a partir de então.

Entre os casos que chamaram a atenção da imprensa, podemos citar o da faquiresa Otamires, de dezenove anos, que depois de se exibir "no Maranhão, no território do Acre e na cidade paulista de Penápolis", segundo o jornal *A Notícia* de São José do Rio Preto (SP), foi para a cidade paulista no final de 1957 para realizar uma prova de jejum que deveria durar quarenta dias.

Deveria, mas não durou. Em reportagem publicada no dia 11 de janeiro de 1958 sob o título "A faquiresa fugiu porque achou a renda pequena para um grande jejum", o jornal *Folha da Tarde* contava nessas palavras o desfecho da prova de Otamires:

"Em São José do Rio Preto, uma moça que se dizia a mais jovem faquiresa do Brasil anunciou que passaria quarenta dias trancada em uma urna de vidro, deitada sobre cacos de garrafa, em jejum. Obteve facilidades por parte de instituições e autoridades para locação da sala onde se exibia. Na décima quarta madrugada, porém, soltou um dos vidros da urna e fugiu, deixando dois bilhetes. Um deles – dirigido ao dono do salão e financiador parcial do espetáculo – dizia que fora obrigada a abandonar o 'serviço' porque não tinha dinheiro para pagar o aluguel. E terminava: 'É favor comunicar a prefeitura, a fim de que eles retirem a urna, que a eles pertence. Essa é da prefeitura. Está lacrada com cadeado. Não mexam no lacre.". O outro bilhete era dirigido às pessoas que se interessassem em saber qual o motivo pelo qual a prova foi abandonada antes do quarenta dias. 'Em catorze dias de sacrifício,' - dizia a faquiresa – 'a renda que tive não deu para pagar as despesas de propaganda e pensão. O povo dessa cidade, ao passar pela porta do salão onde eu estava, ainda fazia críticas. Não houve cooperação. Se eu fico mais tempo, tenho certeza que não ganharia para o levantamento de meu corpo e ficaria empenhada sem poder sair dessa cidade. Então, tomei essa deliberação. Abandonei minha urna. Assim, não dou mais prejuízos a ninguém. Desculpem se fui um pouco grosseira. Otamires, a faquir'.

O fato foi levado ao conhecimento da polícia, que instaurou inquérito a respeito. (...) Seu empresário na localidade era Antônio Rodrigues Ferreira. Ao asilo São Vicente era reservada participação de trinta por cento nos lucros da exibição.

Iniciado o inquérito policial, surgiram várias vítimas da faquiresa. Além do proprietário do salão e do asilo, viu-se prejudicado pela fuga um soldado do destacamento local que emprestara três mil cruzeiros a Otamires para que essa pagasse os impostos municipais. A polícia apreendeu os talões de entrada. Por eles, verificou que ela vendera seiscentas e cinquenta e seis entradas no valor de quinze cruzeiros cada uma.

Apesar das diligências policiais procedidas, não foi localizada, até o momento, Otamires..

A urna de vidro, de propriedade da prefeitura local, foi apreendida e encaminhada ao depósito da municipalidade. O salão onde ela se exibia, depois do levantamento procedido pela polícia, foi desinterditado."

Muitas vezes, as exibições de faquirismo não eram vistas com bons olhos pelo público em geral e pela imprensa. Além disso, os faquires eram marginalizados no próprio meio artístico.

Em crônica publicada no jornal **Folha da Manhã** em 29 de maio de 1955, Ivone Jean falava sobre o mal-estar que lhe causou a exibição de um faquir que vira pouco tempo antes e também sobre a presença de uma faquiresa jejuando em São Paulo naquele momento:

"Numa tarde do ano passado, no Rio de Janeiro, alto-falantes chamaram minha atenção. Anunciavam o maior espetáculo de todos os tempos por cinco cruzeiros, tão somente. Senti que era dever profissional entrar na fila daqueles que queriam ver o homem engaiolado há cinquenta e seis dias com cobras e sem comida. Mas saí logo da fila, envergonhada ao ver aumentar a multidão cuja presença garante a sobrevivência de um 'esporte' tão pouco esportivo.

Porém, no dia seguinte, consegui pôr de lado os escrúpulos e dirigi-me para a sala. O 'espetáculo' era pior do que tudo que imaginara. Um homem como todos os homens, com olhos feitos para fitar o céu e as árvores, nariz para cheirar o perfume das flores, ouvidos para escutar as canções e os pássaros, boca para contar histórias, mãos para pegar as coisas, pés para percorrer os caminhos, estava deitado num caixão de morto, em cima de uma areia suja na qual cobras, venenosas ou não, mas, de qualquer maneira, asquerosas, lhe faziam companhia para requintar, ainda mais, o espetáculo do homem esfomeado. Moços soltaram uma pilhéria para esconder o mal-estar. Uma senhora desmaiou. E a visão do homem engaiolado como um animal num jardim zoológico, oferecido às multidões como um holocausto a algum deus bárbaro, me perseguiu durante o dia todo como um remorso.

A cena gravou-se de maneira indelével na minha memória. E ao passar, agora, em uma de nossas avenidas, onde uma façanha parecida está sendo executada, dessa vez, por uma mulher, ainda senti o arrepio que me dera o 'faquir' hindu do Rio. Tanto assim que nem pensei em penetrar na sala onde apresentam uma jejuadora porque é preciso variar os espetáculos para atender ao sadismo latente em alguns, ao desejo de sensacionalismo da maioria, tão fáceis de despertar.

Parece que a jejuadora não jejua o tempo todo e recupera à noite as forças perdidas durante o dia. Tanto melhor assim. Para mim, isso torna o espetáculo um pouco menos repugnante. Já bastam a imobilidade forçada, a gaiola, o exibicionismo! Não o acharia mais 'honesto' caso acontecesse a essa mulher o que aconteceu, há meses, a um 'faquir' europeu que agonizava na sua gaiola de vidro e que os médicos tiraram à força da prisão voluntária.

Os anacoretas de outrora comiam pouco porque obedeciam a princípios religiosos e morais. Não eram jejuadores profissionais, não pensavam em façanhas. Davam ao corpo o mínimo indispensável, devoravam raízes que tiravam do chão. Gandhi e seus discípulos não eram jejuadores profissionais, nem o são tampouco os presos políticos que fazem a greve da fome. Esses usam o jejum ocasional como uma arma política e social.

Mas aqueles que fazem do jejum uma profissão para ganhar o pão – se podemos falar em pão num caso desses! - e tentam, um após o outro, bater o recorde do jejum, acusam uma sociedade que não sabe melhor canalizar sua força de vontade e admite proezas esportivas que são a negação de tudo o que o esporte representa.

E... Francamente... Não comer para poder comer parece um paradoxo. Bem estranho na verdade!"

Outra crônica, publicada no **Diário da Noite** em 23 de abril de 1958, trazia as seguintes considerações sobre o faquirismo no Brasil:

"A mera proliferação de faquires, até mesmo dos dois sexos, que se tem observado por aqui nesses últimos anos pode ser tomada como um sintoma e um símbolo do curioso estado de espírito que vem dominando o Brasil. Em tempos normais, os faquires costumavam ser produtos específicos da Índia, pois eram engendrados por uma outra atmosfera de cultura e de outro tipo de misticismo individual e coletivo. E assim mesmo, se não estamos enganados, os faquires indianos são sempre do sexo masculino. De vez em quando, um deles abandonava as suas remotas meditações, à beira do Ganges, ou nas solidões do Himalaia, e punha-se a viajar pelo mundo. Então, ocorria que se exibissem aqui em algum circo ou, nos melhores casos, em algum teatro. Coube ao Brasil, sempre se não nos enganamos, a glória de equiparar os sexos no faquirismo, como já os tinha equiparado nos direitos políticos. Mas equiparou-os no faquirismo com tal infelicidade que uma faquir, depois de se ter exibido em público, foi envolvida, há tempos, em um escândalo sentimental noticiado pelos jornais. Isso prova que, como seria de pensar-se, o Brasil não é terreno propício à formação de verdadeiros faquires."

A maior parte das provas de jejum realizadas no Brasil não ganhavam qualquer tipo de reconhecimento oficial, o que na época acontecia na França, onde os recordes mundiais eram registrados por uma obscura Associação Internacional de Faquirismo, que também ditava as regras as quais todas as provas de jejum sérias deviam respeitar.

Foi assim que em novembro de 1957, a faquiresa brasileira Iliana foi aclamada pela imprensa como campeã mundial de jejum feminino depois de uma prova realizada em Belém, no Pará, com duração de apenas sessenta dias, sete dias a menos do que durara a prova de Mara no Rio de Janeiro e dez dias a menos do que durara outra prova da própria Iliana em Recife.

E a faquiresa que Iliana procurava superar não era Mara, mas a francesa Lys, que no início de 1951, jejuando na França, superara não apenas as outras mulheres que se dedicavam à profissão, mas também os faquires do sexo masculino. Lys perdera o título pouco tempo depois para um homem e passara a concorrer apenas com a classe feminina do faquirismo mundial, cujas principais representantes se dividiam entre a França e o Brasil.

Segundo diria ao *Diário de Pernambuco* em 1956, Iliana era paranaense e teria nascido em 1926.

Na época em que esteve em evidência no Recife e em Belém, era esposa de Vicente Cabistany, que também era seu empresário, e tinha uma filha, a qual a acompanhava em suas viagens profissionais.

Vicente Cabistany fora empresário de vários faquires brasileiros a partir do final dos anos 40. Além disso, ele próprio, segundo contava, já bancara o faquir pelo menos uma vez, na Argentina, e era vice-presidente da Associação de Faquires, com sede em Porto Alegre.

Tal associação, de acordo com o *Diário de Pernambuco* em matéria publicada no dia 11 de fevereiro de 1956, se propunha

> "a fazer estudos e observações sobre essa possibilidade de, com um esforço de boa vontade, realizar os milagres que realizam os faquires, os quais, sendo gente humana, bem podem ser imitados pelos brasileiros. E como o rio-grandense-do-sul é um povo decidido e de grande poder de força de vontade, foi lá que se instalou o centro de estudos dessa natureza".

Sobre Vicente Cabistany, o mesmo jornal publicou, em 28 de março de 1956, uma interessante matéria de Antônio Azevedo do Rego, "Esporte ou loucura?":

> "Há muitas maneiras de se ganhar a vida.
> No Brasil, uma 'panelinha' enriquece ilicitamente, burlando a lei com sonegações de impostos, importações ilegais de carros etc.. Esses são os desonestos.
> A grande maioria do povo vive honestamente a trabalhar, sofrendo os aumentos dos gêneros, sem jamais possuir riqueza e vendo conforto apenas nos filmes americanos. Esses são os comerciários, operários etc., vítimas dos 'tubarões'.

Já outros dedicam-se a práticas singulares para ganhar o pão de cada dia – ficam dezenas de dias sem comer, deitados sobre pregos, uns comem lâminas de barbear, vidros quebrados, põem chamas na boca; já para alguns, o negócio é enterrar-se uma ou duas semanas, em uma urna que tem como comunicação com o mundo apenas um tubo de vidro, para receberem alimentos, e serem observados pelos curiosos que pagam para ver 'aquilo'. Esses são os faquires. Dedicam-se a provas as mais estranhas, sofrendo que só joelho de beata em Semana Santa, para, no fim da história, ganharem uma soma que mesmo fabulosa, talvez não compense em virtude da saúde que fica abaladíssima.

Os leitores, provavelmente, desconhecem que existem os campeonatos mundiais de 'enterrados vivos'. Por mais estranho que pareça, existe, e o campeão do mundo é o Brasil! Quem é o campeão? É exatamente sobre ele que falaremos: em 1947, o faquir Vicente Cabistany (esposo de Iliana, a faquiresa), natural de Santa Maria, no Rio Grande do Sul, foi a Buenos Aires para, em sensacional prova, bater o recorde mundial de enterrado vivo, pertencente então a um faquir chamado Farmann, com onze dias. Realmente, após dias que pareciam semanas, o tão almejado e estranho título chegou para o grande faquir nacional Cabistany, que bateu o recorde anterior, passando treze dias e dezoito horas enterrado vivo! A prova foi realizada na rua Corrientes, na Argentina.

A descrição da urna em que fica a pessoa é a seguinte (tal como nos informou o campeão mundial Vicente Cabistany): sessenta centímetros de altura por sessenta centímetros de largura e cento e noventa centímetros de comprimento. Dentro, há um ventilador pequeno para os pés do faquir e um ventilador grande na 'cabeceira', que tem a finalidade de renovar o ar e diminuir o calor. À altura da cabeça, um tubo com diâmetro de base de quarenta e cinco centímetros, aumentando para um metro: através desse vidro é que o povo pode observar o faquir. Pois bem, foi dentro 'disso' que Vicente Cabistany conquistou para o Brasil o cetro de 'campeão mundial de enterrado vivo'!

Iliana, sua filha e Vicente Cabistany, seu esposo

No faquirismo, o Brasil está espantando o mundo todo: conquistou, por duas vezes seguidas, o 'mundial da fome', com Silki e Urbano; conquistou o 'mundial de enterrado vivo'; já foi 'campeão mundial feminino da fome' (quarenta e cinco dias) em prova realizada por Iliana. Agora, a mesma Iliana está tentando, no Recife, reaver o cetro tomado por uma francesa.

Aliás, após Cabistany laurear-se vencedor, um sueco arrebatou-lhe o título, passando catorze dias e três horas; porém, morreu dois meses depois.

Não é 'sopa' ser faquir... O campeão de enterrado vivo disse ao repórter que, depois dos dez dias da prova, grande sonolência tomou conta dele. Dormindo demasiado, mas sujeitando-se a tudo, pôde o herói aguentar os treze dias e dezoito horas. As consequências foram dois meses inconsciente no hospital; e para o resto da vida: dilatado o coração, os rins atrofiados e outros prejuízos.

Não há dúvida: há muitas maneiras de se ganhar a vida..."

Sobre as consequências de uma exibição de faquirismo, vale a pena citar também um trecho de uma reportagem sobre Iliana publicada no **Diário de Pernambuco** no dia 11 de fevereiro de 1956:

"...como é natural, a cada prova, o organismo do faquir ou da faquiresa se reduz a uma degradação notável."

Não é possível precisar se foi Vicente Cabistany que tornou Iliana uma faquiresa ou quando ela iniciou de fato sua carreira artística.

De acordo com declarações dadas ao **Diário de Pernambuco** por Iliana em 1956, durante exibição em Recife, a jejuadora realizara provas em Curitiba e em São Paulo, onde teria passado quarenta e cinco dias sem comer em 1949, sendo, por algum tempo, a detentora do "título mundial da fome (feminino)", o qual perdera para uma francesa tempos depois.

Se correta, a informação revelaria que Iliana era uma das faquiresas veteranas que ganharam maior projeção depois da exibição de Mara no Rio de Janeiro.

Porém, nada mais concreto foi encontrado sobre tais exibições.

Ao referido jornal pernambucano, Iliana contaria que também atuava em teatro, "tomando parte em representações nos tempos em que descansa o organismo das provas exaustivas de jejum".

"Portadora de uma bela voz, loura, simpática, Iliana canta e interpreta também com certa naturalidade, o que lhe vale sempre os melhores aplausos do público que a assiste no palco", publicaria o *Diário de Pernambuco* no dia 11 de fevereiro de 1956, dizendo ainda que naquele momento, se exibindo em Recife, "o seu palco" era "muito estreito e a sua exibição é a do silêncio e da mudez. Também os seus espectadores não lhe batem palmas, mas não lhe regateiam os votos de admiração, envoltos numa atmosfera de piedade".

Nessa ocasião, Iliana jejuava encerrada dentro de uma urna de cristal no teatro Marrocos, do conhecido ator Barreto Júnior, na avenida Dantas Barreto. Ali, Barreto Júnior promovia espetáculos ousados e diferentes, geralmente não recomendados para "moças de família".

A exibição de Iliana na capital pernambucana recebeu vasta cobertura do *Diário de Pernambuco*. As informações a seguir foram extraídas da série de reportagens publicadas por esse jornal sobre a prova.

A primeira notícia veiculada pelo *Diário de Pernambuco* a respeito do jejum de Iliana data de 27 de janeiro de 1956 e recebeu o título "Passará setenta dias numa urna: desde ontem, no Recife, Iliana, a mulher faquir".

Ignorando o título conquistado por Mara no Rio de Janeiro poucos dias antes, o jornal anunciava que Iliana pretendia "reconquistar o título mundial feminino da fome, que há dois anos, perdeu para a francesa Yvette".

"Iliana será encerrada numa urna juntamente com três cobras, que permanecerão setenta dias em sua companhia. O leito da faquiresa durante esse período será uma cama de pregos. A sensacional prova será fiscalizada pela polícia e pela imprensa. O povo também poderá participar da fiscalização, solicitando, quando necessário, esclarecimentos.

Iliana passará sem comer durante setenta dias. Todavia, o regulamento internacional de faquirismo lhe faculta ingerir, durante o dia, até quatro litros de chá, laranjada, limonada ou água potável. Todos os líquidos acima poderão ser examinados por qualquer pessoa, bastando para isso que seja requisitado.

Durante os setenta dias que Iliana passar encerrada na urna de cristal juntamente com as três cobras, terá assistência médica diária, a fim de que seja fornecido o boletim de seu estado geral. Um médico da nossa capital assistirá à faquiresa durante o período em que estiver de jejum."

Dias depois, em 02 de fevereiro, a prova de Iliana voltava a ser notícia no **Diário de Pernambuco**:

"Reina grande expectativa em todas as camadas sociais pelo início da prova, pois de há muito que o Recife não assiste a um espetáculo dessa natureza. O povo pernambucano terá oportunidade de comprovar a autenticidade do jejum de Iliana, pois as portas do teatro Marrocos estarão abertas noite e dia.

(...)

A urna onde Iliana será encerrada será lacrada por todas as pessoas presentes ao recinto. A imprensa deverá fiscalizar a prova, comparecendo a qualquer hora do dia ou da noite, pois a entrada será franca para os jornalistas pernambucanos."

No dia 05 seguinte, o **Diário de Pernambuco** explicava aos seus leitores a função das cobras que acompanhariam Iliana em sua exibição:

"As serpentes que servirão de companhia à faquiresa são de tamanho avantajado e bravias. Todavia, as cobras não têm função apenas de atração à curiosidade pública e sim de importância científica. Como todos sabem, as serpentes têm a propriedade de purificar o ar, sendo necessárias dentro da urna para poderem fornecer maior dose de oxigênio à pessoa que se submete à prova."

A reportagem relatava ainda que "por não ter sido encontrado no comércio de nossa capital pregos (vinte centímetros) para a confecção da cama sobre a qual a faquiresa Iliana permanecerá os setenta dias, foram os organizadores da prova obrigados a mandar vir do Rio de Janeiro uma cama já pronta".

A prova de jejum de Iliana em Recife teve início no dia 08 de fevereiro de 1956, narrado da seguinte forma pelo *Diário de Pernambuco* no dia seguinte:

> "Com a presença de jornalistas, autoridades e numeroso público, a faquiresa Iliana, loura, de olhos castanhos, trinta anos de idade, iniciou, ontem, a sensacional prova de jejum, destinada a quebrar o recorde feminino de fome em um período de setenta dias.
>
> Precisamente às dezessete horas, verdadeira legião de fotógrafos e cinegrafistas se postou frente à urna de vidro, onde Iliana seria alojada, juntamente com três serpentes e sobre um colchão de pregos de mais de cinco polegadas de altura. Antes, foi servido um coquetel à imprensa pelo professor Vicente Cabistany e logo após, trajando um vistoso pijama de cetim vermelho, a jovem faquiresa penetrava na urna, sob o aplauso de todos os presentes. Momentos antes de iniciar-se a prova, uma autoridade policial trouxe à Iliana uma declaração que foi por ela assinada e quatro testemunhas.
>
> É o seguinte o texto da declaração assinada: 'Eu, Iliana, declaro que sou a única responsável por tudo que venha a acontecer durante o período da prova de resistência física a que vou me submeter durante setenta dias, com início em 08 de fevereiro do corrente ano e término em 10 de abril. Declaro ainda que vou me submeter a essa prova por livre e espontânea vontade.'."

Também no dia 09 de fevereiro, Iliana era tema de Viriato Rodrigues em sua coluna "Tela esportiva" no *Diário de Pernambuco*:

> "A novidade do momento não é futebol. Nem mesmo o jogo entre Brasil e Uruguai a ser realizado amanhã,

no Estádio Nacional de Montevidéu. Também não é o Torneio Pernambuco-Bahia, numa fase sensacional, com o Esporte, o Bahia e o Santa Cruz na liderança da tabela de pontos. Até o Carnaval cedeu terreno para a novidade que vamos contar. Sim, a novidade é a prova de faquirismo a que está sendo submetida a jovem Iliana, vinda do Sul para, no Recife, encerrada numa urna de vidro, com algumas jiboias, tentar quebrar o recorde de jejum feminino, no mundo.

Ontem, à tarde, estivemos no teatro Marrocos para assistir ao encerramento da jovem mulher, que passará setenta dias de abstinência, numa demonstração de força de vontade e vigor físico. Iliana passou, em São Paulo, quarenta e cinco dias encerrada e agora quer bater o recorde mundial, nas mãos de uma francesa.

É uma prova sensacional. No Rio e em São Paulo, o faquir Silki tornou-se famoso. Quebrou todos os recordes e mobilizou toda a imprensa nacional. Um cronista dos Diários Associados permaneceu junto à urna do faquir o tempo que durou a prova, a fim de que não houvesse burlas nem truques. A prova foi normal e concluída com absoluto êxito.

O faquirismo no Brasil, embora não seja coisa nova, é pouco praticado. Lá um ou outro aparece, de tempos em tempos, e muitos não chegam ao fim da jornada, como aconteceu a uma mulher, recentemente, no Rio. Abandonou a urna nos primeiros dias do teste. Não sei se é um esporte o faquirismo. Pode até ser. Sem dúvida, um esporte violento, que demanda, inicialmente, grande força de vontade e resistência física; caso contrário, o faquirismo está arriscado a um enfraquecimento, que poderá, até, ocasionar-lhe a morte.

O público pernambucano apoiará a sensacional prova de jejum realizada pela jovem Iliana. Passar setenta dias encerrada numa urna de vidro não é brincadeira; nem para homem, quanto mais para mulher."

Dias depois, em 18 de fevereiro, o *Diário de Pernambuco* contava que Iliana recebera a visita do então prefeito de Recife

Pelópidas Silveira, que deixara "o teatro Marrocos bastante impressionado com a coragem da faquiresa".

> "Quase todas as pessoas que visitam Iliana, quer seja durante o dia ou a noite, ficam impressionadas com a permanência de duas serpentes na urna da faquiresa. Daí surgirem várias perguntas a Iliana: 'As cobras têm veneno?', 'A senhora não tem medo das cobras?', 'Será que você vai aguentar os setenta dias?', 'Não sente fome?', etc., etc.. Constata-se assim que o público está interessado na prova de Iliana, notando-se que existem pessoas que compareçem ao teatro Marrocos diariamente."

No dia 04 de março, Iliana voltava a ser assunto na coluna de Viriato Rodrigues no ***Diário de Pernambuco***:

> "Viemos acompanhando a 'via-crúcis' da faquiresa Iliana no teatro Marrocos, onde, encerrada numa urna de vidro, está, há vinte e cinco dias, num tremendo jejum, com o fito único de superar o recorde mundial na sua categoria, visto que uma francesa detém o título com muita honra e estilo.
>
> O faquirismo no Brasil, no momento, está tomando vulto e já existe até uma sociedade que, como outra qualquer organização, tem vida própria e juridicamente reconhecida. É um esporte que enerva e causa dó nas suas diversas modalidades. Mas um esporte (ou meio de vida?) difícil e até condenável pela maneira como é praticado, visando reagir contra o organismo e levando, muitas vezes, o homem ou a mulher praticante desse esporte a estados inconscientes, tais os métodos, por mais que tenham suas 'vítimas' assistência médica diária, permanente.
>
> No teatro Marrocos, está a faquiresa Iliana. Franzina de corpo, mas de uma força de vontade extraordinária, pois porque quer atingir setenta dias sem comer e levar, com isso, a francesa à derrota. Achamos, contudo, muito difícil a jornada da senhora Iliana nessa tentativa.
>
> Somos mesmo de opinião de que ela não atingirá o septuagésimo dia. Estivemos lá e notamos que o seu

estado físico, aparentemente (cabe ao doutor Leduar de Assis Rocha, como médico, atestar, realmente, o seu estado geral de saúde), não é dos melhores. A faquiresa nos declarou que se sente cansada e impaciente. Em vinte e cinco dias de 'repouso', sofreu uma baixa de dez quilos, o que pode ser verificado claramente na sua fisionomia já abatida e triste.

Faltando ainda quarenta e cinco dias para o término da prova ingrata, cremos que dificilmente a faquiresa Iliana 'superará a marca do recorde mundial sustentada por uma francesinha espetacular. O nosso pensamento se baseia na 'quebra do peso'. Perdendo dez quilos em apenas vinte e cinco dias, sem comer, cansada, numa posição incrível, deitada em pregos, é de se argumentar que a prova de Iliana não chegará ao seu término, fracassando redondamente.

Oxalá – fique bem claro o nosso intuito – que a loura Iliana consiga, aqui, em Pernambuco, quebrar o recorde mundial feminino de fome. São os nossos votos, embora não acreditemos."

Em reportagem intitulada "Maratona da fome – Iliana está proibida de pegar nas cobras", publicada no **Diário de Pernambuco** em 07 de março de 1956, o estado débil de Iliana era a pauta novamente:

"Iliana, a faquiresa brasileira que está tentando o recorde mundial feminino de resistência física, continua cumprindo seu juramento, sem comer e deitada em cama de pregos. (...) Iliana, apesar de abatida fisicamente, continua confiante no sucesso de sua arrojada iniciativa.

Na próxima sexta-feira, os estudantes pernambucanos terão ingresso grátis para visitar Iliana. A mulher faquir prestará assim sua homenagem aos jovens estudantes de Recife, como acontece todas as vezes que realiza provas. Dessa forma, os educandários de caridade, as escolas beneficentes e os demais estabelecimentos de ensino poderão organizar visitas à faquiresa, levando seus alunos para conhecerem a sensacional prova de jejum e tortura.

(...)

Devido ao estado de debilidade física em que se encontra a faquiresa, seu médico assistente, doutor Leduar de Assis Rocha, resolveu proibi-la de pegar nas três serpentes que se encontram na urna, em vista do esforço despendido com o peso daqueles répteis. Dessa forma, Iliana não mais poderá brincar com as serpentes, como vinha fazendo até então.

Diariamente, Iliana tem sido visitada por grande assistência. O público pernambucano não tem medido esforços para dar o máximo de apoio à desassombrada faquiresa brasileira, que dessa maneira, se sente com forças para arrancar da francesa Yvette o tão almejado título mundial feminino de jejum e tortura."

Dois dias depois, o **Diário de Pernambuco** relatava que "por ocasião da retirada de quinze gramas de sangue para as reações dos exames complementares, inclusive do metabolismo geral a que está se submetendo, a jejuadora foi acometida de uma síncope, ficando desfalecida por algum tempo".

"Dado o estado precário visível de sua saúde, diz-se que a faquiresa não chegará ao termo da sua prova. Ela, porém, está disposta a levantar a marca internacional de faquirismo para o Brasil, desbancando a sua competidora francesa.

(...)

A empresa está oferecendo um prêmio de quinhentos mil cruzeiros a quem provar que a faquiresa se alimenta durante a sua prova. Qualquer pessoa poderá ficar de vigília o tempo que quiser, inclusive mandando examinar em laboratórios a laranjada ingerida por Iliana."

No dia 16 de março, era a vez de João Guerra de Holanda falar de Iliana em sua coluna "Tudo por esporte", também no *Diário de Pernambuco*:

"O meu propósito é olhar tudo pelo prisma desportivo, até mesmo a fome. Esporte inopinadamente praticado por muitos brasileiros de diferentes regiões.

Não é o processo de Iliana mais suave, entretanto, mais objetivo, não tenho a menor dúvida.

Levei o meu primogênito Francisco Augusto para visitar a faquiresa; melhor convite não poderia fazer nessa época tremendamente cara.

O menino, a princípio, não levou o negócio a sério, achando mesmo que se tratava de uma mágica. Depois de uma série de explicações, passou a compreender o valor da prova, a maneira honesta pela qual vem se processando.

O guarda-civil Joaquim Francisco de Melo falou-me do rodízio de vigilantes naquele local e, ainda, do rigor exigido pelo secretário da Segurança em face daquela prova de resistência. Mostrou em seu poder as chaves da urna indevassável, sem ilusões eleitoralistas.

É uma prova limpa sobejamente praticada por outros, mas nunca imitada pelo caráter espontâneo de não comer setenta dias.

Apesar das precauções, Iliana concedeu-nos alguns minutos de palestra. Ao vê-la, tive a impressão de um camafeu, tal a sua alvura, guardado numa caixa transparente.

Na realidade, sua voz pausada já denuncia um bocado da fadiga e desgaste físico.

Enquanto palestrava com a inimiga temporária dos merceeiros, Francisco não perdia um minuto de observação, indagando-me baixinho, no seu linguajar infantil, sobre as necessidades mais humanas da 'paciente'. Titubeei, mas, depois, respondi-lhe como mandava a lógica.

Estava concretizado o sucesso de Iliana na imaginação do garoto. Não se tratava mais de coisas fantásticas, porém de um ser humano sofrendo fome em busca de um recorde. Desse sofrimento e desse grande sacrifício, falaram-me os confrades Pedro de Assis Rocha e Fernando Souto, que acompanham a prova desde o início.

Com a visita de Francisco Augusto, a faquiresa ganhou mais um admirador que acredita na legitimidade da sua prova."

Enquanto isso, o estado de Iliana ia se agravando.

Em reportagem publicada no dia 01 de abril, **Diário de Pernambuco** noticiava que:

"Por um triz, a faquiresa Iliana não encerrou, ontem, pela manhã, sua prova de jejum. É que amanheceu acometida de dores no coração, agravadas sensivelmente após tomar uma laranjada. Iliana há quatro dias não dormia, razão por que seu estado inspirava cuidados. Imediatamente, seu médico assistente, doutor Leduar de Assis Rocha, foi chamado, tendo diagnosticado uma perturbação seguida de síncope, devido ao seu adiantado estado de fraqueza. A faquiresa, a conselho do seu médico, permaneceu durante todo o dia sem falar, procurando descansar o máximo".

No dia 04 seguinte, informava o *Diário de Pernambuco* que no dia anterior, Iliana batera o recorde da faquiresa francesa Yvette e se tornara "a nova campeã mundial de faquirismo", ignorando novamente o fato de que Mara já batera essa marca em janeiro daquele ano no Rio de Janeiro.

Pouco depois, ao completar sessenta dias de jejum, Iliana, "em franca decadência física", seria aconselhada pelo médico que a assistia a deixar a urna.

"Irei até o fim da prova. Cumprirei minha palavra.", teria dito a faquiresa na ocasião.

Finalmente, no dia 18 de abril, era anunciado o final da exibição de Iliana:

"Na quadra de basquete do Esporte Clube do Recife, hoje, às vinte horas, na Ilha do Retiro, o povo pernambucano assistirá a um espetáculo inédito. Trata-se da saída da urna da faquiresa Iliana, campeã mundial de jejum e tortura. A mulher faquir completará, nessa data, setenta dias de jejum, encerrando brilhantemente sua grande e curiosa prova.

Na oportunidade, os organizadores da maratona da fome apresentarão, na Ilha do Retiro, um grandioso show, que contará com a presença de artistas das emissoras locais.

O faquir Zamor Júnior, especialmente convidado, virá do Rio de Janeiro para apresentar aos pernambucanos que acorrerem à Ilha do Retiro um espetáculo inédito. Fará demonstração de faquirismo, inclusive o dificílimo número das espadas, quando perfurará o ventre com duas afiadas lâminas. Zamor Júnior será um show diferente, pois apresentará variado repertório.

Os ingressos para a espetacular festa de encerramento da prova da faquiresa Iliana já se encontram à venda na bilheteria do teatro Marrocos, a fim de facilitar aos que desejam assistir ao maravilhoso show, bem como à saída de Iliana da urna.

Iliana conquistou brilhantemente para o Brasil o título mundial de resistência física, então pertencente à francesa Yvette. Por esse motivo, após restabelecida, embarcará para a França, onde irá receber dos membros da Associação Internacional de Faquirismo, a faixa de campeã, como aconteceu recentemente com o faquir Silki, campeão mundial masculino. A prova de Iliana foi dirigida pelo vice-presidente da Associação Brasileira de Faquires, que já remeteu para a França os resultados dos exames a que se submeteu Iliana, regularizando assim sua prova.”

No dia seguinte, o **Diário de Pernambuco** contava que às dezenove horas do dia anterior, “um caminhão ostentando várias faixas” conduzira Iliana até a Ilha do Retiro, onde ela deixara sua urna de vidro “debaixo de grandes aplausos do público”, sendo transportada para a casa de saúde São Marcos.

Ao fim de sua recuperação, Iliana, sua filha e Vicente Cabistany visitaram a redação do jornal **Diário de Pernambuco**, conforme noticiado no dia 26 de abril de 1956.

“A visita do casal de faquires foi puramente cordial. Manteve ele com nossa reportagem agradável palestra na qual teve oportunidade de prestar interessantes declarações sobre a vida que leva na sua profissão.

Não obstante o seu precário estado de saúde, a faquiresa Iliana fez questão de vir ao **Diário** apresentar à nossa reportagem os agradecimentos pela acolhida que sempre teve durante o tempo em que permaneceu encerrada na urna de vidro e pela maneira gentil como fora tratada pelos nossos repórteres.

Indagada como se sentia depois da dura prova, Iliana declarou: 'Estou me recuperando, com rapidez, da saúde perdida. Saindo do hospital hoje, iniciei pequenos passeios, a fim de poder viajar, dentro de breves dias, e não sair daqui sem conhecer o Recife, de ponta a ponta...'.

Indagada sobre a sua primeira alimentação, disse Iliana: 'Horrível. A alimentação salgada me fez mal e surgiu logo a reação. No dia imediato à minha saída da urna, os pés e partes do corpo ficaram doloridos, necessitando que meu marido comprasse um par de sapatos de número bem maior e sem qualquer altura.'.

Perguntamos se a faquiresa tinha projetos para o futuro. Eis a resposta: 'Não. Por enquanto e quando estiver absolutamente recuperada, o meu desejo é ir buscar o título que conquistei. Ficarei mais uns dias em minha casa, em Niterói, e dali, eu e meu marido viajaremos para a França, onde receberei o diploma de campeã mundial de fome. Isso farei em julho próximo, se Deus assim o permitir.'.

Embora sem qualquer intenção e sabendo que o momento não era oportuno para a pergunta, mesmo assim a fizemos. E a resposta veio logo: 'Não tentarei bater o meu recorde, a não ser que uma estrangeira queira superar os setenta e um dias da minha prova. Fora isso, não pretendo retornar ao faquirismo e sim ao meu lar'."

Pouco mais de um ano depois, Iliana voltaria a se exibir em nova prova de jejum, dessa vez em Belém, no Pará.

A *Folha do Norte* do dia 22 de setembro de 1957 noticiou que Iliana foi encerrada em sua urna às sete e meia da noite do dia 21 na praça Justo Chermont:

"Para quantos tenham oportunidade de assistir, Iliana está encerrada em uma urna, vestindo trajes apropriados, tendo uma das partes do corpo deitada sobre uma cama de pregos. Também duas cobras participam da prova ao lado de Iliana, semelhante ao faquir Cisne, que recentemente, se exibiu entre nós."

Iliana deixa sua urna depois de sessenta dias jejuando em Belém

Anúncio da exibição de jejum de Iliana em Recife no início de 1956

Meses antes, o faquir Cisne vinha se exibindo em Belém e pretendia jejuar durante cento e vinte e seis dias encerrado em uma urna de vidro.

Na tarde do nonagésimo quarto dia, porém, "quando era grande o número de pessoas que visitavam o local, o faquir Cisne, totalmente transtornado, meteu os punhos na urna, espalhando vidro por todos os lados e saiu do interior da mesma. A muito custo, foi agarrado e levado para o hospital". "Depois de recobrar os sentidos", contava o **Diário da Noite** em reportagem publicada no dia 23 de julho de 1957, "o faquir chorou amargamente, lamentando que fosse obrigado a interromper a prova quando faltava pouco tempo para completá-la".

> "— A fome eu conseguia vencer, mas o calor era por demais forte e me derrotou... — lamentou-se o faquir."

A exibição de Iliana, cuja urna havia sido instalada no chamado Palácio Indiano ou Palácio Oriental, correu bem mais tranquila do que a de Cisne.

O jornal **Folha do Norte** publicava algumas vezes por semana o boletim médico de Iliana, cujo estado de saúde ia se agravando a cada dia. O informe de 05 de novembro dizia que ela apresentava "edema da fome, achando-se com estado geral em subnutrição".

Sem maiores acontecimentos, a prova de Iliana chegou ao fim às oito horas da noite do dia 20 de novembro. No dia seguinte, o jornal **Folha do Norte** relatava dessa forma o desfecho de sua exibição:

> "Considerável multidão postou-se na noite de ontem na praça Justo Chermont, em volta do coreto principal, a fim de assistir à saída da urna da famosa faquiresa Iliana, que venceu a prova de fome e tortura, chegando ao seu sexagésimo dia de jejum.
>
> Os curiosos, em alvoroço, dificultaram sobremaneira o trabalho dos fotógrafos, dando margem à ação enérgica da polícia quando tentaram invadir o coreto onde se encontravam as autoridades, homens de imprensa e a faquiresa, ainda na urna. Cerca de mais de

mil e quinhentas pessoas concentraram-se naquele local, desde o Palácio Oriental.

Chorando de emoção, Iliana libertou-se da urna sob as vistas das autoridades, abraçada ao seu marido, senhor Vicente Cabistany, e auxiliada pelo seu médico, doutor Lucimar Ribeiro, tendo sido, minutos antes beijada pela sua filha, de pouco mais de oito anos de idade. As duas cobras que ali se achavam foram retiradas também.

Sob efusivos aplausos, Iliana, nos braços do esposo, saudou o povo, acenando com a mão. Dali, a faquiresa foi transportada para o hospital da Santa Casa, a fim de submeter-se aos cuidados médicos necessários.

Nos momentos que antecederam ao ponto culminante da prova, em que foi levada para o coreto, Iliana permanecia encerrada dentro da urna no Palácio Oriental, aguardando a hora de sair. Inúmeras pessoas a visitaram nos últimos instantes da prova.

Até pela manhã, Iliana apresentava seu estado mental nervoso, bastante preocupada por ser o último dia de prova. Seu estado geral é desnutridíssimo, com edema muscular acentuado.

(...)

Antes da saída da urna do Palácio Oriental para o coreto, foi oferecido à imprensa e às autoridades um coquetel, durante o qual o senhor Vicente, esposo da faquiresa e vice-presidente da Associação Brasileira de Faquires, falou agradecendo a gentil visita do povo e das autoridades, bem como o apoio da imprensa a essa prova tão árdua de fome e tortura vencida por Iliana."

Depois dessa prova em Belém, a imprensa não noticiou mais nada sobre Iliana, sendo impossível saber se ela continuou a se exibir como faquiresa ou se abandonou o jejum e as urnas de vidro.

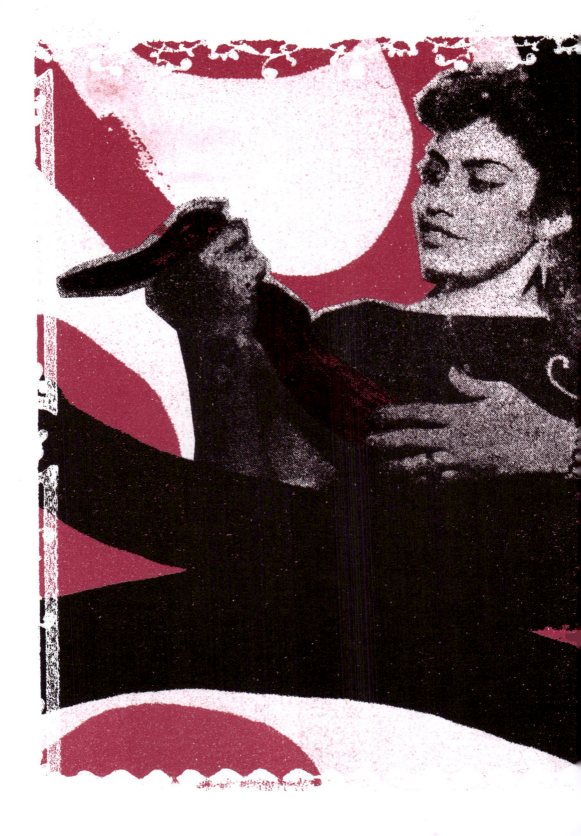

"O faquirismo é religião, sistema filosófico ou ciência? De acordo com a faquiresa Yone, esposa do faquir Lookan – que iniciará hoje um jejum de cento e cinquenta a duzentos dias – , o faquirismo não é nada disso. É esporte, um esporte como outro qualquer, que se pratica por diletantismo, por amor... Ou por dinheiro. Na Índia – berço milenar da arte de sofrer voluntariamente, como querem uns, ou da arte de dominar a dor, como querem outros – , o faquirismo está bem próximo da religião e do misticismo. Os faquires indianos fazem suas práticas à porta do templo e oferecem seus sacrifícios aos deuses das suas religiões. No Brasil, onde é cada vez maior o número deles, os faquires flagelam-se em público, realizam jejuns incríveis e deixam-se submeter ao suplício da crucificação, tudo isso como profissão, isto é, sofrem e passam fome para ganhar o pão de cada dia."

FOLHA DA TARDE, SÃO PAULO, 18 DE SETEMBRO DE 1957

EM 1957, dando sequência à tradição das faquiresas brasileiras casadas com faquires, surgiu Yone, esposa do faquir Lookan, que se exibia tanto ao lado dele quanto sozinha. Assim como Mara e Iliana, Yone bateu o recorde mundial feminino de jejum, em janeiro de 1958. Antes de ser superado pela mulher de Lookan, o recorde, depois de passar pelas mãos de Iliana, pertencia então à francesa Lajar, segundo informação do jornal *Última Hora*.

A primeira prova de jejum de Lookan de que se tem notícia começou em abril de 1956 em Belo Horizonte. O faquir era amazonense, ao contrário do que disse Yone em uma entrevista de 1957, na qual afirmou que o marido era mineiro. O faquir Burmah já arrebatara novamente o título de "campeão mundial de jejum" e Lookan, exposto no bar Trianon, na rua da Bahia, pretendia vencê-lo. Em agosto, depois de cento e vinte e seis dias de jejum, Lookan deixou sua urna vitorioso e seguiu fazendo apresentações em diversas modalidades de faquirismo, como provas de "enterrado vivo" e de crucificação.

Depois de bater novo recorde ao permanecer enterrado durante duas horas e dezessete minutos em Goiânia, em janeiro de 1957, Lookan foi para Uberlândia, onde se submeteu a uma prova de jejum com duração de quarenta dias.

No dia 11 de fevereiro de 1957, o ***Diário da Noite*** publicava uma curiosa nota vinda de Goiânia que dizia que Lookan, "depois de exibir-se nesta cidade, fugiu com uma menor de quinze anos de idade, sendo o fato levado ao conhecimento da polícia". Dias depois, em 23 de fevereiro, o jornal ***O Repórter***, de Uberlândia, citava nota em que ***O Jornal*** desmentira essa notícia, afirmando que Lookan já se encontrava em Uberlândia "quando ali chegou o seu secretário, acompanhado da menina. Repreendeu, energicamente, o seu auxiliar e foi expôr, com dignidade, o fato ao Juiz de Menores". Coincidentemente, Lookan diria mais tarde que conhecera Yone "na zona do meretrício, em Goiás".

Alguns meses depois de sua exibição em Uberlândia, Lookan parece ter lançado Yone como faquiresa no interior de São Paulo, embora ela afirmasse ter realizado outras provas de jejum antes dessa.

Nota publicada em 18 de maio de 1957 no ***Correio Paulistano*** informou que "no dia 09", em Bauru, "com a presença de altas autoridades civis, militares, representantes da imprensa e rádio, realizou-se a solenidade de encerramento da faquiresa Yone, discípula do faquir Lookan, atual campeão de jejum e suplício". Yone tinha sido "encerrada em uma urna de vidro, deitada sobre pregos e rodeada de serpentes, em completo jejum, pela prova de trinta dias prorrogáveis".

Quatro meses mais tarde, em 18 de setembro, o jornal ***Folha da Tarde*** publicava uma longa entrevista com Yone sob o título "De fome também se vive – Jejum, o mais moderno esporte profissional":

> "O faquirismo é religião, sistema filosófico ou ciência? De acordo com a faquiresa Yone, esposa do faquir Lookan – que iniciará hoje um jejum de cento e cinquenta a duzentos dias – , o faquirismo não é nada disso. É esporte, um esporte como outro qualquer, que se pratica por diletantismo, por amor... Ou por dinheiro. Na Índia – berço milenar da arte de sofrer voluntariamente, como querem uns, ou da arte de dominar a dor, como querem outros – , o faquirismo está bem próximo da religião e do misticismo. Os faquires indianos fazem suas práticas à porta do templo e oferecem seus sacrifícios aos deuses das suas religiões. No Brasil, onde é

cada vez maior o número deles, os faquires flagelam-se em público, realizam jejuns incríveis e deixam-se submeter ao suplício da crucificação, tudo isso como profissão, isto é, sofrem e passam fome para ganhar o pão de cada dia.

— Silki, que é nosso velho amigo, ficou cem dias sem comer e recebeu, por isso, o diploma de recordista mundial de jejum, título que perdeu depois para um francês e que está tentando recuperar agora. Mas o verdadeiro recordista mundial é Lookan, meu marido, – assegura Yone – porque ele já ficou cento e vinte e seis dias sem comer, sob rigorosa fiscalização das autoridades de Belo Horizonte. Por um engano, o jejum ficou registrado como de cento e vinte e três dias, mas, mesmo assim, Lookan ficou vinte e três dias mais do que Silki e vinte dias mais que o atual recordista mundial.

Dona Yone, uma senhora jovem e simpática, que demonstra grande equilíbrio mental e uma tranquilidade de espírito fora do comum, exibe as provas ao repórter e diz:

— Lookan não é apenas um grande faquir. É também um homem fabuloso, dono de virtudes morais muito raras. Como Silki, ele luta pela moralização do faquirismo e não admite as mistificações. Para provar que era um faquir autêntico, ele ficou oito dias pregado numa cruz, submetendo-se ao suplício da crucificação, que é o mais doloroso e difícil de todos.

Lookan deixou-se pregar pelas próprias autoridades mineiras e, enquanto o prego penetrava em sua carne, nos pés e nas mãos, ele sorria tranquilamente, sem acusar a menor dor. Seu domínio sobre o corpo é tal que, quando o ferem, o sangue esguicha ou não, tudo dependendo unicamente da sua vontade. Ao ser pregado na cruz, impediu que o sangue saísse pela ferida. Como as autoridades estranhassem, Lookan respondeu:

— Quando for pregada a outra mão, farei com que o sangue saia.

E daí a instantes, quando o prego furou sua palma, um filete de sangue começou a escorrer da ferida e a pingar dramaticamente no chão.

Lookan é mineiro de Carangola. Está atualmente com vinte e nove anos de idade e pratica o faquirismo há doze anos, desde que conheceu o professor Faria, mestre de quase todos os faquires brasileiros. Antes disso, Lookan dedicava-se à pirofagia (comer fogo) nos circos. Acredita sua esposa que o faquirismo é inato em seu marido, porque desde criança, muito antes de saber ler, ele já se deixava espetar com agulhas, cortava-se para divertir os outros e enfiava na boca fósforos acesos ou papéis em chamas.

A partir de hoje, num pavilhão que acaba de ser montado no largo da Concórdia, Lookan iniciará nova tentativa para superar o recorde mundial de jejum. Pretende ele ficar de cento e cinquenta a duzentos dias sem comer e espera, caso seja feliz, ir depois à França para homologar esse recorde, o qual, julga ele, jamais será batido. Desta vez, porém, terá companhia, porque o jejum será a dois. É que sua esposa, Yone, entrará numa outra urna colocada no mesmo pavilhão e tentará ficar cento e oito dias sem comer, a fim de superar o atual recorde de Silki e bater o recorde mundial feminino de jejum. Yone já fez várias experiências, inclusive recentemente em Bauru, onde ficou trinta dias sem comer. Ela também é mineira, de Paracatu, mas tornou-se faquiresa apenas há três anos, desde que conheceu Lookan em Niterói.

— Foi amor à primeira vista. Conhecemo-nos num passeio e logo depois fomos para Uberlândia, onde nos casamos. Lookan treinou-me e eu aprendi depressa. Na verdade, fiz questão de aprender só para ter o que fazer enquanto Lookan permanece fechado na urna.

— E que tal a vida de mulher de faquir?

— É tão penosa quanto a de faquiresa, principalmente quando se ama o faquir. Pior que a fome e os suplícios é a separação. Lookan não descansa. Logo que se refaz de um jejum, programa outro e assim por diante, de modo que temos pouco tempo para ficar juntos.

— E é rendosa essa profissão?

— Não. Pelo menos para nós não é. Creio, porém, que o é para os empresários...

Yonè recebe a visita de Lookan em uma de suas exibições

Dona Yone diz que a luta maior é contra os incrédulos, que vivem descobrindo chifres em cabeça de cavalo e duvidam de tudo. E explica:

— É jejum no duro, durante o qual só nos é permitido ingerir liquidos, como limonadas, laranjadas e água. Se a gente ficar três dias em jejum e depois comer dentro da urna, morre na certa. Isso qualquer médico sabe. A alimentação, depois de um longo período de abstinência, tem que ser racional e científica e só pode ser ministrada num hospital, sob orientação médica. Dessa forma, nenhum jejuador terá interesse em comer escondido quando está na urna. Creio que é preciso um pouco mais de confiança e boa vontade por parte de todos, porque o jejum é penoso e o faquirismo é uma profissão tão honesta quanto outra qualquer.

Demos nossa opinião a dona Yone: o que se está fazendo no Brasil é a exploração da fome; e isso é ainda mais espantoso num país como o nosso, onde milhares de pessoas morrem à míngua. Ela se defende:

— Não é assim. Se um dia as exibições de jejum forem proibidas — o que não acredito — , todos nós faremos jejuns em casa, porque isso para nós é esporte, como disse há pouco. O que se passa é que só mesmo um multimilionário poderia praticar o jejum por diletantismo. E como somos pobres, vivemos disso.

Enquanto dona Yone nos mostra o álbum, Lookan repousa, preparando-se para a dura prova a ser iniciada hoje. Já há dias, não ingere alimentos sólidos. Além disso, precisa preparar a mente também. Ao nosso lado, o pequeno filho do casal, de um ano e sete meses de idade, faz as suas algazarras.

— Ele também vai ser jejuador? — perguntamos.

— Não. — responde categórica a faquiresa — Ele não será faquir. Nós estamos jejuando agora justamente para que ele não precise jejuar nunca...”

Assim, naquela mesma noite, Lookan deu início à sua nova empreitada em um pavilhão montado no largo da Concórdia, em São Paulo.

Entre setembro de 1957 e janeiro de 1958, a edição paulista do jornal *O Dia* estamparia diariamente em sua primeira página manchetes sobre a exibição de Lookan. Em novembro, com a entrada de Yone em uma urna instalada ao lado da sua, a prova se tornou uma exibição dupla de faquirismo. É dessa cobertura, feita pelo repórter Joaquim Neves e pelo fotógrafo Ademar Santos, que foram extraídas as informações a seguir.

A prova de jejum de Lookan e Yone em São Paulo foi, sem dúvida alguma, a exibição de faquirismo que rendeu mais reportagens sensacionalistas à imprensa brasileira. Sua longa duração e a cobertura diária do jornal *O Dia* exigiam certa criatividade dos envolvidos na prova para que o interesse público fosse mantido até o seu final.

Dessa forma, nas primeiras semanas de exibição de Lookan, ainda sozinho, *O Dia* estampou manchetes como "Dramática luta entre o faquir e a cobra: tomado de violenta fúria, Lookan quis comer a jiboia!", "Lookan delira: 'Socorro, socorro, eles são agentes da morte!'" e "Com a ajuda de um travesseiro, esmagou contra a cama de pregos a traiçoeira jiboia". A última reportagem contava como Lookan matara uma jiboia que, na urna, tentara picar-lhe o pescoço. Dois dias depois, talvez tentando se retratar pelo assassinato da cobra, Lookan diria sobre uma experiência científica recente na qual uma cadela tinha sido enviada ao espaço: "É o homem quem deve ir e não inocentes animais". Aproveitando o ensejo, Lookan contou ao jornal *O Dia* que já se oferecera e que voltava a se oferecer para ser enviado à Lua ou a Marte, já que, "como puro vegetariano", se "daria bem naqueles lados".

"Falando ao repórter sobre o assunto, Yone, a bela faquiresa esposa de Lookan e que também deverá entrar na urna da fome e da tortura ainda esta semana, assim falou:

— Claro que eu não deixaria Lookan fazer tal viagem sozinho. Nós nunca nos separamos e não seria em tão arriscada aventura que eu o largaria só. Se ele for, ou seja, se os cientistas o aceitarem, eu também desejo ir junto. Não tenho medo; isto é, junto com Lookan."

Yone em sua urna de vidro durante a prova de jejum que realizou ao lado de Lookan em São Paulo

Yone durante momento de interação com o público durante sua exibição em São Paulo

De acordo com *O Dia*, as opiniões sobre a exibição eram "as mais variadas, havendo aqueles que acreditam que Lookan é um homem poderoso e santificado. Outros, no entanto, acham que o faquir é possuidor de poderes diabólicos e tem Satanás como seu protetor".

Publicada no dia 06 de novembro de 1957, uma reportagem informava que uma senhora de São Caetano do Sul aparecera no pavilhão e pedira "a ponta de um cigarro fumado por Lookan". Questionada sobre o tal pedido, a mulher explicara que seu esposo era gago, tendo "enorme dificuldade em se expressar". Fora "examinado por vários médicos, mas infelizmente, nada foi feito que pudesse restabelecer-lhe a normalidade da fala". Desanimada, ela "deixou tudo nas mãos de Deus, não esquecendo nas suas orações diárias de pedir as proteções divinas". Naquela semana, "estando orando na igreja, ouviu uma voz que disse 'Faça-o fumar a ponta do cigarro do faquir". Assustada, ela não compreendera "bem o que aquilo queria dizer. Foi para casa e passou o dia pensando muito. À noite, quando dormia, sonhou que o seu marido estava falando com o faquir Lookan e que este lhe dera o cigarro que tinha na boca. Após fumar aquele cigarro, o seu marido voltou a falar normalmente". Ao acordar, ela entendeu que aquilo havia sido "um conselho espiritual" e então seguiu para o pavilhão onde Lookan se encontrava.

"— Então a senhora crê que a ponta de um cigarro que tenha sido fumado por Lookan venha curar a gagueira de seu esposo?

— Não tenho dúvidas. Lookan é um homem abençoado por Deus. E se o meu marido fumar o mesmo cigarro que tenha estado em sua boca, será definitivamente curado. Creio cegamente nos poderes sobrenaturais de Lookan."

Algo parecido se repetiria mais tarde, segundo matéria publicada em 23 de novembro.

Outra senhora, residente no Alto da Penha, também deslocou-se ao pavilhão em busca da ponta de um cigarro fumado por Lookan. Ela contara à reportagem que vinha "sofrendo terrivelmente dos nervos" e tinha um filho adotivo que sofria de paralisia infantil. Ela desejava "imensamente dar umas duas ou três tragadas com o resto do cigarro de Lookan para se tratar de seus padecimentos e ainda as cinzas do mesmo resto de cigarro" pretendia "aplicar sobre a perninha enrijecida do garoto", convicta de que "ele iria sarar depois disso".

Antes que Yone fosse trancada em sua urna, a prova teve que ser transferida de local duas vezes. O pavilhão montado no largo da Concórdia foi considerado inadequado para a realização da prova. O problema era o "barulho em demasia, devido à proximidade de duas estações ferroviárias e mesmo por ser artéria de ligação com vários bairros paulistanos". Além disso, era "a edificação abafadíssima e imprópria até para as pessoas que diariamente ali compareciam em visita a Lookan".

A apresentação foi então transferida por alguns dias para um parque de diversões que se encontrava instalado próximo ao largo da Concórdia, até que montassem um novo pavilhão no local em que Lookan finalizaria sua prova – a praça do Correio.

Poucos dias antes do início da exibição de Yone, que pretendia jejuar durante noventa e sete dias, Lookan foi removido para o novo pavilhão dentro de sua urna, como ocorreu no primeiro deslocamento, para que o público não considerasse que sua prova tivesse sido interrompida.

Yone trancou-se em uma urna instalada ao lado da urna de Lookan, já no pavilhão montado na praça do Correio, na noite de 14 de novembro de 1957.

No dia 19, *O Dia* informava que, nos últimos dias, o pavilhão recebera "uma visitação extraordinária, pois todos desejavam ver Yone, a faquiresa, em sua 'confortável' cama de pregos e rodeada por suas 'amiguinhas', as perigosas cobras do planalto de Goiás, uma das quais veio diretamente de Brasília, onde se constrói a nova capital brasileira. A faquiresa, aliás, sorriu satisfeita e confiante a quantos a cercaram de carinhos e atenção, acenando-lhes com as mãos e agradecendo o interesse demonstrado".

Três dias depois, na reportagem "Profunda tristeza vai abatendo Yone", *O Dia* relatava que a faquiresa, embora demonstrasse a "sua confiança na resistência de Lookan", não conseguia "esconder um certo receio". Isso porque Lookan, que pretendia passar cento e vinte e sete dias em jejum, vinha passando muito mal. O texto seguia dizendo que Yone "procurava de sua urna incentivar o companheiro, mas, algumas vezes, a tristeza revelava a sua preocupação". Apesar disso, ela não deixava "de se interessar pelos acontecimentos gerais", perguntando ao repórter "sobre várias coisas, inclusive sobre política" e "a respeito de uma possível nova greve operária".

Yone e Lookan chamaram a atenção de empresários estrangeiros por mais de uma vez durante a prova que realizavam na praça do Correio.

Segundo matéria publicada no dia 24 de novembro, um norte-americano que se apresentara como "um empresário de grandes espetáculos na sua terra" e visitava "a América do Sul em busca de novidades" fora ao pavilhão no dia anterior e, depois de longa conversa com Yone, dissera à reportagem: "Se esta moça de fato conseguir ficar dentro desta urna durante os noventa e sete dias, sem comer, deitada em cima destas pontas de pregos e em companhia destas terríveis cobras, não terei dúvidas em contratá-la e levá-la para os Estados Unidos como uma fenomenal mulher. Nós, norte-americanos, ouvimos falar muito em faquirismo, mas ainda não tivemos oportunidade de ver faquires tão ousados e corajosos como este casal que se apresenta aqui". O homem disse que também pretendia levar Lookan.

Pouco mais de um mês depois, no início de janeiro de 1958, dois chineses, que se apresentaram como presidente e vice-presidente da Associação Jornalística Oriental, também manifestaram interesse de levar o casal de faquires ao exterior. O destino seria a Ásia. Eles, porém, desejavam que Yone abandonasse a prova que realizava em São Paulo e, "depois de um rápido tratamento", seguisse para Singapura, onde iniciaria uma prova de cem dias de jejum. Lookan, por sua vez, faria "um tratamento mais longo" e seguiria para Tóquio, no Japão, onde jejuaria durante cento e oito dias. O casal recusou a proposta.

Enquanto isso, aumentava a comoção popular diante da exibição dos faquires, que dia a dia lutavam contra a fome, as torturas, as cobras e o calor.

"Yone, principalmente, desperta a curiosidade dos populares, que se admiram em ver aquela figurinha bonita de mulher encerrada dentro daquela urna de vidro, deitada sobre um estrado de pregos, tendo em sua companhia perigosas serpentes. As pessoas que ali chegam ficam de início espantadas com o espetáculo que se apresenta aos olhos de todos. Olham demoradamente para

Lookan e para Yone, como que a não querer acreditar no que estão vendo. Muitas mulheres, ao se aproximarem da urna de Yone, choram comovidas com a situação da faquiresa, que se apresenta bastante abatida. Outras pessoas preferem rezar silenciosamente, enquanto que outras preferem tocar com as mãos na urna de Yone ou de Lookan."

Em entrevista publicada no dia 1º de dezembro, um homem de Mogi das Cruzes, impressionado, afirmava ao repórter que Lookan e Yone tinham "parte com o Capeta".

"— Se a reportagem não sai daqui, nem os guardas civis, e se os faquires não podem mesmo comer, posso dizer para o senhor que isto aqui é uma prova do Capeta.

— Capeta? Que negócio é este? O que é que o senhor quer dizer?

— Isso é coisa do Diabo! Onde já se viu uma pessoa ficar tantos dias sem comer? Se eles ficassem uns dez ou quinze dias, a gente poderia crer que eles tinham mesmo força deles próprios. Mas ficar meses sem se alimentar é coisa que um ser humano não pode conseguir, ou melhor, pode, mas não com suas próprias forças.

— Com forças de quem então?

— Ora essa! Com forças do Diabo, do Capeta e dos espíritos endemoniados. Fique sabendo o senhor que qualquer um que fizer acordo com o Capeta pode conseguir coisas extraordinárias e de outro mundo. É o caso desses dois aí. Quando eles morrerem, terão que entregar a alma para o Diabo. Naturalmente, fizeram um acordo, por isso eles podem ficar tanto tempo deitados em cima de pontas de pregos, juntos com essas cobras do Demônio que não mordem eles."

Três dias depois, outra reportagem de *O Dia* trazia as declarações de um homem que dizia "ser o seu maior desejo ver o fracasso de Lookan e de Yone" porque queria que ambos recebessem "uma lição de Deus", porque "ninguém pode desafiar as leis da natureza sem que seja castigado". E também de uma mulher que afirmara: "O faquir pode ser que aguente, mas ela, a Yone, irá morrer".

"— A senhora acha? - perguntamos.

— Tenho certeza. O Diabo está ajudando Lookan para incentivar a faquiresa. Porém, quando ele ganhar a prova, ela morrerá. Tenho certeza de que eles fizeram um acordo com o Diabo e Satanás não faz nada sem cobrar com juros."

Apesar das desconfianças, Yone e Lookan recebiam também grande apoio por parte do público.

Adhemar de Barros, então prefeito de São Paulo, enviou ao pavilhão um representante seu para incentivar os faquires. Os moradores de Paracatu, cidade natal de Yone, enviaram ao pavilhão "uma longa lista de nomes de pessoas" que torciam pela sua vitória. Eram nada menos do que "dez laudas de papel onde os residentes daquela progressista cidade mineira expõem o desejo que têm de que Yone saia ilesa desta grande maratona de tortura".

Outros foram além em sua admiração pela faquiresa. No dia 05 de dezembro, *O Dia* publicou a reportagem "Cada louco com sua mania: 'Vou fazer Yone ficar apaixonada por mim'":

"Entre as inúmeras pessoas que entram no pavilhão, sempre se destacam alguns tipos originais e, às vezes, até mesmo extravagantes. A maioria dos visitantes entram, olham curiosos o espetáculo que oferecem Lookan e Yone e saem comentando entre si o que viram. Outros já gostam de debater no próprio recinto a possibilidade ou não do famoso casal de faquires aguentar até o fim da prova. Existem aqueles que rezam diante dos esquifes de Lookan e Yone, não faltando também os que choram impressionados com a situação em que se encontram os yogues.

De dentro de suas respectivas urnas, Lookan e Yone olham a tudo e a todos quase que indiferentes. Quanto mais dias vão passando, menos interessados se mostram os faquires pelo que vai pelo lado de fora. Parece que vão perdendo a noção do tempo e da própria vida.

(...)

Entre alguns tipos extravagantes que têm visitado o 'pavilhão da fome', destacamos ontem o de um cidadão que se aproximou do repórter e disse 'Vim trazer um desafio à faquiresa Yone. Desejo fazer um duelo de forças com a esposa de Lookan. Dizem que ela é uma mulher que consegue vencer todas as tentações físicas, inclusive a fome. Pois vou tentá-la.'.

— Tentá-la? De que jeito o senhor tentará a faquiresa? — perguntamos.

— Se ela tem forças, eu também tenho. Minhas forças estão nos olhos e é com eles que eu vou tentar a bela Yone. Vou deixá-la apaixonada por mim!

— Mas como?

— O senhor já viu cobra atraindo com os olhos um pássaro? Pois eu vou fazer isso com Yone. Jogarei os olhos para cima dela diariamente durante uns quinze minutos e ela ficará apaixonada por mim. Loucamente apaixonada. É uma questão de hipnotismo, misturado com magnetismo e outras magias que não posso revelar.

— O senhor já experimentou alguma vez com outra mulher?

— Sim, senhor. Veja o senhor o meu tipo físico. Sou um tipo vulgar e, no entretanto, mulheres lindíssimas, solteiras e casadas, já se apaixonaram por mim. O senhor não perde por esperar. É um desafio que eu faço. Se Yone tiver forças, que resista.

Prometendo voltar todos os dias, lá se foi o don Juan com os seus olhos e a sua força.

Lookan quis saber por que aquele homem falava tanto e nós explicamos a ele e Yone. A faquiresa riu daquele tipo extravagante e afirmou que por certo, não passa de um louco que não voltará tão cedo. O faquir, por sua vez, não gostou e disse que não gosta de 'conversa fiada' a respeito de Yone."

Depois de dois dias, *O Dia* contava que o homem, conforme prometera, voltara ao pavilhão e se posicionara "diante do esquife de Yone".

"Seus olhos puseram-se firmes sobre a faquiresa, que não o percebeu entre as muitas pessoas que se encontravam no local. Aquele homem ficou imóvel, com

"Yone, a faquiresa mineira, prossegue impavidamente na sua tentativa de bater o recorde mundial feminino de jejum. Aqui a vemos numa de suas poses características, observada por um seu fã mirim que diariamente a vai visitar no sarcófago de vidro."
O Dia, dezembro de 1957

Yone e Lookan jejuam lado a lado em São Paulo

os olhos duros e fixos sobre a urna de Yone, isto durante precisamente quinze minutos.

Antes que aquela singular figura saísse do pavilhão, o repórter abordou-o sobre aquele desafio:

— Então, como é, o senhor já começou a usar as suas forças?

— Sim. Fiquei quinze minutos olhando para Yone, iniciando assim a ofensiva para conquistá-la.

— E ela, já sentiu alguma coisa pelo senhor? — perguntamos ironicamente para ele, que, percebendo, falou:

— Eu sei que o senhor está querendo me ridicularizar, mas não me incomodo. Eu disse que Yone irá ficar apaixonada por mim e isso acontecerá. Por enquanto, o meu trabalho é apenas o de atrair a atenção da faquiresa. Quando os nossos olhos se encontrarem, ela não poderá mais desviar o olhar, ficando sob o meu domínio. Daí, irei iniciar o trabalho direto para fazer com que ela se apaixone.

— Quanto tempo irá demorar este seu trabalho?

— Dentro de vinte dias, Yone já estará apaixonada.

Quando aquele homenzinho saiu, o repórter abordou a faquiresa. Yone disse então que nem sequer viu o homem. Não o destacou entre as outras pessoas que se postavam à frente da sua urna. 'Esse camarada vai é acabar no hospício', afirmou Yone, rindo do que estávamos lhe contando.”

O Dia não voltou a citar esse homem em suas reportagens. Já na reta final da exibição do casal de faquires, em janeiro de 1958, outro admirador de Yone chamaria a atenção da imprensa ao enviar uma carta assinada pelo pseudônimo Mão do Diabo, cujo conteúdo era o seguinte:

“Ao Lookan,

sei que você não conseguirá bater o recorde mundial de jejum, pois eu estarei ao teu lado no dia em que faltarem vinte e quatro horas e o matarei. Você já me conhece.

À Yone,

minha querida, um abraço e um beijo, eu amo você e sei que você baterá o recorde mundial. Eu estarei orando para que você vença. Eu odeio Lookan e peço a Deus que ele não consiga bater este recorde. Peço que morra este maldito."

A polícia foi comunicada.

No dia 08 de dezembro, interrogados sobre "como é possível a um ser humano ficar em jejum tanto tempo fechado dentro de uma urna, deitado sobre uma cama de pregos e na companhia de peçonhentas cobras", Yone e Lookan falaram ao jornal *O Dia* algumas palavras sobre o faquirismo:

"— Claro que a prática do faquirismo depende de um profundo conhecimento do yoguismo. Trata-se de uma prática totalmente espiritualista, - disse Lookan – onde a força mental e o poder espiritual se sobrepõem ao corpo físico. É um assunto muito profundo que eu, dado ao meu estado de saúde, não posso explicar agora. Não está ao alcance de qualquer pessoa e por isso pouca gente em todo o mundo consegue fazer o que eu e Yone estamos fazendo. Quem duvidar que experimente.

Disse Lookan ao repórter que, em primeiro lugar, o yogue deve ser um homem desprendido das vaidades do mundo. Deve se afastar o mais possível das tentações materiais, cuidando mais da mente e do espírito. Esse é um dos fatores principais do sucesso do yogue. Mas as leis do yoguismo são duras. Por exemplo: não matar, não roubar, não odiar, não mentir, não comer carne, meditação profunda, oração contínua, não se iludir com as coisas terrenas e amar a Deus sobre todas as coisas. Segundo diz Lookan, estas são apenas algumas das leis que regem o yoguismo.

Diz ainda o famoso faquir que para a prática yogue é preciso profundo treino de respiração, mas o principal é o controle dos nervos.

De dentro de sua urna de tortura, a faquiresa Yone também disse ao repórter:

— Pode crer você que ao passo que os homens forem se aperfeiçoando espiritualmente, ou mentalmente, menos dores físicas sentirão. Todos nós podemos fazer provas para atestar até onde vai a nossa resistência física e espiritual. Não tenha dúvida de que, quanto mais nos aprofundamos na prática yogue, mais longe do corpo físico podemos viver."

Por aqueles dias, Yone e Lookan receberam a visita do conhecido jogador de futebol Mazzola, que declarou ao jornal *O Dia* sobre a exibição: "Estou verdadeiramente surpreendido com o que vi. Sempre ouvi falar muito em faquirismo, mas jamais pude pensar que fosse isso que eu acabei de ver. Inacreditável que seres humanos possam permanecer por tanto tempo deitados em cima daqueles inúmeros pregos e, além de tudo, sem qualquer alimentação. Me impressionei também com aquelas cobras a enroscarem-se nos corpos dos faquires. Tudo isso para mim é estranho e misterioso. Mais uma vez compreendi que muita coisa existe neste mundo, que ainda precisa ser bastante estudado pelos homens".

Outra visita recebida dias depois, embora de uma desconhecida, também virou manchete no jornal *O Dia* em matéria publicada no dia 21 de dezembro, "Macumbeiros estão rondando o pavilhão da praça do Correio":

> "O cidadão segurou o repórter pelo braço e disse:
> — O senhor sabe que aquela mulher é macumbeira?
> — Que mulher? — perguntamos.
> — Aquela senhora gorda que estava rezando defronte às urnas de Lookan e Yone. Ela acaba de sair. É uma macumbeira das mais conhecidas em São Paulo e tem inclusive uma grande 'clientela'.
> O repórter de plantão no pavilhão da praça do Correio não tinha notado a referida mulher. Entre as dezenas de pessoas que estavam ali, observando o casal de faquires, a tal de macumbeira passou despercebida.
> — Aquela mulher veio aqui para fazer algum 'trabalho'. — disse o cidadão, que parece entender bem do assunto — Notei quando ela chegou e ficou cinco minutos diante da urna de Yone, rezando e segurando

uma pena de galinha, e depois fez o mesmo à frente do esquife de Lookan. Não tenho dúvidas de que se trata de um 'trabalhinho' encomendado por alguém que deseja ver a 'caveira' de Lookan e de Yone.

Não demos muita importância às palavras do nosso informante. Ele, no entanto, insistiu para que nós comunicássemos o fato ao yogue, afirmando: "Isso é um negócio muito sério e perigoso.".

Pelo sim, pelo não, resolvemos falar com Lookan sobre as palavras que nos foram ditas por aquele cidadão. Contamos ao yogue os detalhes e ele nos afirmou:

— Não tenho dúvidas de que é verdade. Notei aquela mulher com uma pena de galinha na mão e tive a intuição de que ela estava tramando qualquer coisa. Não simpatizei com ela e sempre desconfio das pessoas com quem eu não 'vou com a cara'.

Um tanto irritado, o faquir afirmou:

— Sei que algumas pessoas estão 'torcendo' para que eu fracasse. Eles lançam mão de tudo o que podem, inclusive de macumbeiros. Eles, no entanto, se enganam pensando que eu serei vencido. Tenho os meus protetores, que são muito mais fortes do que qualquer quadrilha de macumbeiros. Estou informado de que vários macumbeiros rondam o pavilhão e chegam mesmo a entrar aqui dentro a fim de me perturbarem. Mas se eles estão querendo fazer uma guerra, então vamos guerrear. Quem anda com Jesus Cristo no coração, não tem medo de assombração.

Pouco depois destes acontecimentos, a faquiresa Yone começou a sentir-se mal. O seu estado de saúde piorou então, tendo a faquiresa se debatido numa crise das mais sérias. Yone passou a não enxergar muito bem e sentir fortes dores em todo o corpo. Durante várias horas, a yogue ficou gemendo quase que inconsciente.

Lookan, que também está em péssimo estado físico, pôde, no entanto, perceber o estado da faquiresa e imediatamente, fez algumas preces para afugentar os males que estavam perturbando a sua companheira.

Outro fato interessante é que as cobras desde ontem passaram a ficar agitadíssimas e, por vezes, ameaçando mesmo os dois yogues. As serpentes se mostram raivosas, preocupando a todos aqueles que se encontram dentro do pavilhão."

No dia seguinte, nova reportagem sobre o caso foi publicada. Nela, Lookan afirmava que o "trabalho" de um dos "macumbeiros" que o perseguiam tinha sido "no sentido de que as serpentes que se encontram em sua urna o ataquem, matando-o de maneira horrível".

"— Como é que você sabe de tudo isso? — perguntamos.

— Não posso contar-lhe. Posso apenas dizer que também tenho os meus protetores espirituais. Às vezes, quando estou quieto, parecendo que me encontro prostrado dentro desta urna, é que estou entregue à mais profunda concentração e em contato com os meus protetores. Sei que muita gente não acredita nisto, mas para mim tanto faz que acreditem ou não, o que me interessa é que nenhum mal me pegará.

As cobras que se encontravam raivosas e ameaçadoras desde que uma certa mulher esteve rezando à frente das urnas de Lookan e de Yone estão agora calmas. Ao nos referirmos ao fato, Lookan sorriu e falou:

— Aquela mulher pensou que o seu 'trabalho' iria dar resultado, mas se enganou. Quando notei que as jiboias começaram a ficar agitadas e ameaçadoras, tive a certeza então de que elas estavam sob influências maléficas. Foi então que também fiz o meu 'trabalho' aqui de dentro da urna e tudo voltou a acalmar-se. Meu santo foi mais forte.

(...)

A faquiresa Yone melhorou da violenta crise que sofreu logo após a visita de uma estranha mulher que rezou com uma pena de galinha preta defronte ao seu esquife.

A faquiresa está bem melhor e pôde, inclusive, falar ao repórter, quando então disse:

— Estranho o que aconteceu comigo. Depois que aquela senhora gorda esteve aqui, comecei a me sentir muito mal e só melhorei depois de várias horas de sofrimento. Senti vontade de gritar e de quebrar toda a urna. Nunca senti tanto medo das cobras como naqueles momentos. Felizmente Lookan, de dentro de sua urna, resolveu tudo, e eu me sinto melhor, embora com o corpo todo dolorido."

Yone e Lookan passaram o Natal de 1957 encerrados em suas urnas.

Sobre essa data, Lookan declarou: "Sou um homem desprendido das festas materiais. Para mim, o nascimento de Cristo é comemorado de forma espiritual. Comemoro meditando e orando esta grande festa cristã. Penso mesmo que os homens deveriam encher menos a barriga no dia de hoje e meditar mais nas palavras que o meigo Nazareno deixou a todos nós pecadores.". Yone, por sua vez, disse ao jornal *O Dia*: "Hoje é um dia de orações, de preces fervorosas a Jesus, que tanto nos ama e tanto nos protege. Que todos se lembrem, durante as festividades de hoje, também de orar e agradecer ao mestre dos mestres.".

No dia 02 de janeiro de 1958, Lookan, tendo completado cento e oito dias de jejum, quebrou o "recorde mundial de resistência humana" oficial. Ele anunciou à imprensa que, ainda assim, pretendia continuar encerrado em sua urna até completar os cento e vinte e sete dias de exibição prometidos. Conforme Yone já relatara ao jornal *Folha da Tarde*, a prova de jejum realizada por Lookan em Belo Horizonte em 1956, com duração de cento e vinte e seis dias, não fora reconhecida oficialmente. Tal reconhecimento, diziam os faquires brasileiros da época, era feito por uma Associação Internacional de Faquirismo que teria sua sede na França. Ainda assim, o faquir fazia questão de superar a marca estabelecida por ele para essa prova e bater seu próprio recorde.

Já Yone resolvera ficar encerrada na urna somente até completar setenta e seis dias sem ingerir nada, quando bateria o "recorde mundial feminino de jejum". Ela alegava que a prova se tornava, a cada dia, mais insuportável.

Diante dessa decisão, Lookan decidiu prolongar sua exibição por mais sete dias além dos cento e vinte e sete prometidos. Assim, sairia de sua urna no mesmo dia em que Yone finalizaria sua prova.

No dia 18 de janeiro, *O Dia* publicou sobre a exibição do casal um poético texto do repórter José de Castro, "Lookan e Yone na reta de chegada":

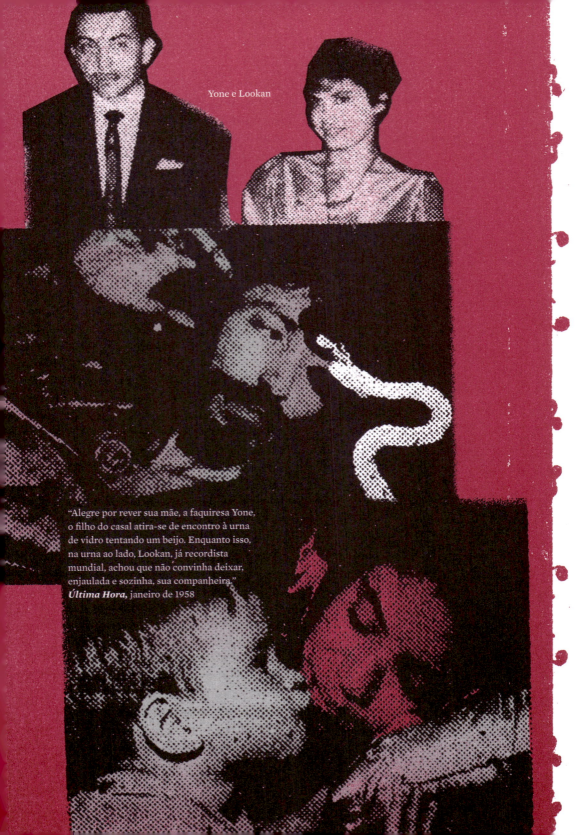

Yone e Lookan

"Alegre por rever sua mãe, a faquiresa Yone, o filho do casal atira-se de encontro à urna de vidro tentando um beijo. Enquanto isso, na urna ao lado, Lookan, já recordista mundial, achou que não convinha deixar, enjaulada e sozinha, sua companheira."
Última Hora, janeiro de 1958

"É verdade, quando o silêncio cai no pavilhão de Lookan, é que a gente pode sentir mais de perto a aflição daquele homem misterioso de unhas e barbas maiores que suas preocupações. É o místico, o jejuador, o batalhador sem tréguas de sua maior inimiga: a fome.

Quando o silêncio chega, nas horas mortas da noite encalorada, Lookan, de pernas cruzadas salientando profundamente seus ossos, pensa na vida, lançando um olhar de ternura para sua companheira Yone, acenando displicentemente para o repórter como a dizer: 'Falta pouco, meu velho...'.

Na verdade, falta muito; são longos os minutos, os segundos marcados quase fúnebres naquele pavilhão.

Pele e osso, ferido pelos pregos de sua cama, Lookan nada tem a reclamar, apenas com seus olhos vidrados, perdidos em contemplações distantes, espera o dia de sua vitória. Vitória do estômago, da paciência e da perseverança. Por isso, ele pensa, enfrentando toda a sorte de dificuldades, rebatendo, embora fraco, quase esgotado pelo calor, todas as calúnias e até mesmo cartas anônimas ameaçando-o. São lanças atiradas contra um escudo de aço. Nada mais, Lookan nem se abala. É o invencível triunfante, vencendo a vida, desvencilhando-se dos tentáculos da morte.

Por isso, tiramos o chapéu ao vermos sua calma franciscana acompanhar os dias de fome e torturas que morosamente desfilam no calendário de nossa existência. Por isso, é que este repórter pediu licença ao Joaquim Neves e ao Ademar Santos, dois valorosos colegas que acompanham a prova de Lookan, para escrever estas linhas, pois este repórter já conheceu a tortura dos pregos enormes, da cama de torturas de um antigo recordista, permanecendo durante vinte e quatro horas encerrado em seu esquife de vidro. Eu bem sei o que significam horas a fio à espera do fim.

E sua esposa? Companheira dos momentos tristes, das glórias, companheira da fome e de torturas do faquir. Outra silenciosa figura, intérprete principal no palco de torturas da praça do Correio. Calma e serena, aguarda o seu dia inesquecível. O da vitória. Acariciando seus longos cabelos, Yone pouco conversa, mas seus lábios anunciam sorrindo, quando seus olhos encontram os pregos, que seu coração procura o faquir Lookan.

Yone, jovem Yone, não teme a morte, pois sabe que vencerá. Conhece perfeitamente sua inimiga, a fome, pois na batalha travada entre as duas, pôde galhardamente dizimá-la. Yone de mistérios e sonhos, de sorrisos e palavras meigas, incentivando seu bem amado Lookan.

Agora, o fim se aproxima. O final de uma história de fome e de torturas. A história inacreditável de dois jovens que hoje são os recordistas mundiais de jejum e tortura. Campeões pela fibra, pela tenacidade e vontade de vencer. Estão de parabéns os jejuadores."

Dez dias depois, em entrevista ao jornal *O Dia*, Yone e Lookan revelaram os planos que tinham para depois que se recuperassem.

Entre as ideias de Lookan, estava a de ser enterrado vivo, "sem caixão, sem balão de oxigênio e sem quaisquer recursos, estando com o corpo envolvido em atadura à maneira das múmias egípcias", em uma praça pública ou em um campo de futebol, "coberto com terra à vista de policiais, fiscais e jornalistas". Depois disso, pretendia pedalar durante cinco noites e cinco dias na praça da República, em São Paulo, e realizar em homenagem ao jornal *O Dia* a prova chamada "girassol", que consistia "em olhar para o sol acompanhando a sua trajetória das seis da manhã à seis da tarde sem piscar ou desviar o rosto".

"Yone, falando ao repórter, afirmou que igualmente pretende submeter-se a provas julgadas impossíveis, sendo que uma delas repetirá o suplício de Santa Joana D'Arc, pois será amarrada a um poste e permanecerá largo tempo envolvida pelo calor de dois mil archotes. Esta prova será levada a efeito num campo de futebol. Em seguida, oferecerá à imprensa falada e escrita a prova chamada 'a dança dos cristais', da qual omitiu pormenores já que o seu objetivo é surpreender os assistentes com um espetáculo coreográfico de primeira ordem e rara beleza. Tal prova tanto poderá ser realizada num cinema, como num auditório de televisão, para que toda a a população possa desfrutar de momentos realmente agradáveis e inesquecíveis."

Yone recebera também um convite "para ingressar no cinema nacional, onde faria inicialmente dois filmes, um em São Paulo e outro no Rio de Janeiro", porém ainda não sabia se aceitaria essa proposta, pois naquele momento estava concentrada unicamente em sua prova de jejum.

No dia 29 de janeiro de 1958, Yone e Lookan deixaram suas urnas depois de jejuarem, respectivamente, durante setenta e seis e cento e trinta e quatro dias.

Os cento e trinta e quatro dias de exibição de Lookan, porém, não chegaram a ser reconhecidos oficialmente.

Prova disso é que outros faquires, inclusive Silki, foram declarados recordistas mundiais de jejum depois de provas de menor duração.

Quanto às mulheres, é sabido que pelo menos uma faquiresa, Malba, bateu o recorde de Yone depois de jejuar durante oitenta dias em Porto Alegre, no final de 1958.

No dia 19 de setembro daquele ano, o **Jornal do Dia**, de Porto Alegre, publicou um texto de Raymundo Nascimento que menciona Malba. Falando sobre a longa e sofrida espera dos que dependiam de certa condução na cidade, Raymundo cita Malba como uma atração para distraí-los.

"Por sorte, surgiu nos últimos dias notável melhoria para os que pacientemente esperam na 'bicha' da praça XV. A inovação é recente e, por sua própria natureza, não há de durar muito, mas sempre consola... Acontece que, do outro lado da rua, foi armado um pequeno pavilhão de madeira e, dali, dia e noite, um alto-falante (e cantante) apregoa com entusiasmo fora do comum:

'Venham, senhores e senhoras! Venham ver a Malba, a bela e jovem faquiresa que se encontra encerrada numa urna de cristal. Ela vai trazer para o Brasil mais um honroso título mundial, nesse ano de glórias: o campeonato mundial de jejum e tortura! Oitenta longos dias e oitenta tenebrosas noites sem comer, deitada sobre cacos de vidro e rodeada de serpentes! Mas ela há de corresponder à confiança que o bravo povo brasileiro lhe tem depositado...'

A última frase, muito comum nos nossos dias, quase me faz pensar que a faquiresa é candidata a qualquer coisa, mas prefiro mudar a direção dos meus pensamentos.

(...)

Mas, pelas tantas, o micro-ônibus termina chegando. E a gente se atulha lá dentro, como pode e como dá... Aperta daqui e dali, arruma, ajeita, empilha, e já nos vamos todos espremidinhos de corpo e alma, pensando nos campeonatos mundiais de fome e de tortura. E logo nos assalta a ideia de que a Malba não vai tirar campeonato algum: ela pode, quando muito, homologar um título que já é nosso, há muito tempo. É só pensar no Nordeste, com o seu cortejo de fome e de miséria, de abandono completo e de agonia, e nessas torturas todas que a gente vive suportando e que só nos parecem pequenas porque já nos estamos acostumando a pensar em termos de indigência extrema e desespero... De minha parte, sinto-me como anônimo concorrente da faquiresa.

Só alto-falante ainda não tenho..."

Segundo o **Correio do Povo**, da capital gaúcha, outra exibição de jejum acontecia na cidade simultaneamente à prova de Malba.

"A faquiresa gaúcha Sandra, em original competição de faquirismo, pretende suplantar a sua concorrente paulista Malba, atualmente em nossa capital, e bater o recorde mundial feminino da especialidade.

Sandra, que detém o recorde gaúcho com a permanência de trinta e um dias, diz que não permitirá que Malba a suplante, só desistindo da competição com a derrota de sua competidora.

O senhor Angelino Pontes, empresário de Sandra, esteve em nossa redação na tarde de ontem, quando nos comunicou o interessante repto.

Sandra, conforme adiantou ainda o senhor Angelino, pretende reabilitar a classe no Rio Grande do Sul, onde, ultimamente, seus colegas não têm sido felizes, não levando suas provas até o final.

Num barracão armado no local onde se levantava há pouco o edifício Malakoff, já iniciou Sandra a sua prova, que dada a característica de desafio, promete despertar muito interesse."

No dia 05 de dezembro, o ***Diário da Noite*** publicava uma pequena nota sobre Malba, que, "depois de oitenta dias em jejum", deixara sua urna.

"E reclamou que o empresário, que lhe devia pagar duzentos e cinquenta mil cruzeiros, só lhe deu sete mil. Eu me pergunto por que razão deseja duzentos e cinquenta mil cruzeiros essa prodigiosa mulher que passa oitenta dias sem comer. Deixe isso para o empresário, que esse sim não é faquir."

Embora seja provável que Lookan (e quem sabe Yone) tenha se exibido mais vezes em provas de jejum, o fato é que ele reapareceu no noticiário em dezembro de 1958 por participar de uma competição ciclística, na qual pretendia pedalar uma bicicleta durante cento e vinte e cinco horas e bater um novo recorde. Nada mais foi encontrado ligando o nome dele (nem o dela) a atividades artísticas depois disso.

No início dos anos 60, em São Paulo, Lookan se lançou como vereador e abriu, em sociedade com Yone, a Lookan Indústria e Comércio de Máquinas de Costura, especializada em "máquinas de costura e artigos domésticos em geral".

Em entrevista à edição paulista do jornal ***Última Hora***, publicada em 21 de abril de 1964, Lookan diria que abandonara o faquirismo "por considerar que a perda da liberdade e o sacrifício pessoal" atentavam "contra a essência divina do homem". Sua conduta seria então guiada "pela máxima religiosa: 'amar a Deus sobre todas as coisas e ao próximo como a si mesmo'".

O casal de faquires voltaria a ser notícia em 1966.

Às duas horas da tarde do dia 19 de maio, Lookan, na frente de seus dois filhos, disparou quatro tiros contra Yone, que morreu em seguida.

Na ocasião, um irmão de Yone, segundo o jornal *Folha de São Paulo*, "declarou às autoridades que o casal, após dez anos de convivência, passou a ter constantes rusgas", que se agravaram quando ela "anunciou a compra de um automóvel".

Uma crônica publicada no jornal *O Globo* no dia 21 de maio dava outra versão do caso.

"Aconteceu Yone gostar de um homem que, ao contrário da maioria, não aparecia em casa de olhos acesos e batendo palmas:

— Como é? A comida está pronta?

Não. Lookan era diferente da maioria. Basta dizer que para ele, o fogão de casa podia ficar apagado por mais de um mês que não lhe fazia a menor diferença. Ele era faquir.

De tal modo gostava Yone de Lookan que procurou imitá-lo e foi faquiresa também. Não chegava aos pés de Lookan, mas, como mulher que passava dias e mais dias sem comer, fez sucesso.

Assim, se passaram doze anos e era difícil saber se era ele que gostava mais ou se era ela. E, de repente, murchou a alegria de Yone. Ela ouviu dizer que Lookan tinha outra. Ele negava:

— E você acredita? Admiro você, Yone!

Mas um dia, ela viu tudo com os próprios olhos. E foi para casa, e ainda tinha os olhos vermelhos de chorar quando ele chegou. O que um gritou para o outro, ninguém ouviu. Um vizinho, porém, ouviu os tiros. Lookan, que fugia, foi apanhado de mala na mão. E na mala, mais do que roupas, um monte de recortes de jornais dizendo que jejum longo como fazia o Lookan, só o Lookan mesmo."

Uma matéria publicada quatro anos depois, em 06 de maio de 1970, traz outra versão do assassinato de Yone – a versão de Lookan. A reportagem "Condenado faquir recordista", encontrada no acervo do jornal *Folha de S. Paulo* sem nenhuma pista de onde foi recortada, dizia que Lookan

"sabia muita coisa dentro de sua profissão: engolia giletes e fogo, deitava-se sobre tábuas cheias de pregos, fazia exibições com espada, era um faquir completo. Só não sabia que sua companheira, Yone, aproveitava o tempo em que ele estava passando fome em exibições públicas para traí-lo.

Quando descobriu, em 19 de maio de 1966, Lookan deu quatro tiros em Yone, dentro da pensão que havia montado para garantir o futuro dela, à rua Santo Amaro, 280.

Ontem o faquir Lookan foi condenado a cinco anos de prisão."

Lookan foi "condenado por homicídio qualificado pelo motivo fútil", e a pena não foi maior porque seus advogados:

"sustentaram a tese da violenta emoção, acolhida pelos jurados por cinco votos contra dois. Assim, o crime foi desclassificado para a categoria de homicídio privilegiado.

Os advogados de defesa lembraram tudo o que o faquir Lookan havia feito em benefício de Yone, depois de conhecê-la na zona do meretrício, em Goiás. Lookan fez de Yone uma faquiresa, ensinando-lhe todos os segredos da profissão, trouxe-a para São Paulo e mais tarde, montou a pensão, entregando-a à gerência da mulher.

Yone, porém, começou a trair o faquir e este acabou sabendo de tudo por intermédio de um dos pensionistas. Em 19 de maio de 1966, Lookan resolveu esclarecer o caso com Yone e perguntou-lhe se o que se dizia era verdade.

Yone, sem hesitar, confirmou. Lookan deu-lhe os quatro tiros."

De Lookan, nunca mais se teve notícia e de Yone, a recordista mundial de jejum feminino que, como Marlene Dietrich em Marrocos, abrira mão de tudo para acompanhar o homem que amava, tornando-se faquiresa, disposta até mesmo a ir ao espaço para acompanhá-lo, sendo depois assassinada por ele, ninguém mais falou...

"...se encerrou numa urna de vidro, com várias cobras, e foi exibir-se no largo da Penha, apresentando-se como 'Marciana, jejuadora filantrópica'. Ganhava dinheiro ludibriando o público, nessa ocasião, quando foi denunciada à polícia por um seu empregado como embusteira: fraudava o 'espetáculo', alimentando-se de madrugada, quando não havia espectadores."

FOLHA DA MANHÃ, SÃO PAULO, 11 DE ABRIL DE 1959

ERA UM TEMPO no qual a chegada de um circo ou de uma caravana de ciganos sempre causava grande impacto na cidade. Diante dos artistas, a população sentia um misto de fascínio e medo. Era gente perigosa, diziam.

Mas quem não sentia, ainda que fosse por um só instante, vontade de partir com eles e abandonar para sempre a mesmice, trocando a certeza de seus dias opacos pelas luzes variadas daquela vida incerta?

Nas crianças, principalmente, o desejo de ser como eles se misturava com o medo, nem sempre injustificado, que lhes era embutido pelos adultos. Que menino teria coragem de chegar perto dos artistas se eles, garantiam os pais, eram capazes de tudo, inclusive de roubar crianças e levá-las consigo?

Marciana, além de faquiresa, era uma mulher de circo. Alimentando o mito que rondava esses artistas, afastou por um momento a figura da faquiresa das fantasias eróticas da imaginação masculina, fazendo com que ela passasse a habitar sinistramente o imaginário infantil.

As informações que seguem se baseiam principalmente no que foi publicado quando Marciana se viu no centro não de uma prova de jejum, mas de um estrondoso caso de sequestro de três crianças que recebeu cobertura diária dos jornais *Folha da Manhã*, *Folha da Tarde* e *Folha da Noite* entre 10 e 30 de abril de 1959.

Marciana, tanto em sua vida artística quanto no crime, usava vários nomes – Ivone, Mercedes, Eugênia, Chica Pelanca ou Chica das Pelancas, Jane, Márcia –, mas o mais recorrente era Geny, que inclusive apareceu em nota publicada no *Diário Oficial do Estado de São Paulo*.

Em 1921, então com dois anos de idade, Marciana teria sido entregue por sua mãe, uma "decaída", a uma conhecida família de Avaré, cidade do interior de São Paulo. Segundo a mulher que a criou, Marciana logo se mostrou "indócil, cínica, ladra e mentirosa" e, aos quinze anos de idade, acusou "um jovem da localidade de havê-la seduzido". "Entrou muito cedo para a vida que dizia ser artística", contou ao jornal *Folha da Manhã* um alfaiate que conhecia Marciana de Avaré e a reencontrou em São Paulo. Ele dizia que Marciana deixou a cidade "para integrar bandos de saltimbancos que perambulavam pelo interior" e era muito conhecida porque "em diversas oportunidades, revelara ser agente secreto da polícia feminina", no que nunca lhe foi dado crédito, embora contasse "longas histórias sobre viagens ao interior, a mando das autoridades, para capturar criminosos foragidos".

Entre fins dos anos 40 e início dos 50, Marciana se casou com um torneiro mecânico e teve um filho e uma filha. O primeiro faleceu ainda criança e a menina foi deixada sob os cuidados do avô paterno quando ela abandonou o esposo.

À reportagem da edição paulista do jornal *Última Hora*, em matéria publicada no dia 22 de janeiro de 1958, quando se encontrava em plena prova de jejum, Marciana diria que "deixou Avaré, neste estado, tempos atrás, com uma ideia fixa: substituir o faquir Silki tão logo este concluísse o jejum que lhe rendera milhões". Em São Paulo, "sem muitos amigos, encontrou de início, alguma dificuldade. Mas num clube de jogo qualquer", conheceu um homem "que manifestou o propósito de ajudá-la", permitindo que ela residisse em sua casa, onde vivia com a amante, para que não tivesse "muita despesa" até que pudesse iniciar sua prova.

Antes disso, de acordo com reportagem publicada na edição paulista do jornal *O Dia* em 13 de dezembro, Marciana esteve no pavilhão onde Yone e Lookan jejuavam em São Paulo, na praça do Correio, apresentando-se na ocasião como Chica Pelanca, o mesmo pseudônimo de uma artista de rádio, teatro e circo muito conhecida na época.

"A referida mulher esteve em conversa com Lookan e com a faquiresa Yone, quando então afirmou que irá fazer uma prova de faquirismo e quebrar todo e qualquer recorde de jejum que se tenha feito até agora. Chica Pelanca disse que isto para ela é a coisa mais fácil do mundo, pois conhece a ciência yogue melhor do que ninguém.

Claro que essa declaração despertou a curiosidade do repórter. Foi então que Chica Pelanca disse também que já fez uma prova no Rio de Janeiro com grande sucesso e agora fará o mesmo em São Paulo, ficando uns tempos instalada na Penha e depois, se transferirá para o largo do Paissandu.

Procuramos ouvir Lookan a respeito das declarações de Chica Pelanca. O famoso faquir disse então que tudo não passa de loucuras daquela mulher. 'Essa mesma mulher anda dizendo uma porção de asneiras a respeito de faquirismo, como se isso fosse uma brincadeira. Ela também afirmou que já se exibiu no Rio de Janeiro; no entanto, até agora, ninguém sabe quando isso se deu, pois lá só se exibiram as faquiresas Rossana e Mara', falou Lookan ao repórter.

O famoso faquir brasileiro disse que Chica Pelanca poderá tentar de fato ficar dentro da urna. Ninguém poderá impedir que isso aconteça. 'No entanto, é bom que se saiba', afirmou o faquir, 'que faquirismo é uma coisa muito séria e não é assim com conversa que se consegue ficar vários dias e meses sem comer, enfrentando as mais diversas torturas físicas. Essa mulher deve ser louca, com toda a certeza.'.

A respeito das declarações de Chica Pelanca, Lookan disse ainda que não duvida que ela tenha ficado em jejum por alguns dias. 'Foi um jejum forçado, pois acostumada como é a beber, por certo, às vezes, fica de ressaca, e consequentemente, tem de passar alguns dias sem a costumeira alimentação. Assim eu acredito que Chica fique em jejum. Um jejum forçado pelo vício da bebida.', terminou dizendo Lookan.

Não pudemos conversar muito com Lookan devido ao seu estado de saúde, por isso resolvemos encerrar este assunto com o faquir.

Abordada sobre as declarações de Chica Pelanca, Yone disse que o seu desejo é que ela seja feliz. Não acredita que aquela mulher fique sequer dez dias dentro da urna; no entretanto, acha que se ela tem coragem de entrar numa prova desta natureza, que entre e aguente as consequências. Disse Yone que no momento o que mais lhe interessa é a sua prova e a de seu marido. O resto não lhe dá no momento maiores preocupações."

Assim, em meados de dezembro de 1957, tendo ou não feito exibições de faquirismo anteriores (o que provavelmente não aconteceu), Marciana, segundo o *Última Hora*, "se encerrou numa urna de vidro, com várias cobras, e foi exibir-se" "em pleno largo do Rosário, bairro da Penha", "apresentando-se como 'Marciana, jejuadora filantrópica'", título que justificaria mais tarde – "Pensa que faço isto para ganhar dinheiro? Desejo, apenas, conseguir fundos para ajudar o vigário da Penha".

Yone e Lookan, ainda realizando em São Paulo a prova dupla que os consagraria recordistas mundiais de jejum, voltaram a falar de Marciana por duas vezes à edição paulista do jornal *O Dia*.

Na primeira delas, em matéria publicada no dia 07 de janeiro de 1958 sob o título "Lookan e Yone denunciam: 'Come até macarronada a mulher que está jejuando'":

> "Segundo informaram à reportagem, a tal Marciana não é de nada e chega mesmo a comer dentro da urna, isso quando o pavilhão se encontra sem público, só com os elementos ligados à 'faquiresa'. Daí, então, segundo soubemos, a tal de Chica Pelanca, além de tomar café, se alimenta regiamente, pois ali não existe qualquer policiamento rigoroso para a fiscalização da prova."

De acordo com *O Dia*, Marciana afirmara que conquistaria "o primado feminino de jejum e que já fez algumas provas, inclusive uma em Bauru, onde ficou durante cinquenta e seis dias encerrada dentro de uma urna".

O repórter procurara então Yone e Lookan para que dessem sua opinião sobre Marciana.

"Disse Lookan:

— Em primeiro lugar, esta mulher não pode concorrer a recorde nenhum oficialmente, pois nem sequer é registrada como faquir profissional. Além do mais, sei que ela se exibe sem a mínima fiscalização e está enganando o público, pois come até macarronada dentro da urna. Trata-se de uma vigarista que deverá sair imediatamente daquela urna ou então cumprir a prova direito, como exige a lei yogue.

Disse ainda o faquir que Marciana está deitada em cima de um cômodo acolchoado e, naturalmente, não quer outra vida. 'A verdade', diz Lookan, 'é que deviam colocar aquela senhora dentro de uma urna autêntica com policiamento e jornalistas para a fiscalização, e então é que ela deveria mostrar a sua resistência'.

Yone, abordada pelo repórter, assim se expressou:

— Estou admirada da coragem desta mulher. Afinal de contas, está na cara a burla que ela vem fazendo dentro daquela falsa urna, onde tem até acolchoado para comodidade da 'faquiresa'. Você pode escrever que se ela não sair dali, ou então não fizer uma prova de verdade, eu irei processá-la. Não é justo que o público fique confundido entre os verdadeiros e os falsos yogues.

Yone disse ainda que Marciana se intitula também Chica Pelanca, usando assim o cartaz de uma conhecida artista que hoje não trabalha mais por se encontrar cega e que militou por muitos anos no rádio brasileiro. A faquiresa Yone afirmou ainda que é mentira que a tal de Marciana tenha se exibido em Bauru numa prova de cinquenta e seis dias de jejum.

— A única mulher que esteve numa prova de faquirismo em Bauru fui eu. Vou provar isto, tanto assim que daquela cidade virão provas de que a tal de

Marciana nunca esteve em nenhuma prova de faquirismo naquele local. Não passa tudo de grossas mentiras
que irão ser desmascaradas."

Dias mais tarde, em 16 de janeiro, *O Dia* publicaria novas
declarações de Yone e Lookan a respeito de Marciana. "Essa
Marciana é na verdade, uma mistificadora", dizia Yone, "ela não
é uma faquiresa como anda afirmando aos jornais de São Paulo e, muito menos, já realizou alguma prova", afirmando mais
adiante que Marciana estava "enganando as autoridades, a imprensa e o povo em geral". Para Yone, "o simples fato de ela usar
o nome honrado da já velha artista Chica Pelanca" já era "o bastante para avaliarmos seu caráter".

"'Por outro lado, o fim desses curiosos que se
metem a fazer provas de jejum sem uma necessária prática é o mesmo recentemente noticiado pelos
jornais desta capital: uma moça em São José do Rio
Preto dispôs-se a fazer uma prova de jejum. No décimo quarto dia, fugiu da urna, lesando o povo daquela
cidade e enganando as autoridades. Essa gente pensa
que fazer jejum é só entrar na urna e ficar sem comer
ou então entrar e comer gostosas macarronadas como
a dona Marciana', finalizou Yone."

Às palavras de Yone, Lookan acrescentou que ambos se
submeteram "a um exame de metabolismo basal, o qual com-
provou" terem "perdido, respectivamente, vinte e três e doze
quilos" até aquela data, "além de comprovar a honestidade" da
prova. Além disso, contavam com a "permanente fiscalização da
imprensa e do povo paulista". "Gostaria de saber se a faquiresa
Marciana também pode apresentar tais garantias aos que vão
visitá-la", finalizou Lookan.

Marciana já se exibia há mais de trinta dias quando a amante do homem que a abrigara antes do início de sua prova foi à
polícia e prestou queixa contra ela. Em reportagem do *Última
Hora* publicada no dia 22 de janeiro de 1958, a amante declarou:

"— Quando Marciana vivia em minha casa, gozava
de plena liberdade. Tanto que ela ficou responsável por

tudo ao ir eu para a maternidade para ver nascer meu filho. Voltando, não mais ela estava lá. Dei, aí, pela falta de um relógio, outras joias, certa quantia de dinheiro e ainda vestidos. Depois, ela se meteu naquele 'caixote' cheio de cobras e eu não pude fazer mais nada, a não ser recorrer à polícia."

A moça completava sua acusação dizendo "Quero vê-la numa cela bem fechada, como está agora naquela urna cheia de cobras".

A notícia, intitulada "Em maus lençóis a faquiresa Marciana: acusada de ter furtado joias e dinheiro", trazia ainda a defesa de Marciana diante da acusação.

"— Eu, ladra? Meu Deus, que infâmia!

E Marciana, faquiresa que, há trinta e dois dias, luta com a fome em busca da fama, permitiu que um pranto convulsivo a dominasse após o impacto provocado pela informação que o repórter lhe dera: fora ela denunciada à autoridade da 3ª Delegacia Distrital como autora de crime de furto.

(...)

A faquiresa consente que uma indignação acentuada a submeta cada vez mais:

— Quem me atira lama, agora, é uma mulher de vida à toa, saibam todos disto. Ela não presta. Tem ficha nos arquivos da Delegacia de Costumes. E outra coisa: se há uma ladra entre nós duas, eu não sou, porque, até hoje, ela se nega a me devolver vários vestidos que lá deixei.

A cólera de Marciana agora é mais contundente:

— Não nega a espécie aquela mentirosa. É integrante do trottoir, porque o amante assim quer. Ah, aquela bandida me paga. Deixa acabar meu jejum. Mas amanhã, meu advogado já vai começar a agir. Ora, se vai!

A faquiresa de Avaré, já mais calma, conta ao repórter outra faceta da briga, que, já há alguns dias, vem mantendo com a sua acusadora:

— Sabe que ela é tão atrevida que teve a coragem de vir aqui armada de navalha e me desafiou insistentemente? 'Abre essa urna que eu te rasgo a navalhada. Abre se tens coragem!' Claro que não abri. Ela parecia uma louca!"

Marciana deplora, em seguida, ao repórter:

— Que escândalo! Meu tio e padrinho é um político influente de São Paulo. Como ele vai se aborrecer com tudo isto!

(...)

Não deixamos de nos surpreender, porém, quando ela, ao final, acentuou:

— Esta confusão toda até me faz pensar em acabar com o jejum!"

No dia seguinte, a edição paulista do jornal **O Dia** publicou a opinião de Yone e Lookan sobre o episódio.

Sorrindo, Yone declarou: "A verdade é que atualmente, existem várias pessoas que se intitulam faquires e que, no entretanto, não estão preparadas para tais provas e nem sequer possuem o menor conhecimento da ciência yogue, que é muito importante e que não é para qualquer um praticar. Consequentemente, acontece destas coisas, ou seja, acontecimentos que vêm depor contra os verdadeiros faquires. É preciso que o público tome conhecimento do que seja um verdadeiro yogue, a fim de não confundi-lo com os muitos vigaristas que existem por aí. É necessária maior fiscalização por parte das autoridades e da imprensa, a fim de que o público não seja ludibriado e para que não aconteçam estas coisas vergonhosas". Lookan, por sua vez, preferiu dizer apenas que melhor do que suas palavras, era o que estava acontecendo com Marciana. "O público que julgue os fatos. Eu e Yone nada temos com isso. Apenas queremos que fique bem claro que a nossa prova é das mais honestas e está sendo fiscalizada desde o início pelos jornalistas, e os próprios exames médicos têm demonstrado que o negócio aqui não é brincadeira", finalizou ele.

Inocente ou culpada, o caso é que Marciana, conforme contaria meses depois o jornal **Folha da Manhã**, "ganhava dinheiro ludibriando o público, nessa ocasião, quando foi denunciada à polícia por um seu empregado como embusteira: fraudava o 'espetáculo', alimentando-se de madrugada, quando não havia espectadores".

Diante dos acontecimentos, a exibição, que deveria durar mais de noventa dias, terminou antes do prazo prometido.

Em agosto de 1958, em São Paulo, Marciana conheceu a arrumadeira do hotel Fernandes, na avenida Tiradentes. A mulher

Marciana

era viúva, mãe de três crianças, que tinham entre cinco a nove anos de idade – um menino e duas meninas.

O marido falecera há pouco tempo, vítima de tuberculose. Ela, temendo pela saúde dos filhos, levou-os ao médico, que constatou que a saúde de uma das meninas era precária e a pequena necessitava de repouso e de "ar de fazenda".

Marciana costumava se hospedar no hotel Fernandes quando passava por São Paulo e conquistou a confiança da arrumadeira ao se apresentar como Chica Pelanca, "artista da rádio Bandeirantes e de conceituada família de Avaré". Curiosamente, ao invés de Chica Pelanca, o nome publicado na série de reportagens dos jornais *Folha da Manhã*, *Folha da Tarde* e *Folha da Noite* sobre o caso seria Chica das Pelancas. Talvez esse "das Pelancas" tenha sido apenas uma confusão da mãe das crianças reproduzida depois pelos repórteres – ao que tudo indica, Marciana estava mesmo se fazendo passar pela conhecida artista Chica Pelanca, como já sugerira Yone meses antes.

Na descrição que fez de Marciana à polícia, a arrumadeira mencionou as "tranças postiças" que ela costumava usar e que eram na verdade uma das marcas da artista Chica Pelanca, uma caipira estilizada. Na ocasião, a verdadeira Chica Pelanca foi à redação do *Diário de Notícias* "a fim de deixar o seu protesto contra o uso de sua alcunha" por Marciana, pois o "uso indevido" de seu nome artístico vinha lhe causando "sérios transtornos".

Marciana então, passando-se por Chica Pelanca, convenceu a viúva a deixar que ela levasse seus filhos ao sítio de seu pai em Avaré, onde a menina enferma poderia se recuperar. Ela devia trazê-los de volta dentro de dois meses – o que não fez.

A arrumadeira foi então até Avaré, onde conheceu a família de criação de Marciana, que não a via há cerca de dois anos, quando Marciana reaparecera na cidade "com uma menina de três ou quatro anos de idade, dizendo tê-la recebido de um 'homem de circo". Como não encontrou os filhos, a viúva recorreu à polícia, que lhe pediu "o máximo sigilo, para não perturbar as investigações". Somente em abril, quando as crianças já estavam desaparecidas há oito meses, a história veio à tona.

A partir do momento em que os jornais *Folha da Manhã*, *Folha da Tarde* e *Folha da Noite* começaram a cobertura diária do caso, a polícia levou apenas oito dias para encontrar os filhos da viúva.

Depois de sequestrar as crianças em São Paulo, Marciana seguiu primeiro para Goiás. Chegando a Campinas, cidade próxima da capital goiana, procurou emprego no parque de diversões São Paulo. O dono ajudou-a financeiramente e forneceu "condução grátis para que fosse com os três menores para Brasília, onde ela dizia 'haver mais possibilidades de êxito'". Ainda em Campinas, perambulou por "casas suspeitas", fazendo com que as crianças "cantassem e dançassem para decaídas e malandros. Espancava as crianças caso não colaborassem".

Já em Brasília, Marciana "conseguiu colocação no circo Irmãos Batista", composto por um "grupo de ciganos", "fazendo exibições de dança e faquirismo". Em sua temporada ali, segundo o proprietário do circo, conhecido como Sabuguinho, ela obrigou o menino "a se exibir no palco, cantando sob o pseudônimo Preguinho".

Nas cidades por onde passava com as crianças, Marciana as obrigava "a chamarem-na de 'mamãe'" e as submetia "a maus tratos". "Quando alguém a observava, a faquiresa replicava que 'seus filhos eram desobedientes'".

Mais tarde, em Uberlândia, Marciana conheceu um rapaz a quem, "demonstrando total impaciência e irritação" com as crianças, disse que "não aguentava mais e alimentava o propósito de eliminá-las com formicida". O rapaz, "por piedade", ficou com o menino e uma das meninas. Marciana seguiu para Uberaba, onde deixou a terceira criança em uma pensão, e retornou sozinha para Goiás.

Ali, no início de 1959, Marciana foi a uma delegacia e "procurou convencer o delegado de que fora vítima do 'sequestro'" do menino e da menina que deixara em Uberlândia, afirmando ser mãe deles, mas não obteve crédito e desapareceu. Mais tarde, quando esse fato chegou ao conhecimento dos responsáveis pela investigação do caso, a polícia considerou que essa queixa pudesse ser um "álibi para encobrir 'alguma ação maldosa'", chegando mesmo a dizer que os filhos da arrumadeira estavam "provavelmente mortos".

Marciana foi detida em Itapaci, cidade goiana, ao ser encontrada "num centro espírita, onde se apresentava como 'vidente', afirmando prever o futuro".

Marciana garantiu que não sequestrara as crianças e afirmou que elas lhe tinham sido dadas pela mãe há dois anos.

Ela revelou o paradeiro dos três, que foram então encontrados pela polícia.

A menina que ficara em Uberaba, abandonada na pensão Nossa Senhora das Graças, tinha sido apreendida pelo juiz de direito local, pois vivia ali "em total abandono", e entregue aos cuidados de uma família da cidade.

Os outros, que Marciana deixara em Uberlândia, tinham sido separados. A menina fora internada pelo juiz de menores na Casa da Criança, "pelo pouco cuidado a ela dispensado", e o menino era explorado pelo rapaz que ficara com eles, sendo "cedido" "a um preto velho, cego, para auxiliá-lo na coleta de esmolas".

No dia 19 de abril de 1959, o jornal *Folha da Manhã* publicava as fotografias do "final feliz" – o reencontro da mãe com os três filhos em Minas Gerais.

Para Marciana, porém, as coisas se complicaram.

Suspeitando que ela estivesse envolvida nos sequestros de outras crianças, foram revisadas "todas as queixas de sequestro de crianças", "visando a apurar os casos dos quais participaram mulheres cuja descrição" correspondia à de Marciana.

Seguindo uma pista dada por uma das filhas da viúva, que falara de uma casa em São Paulo onde estivera com Marciana, a polícia chegou até a mãe de uma criança de três anos que desaparecera há quase um ano. Por fotografia, a mulher reconheceu Marciana e a filha da arrumadeira do hotel Fernandes, essa "como sendo a criança alcunhada Ubirajara". Marciana apresentara a menina sequestrada para cativar a outra potencial vítima e facilitar o novo crime.

Nada, porém, parece ter sido descoberto sobre essa quarta criança, cujo sequestro Marciana negou. Quando interrogada sobre o assunto, "sorridente, exclamou: 'Epa! Vocês estão querendo que eu seja dona de uma creche...'".

Depois disso, Marciana desapareceu do noticiário – e parece que não foi só dele.

Em 18 de agosto de 1961, uma nota publicada no *Diário Oficial do Estado de São Paulo* informava que Marciana fora condenada no dia 14 de junho "à pena de dois anos de detenção", mas não havia sido encontrada.

Talvez estivesse acompanhando algum circo, dançando e jejuando sob um novo nome – criatividade para isso não lhe faltava. Quem sabe, raptando outras crianças, que apresentaria em "casas suspeitas" e as quais obrigaria a chamarem-na de mãe. Ou talvez simplesmente tivesse abandonado aquela vida e tentava viver como anônima em algum lugar onde ninguém soubesse de seu passado. Não se sabe.

O que se imagina é que, por um bom tempo, toda vez que um novo circo chegasse a uma cidade qualquer, as crianças olhariam curiosas, sempre de longe, meio atraídas, meio medrosas. Elas sabiam que sob a lona poderiam encontrar muitos sonhos ou talvez um pesadelo, que ganhou então um nome: faquiresa Marciana.

"Verinha, durante a sua prova em nossa cidade, conseguiu captar a simpatia do povo que a visitava constantemente, uns por curiosidade, outros por admiração e outros ainda ali iam com o fito de levar um pouco de incentivo à jovem. Assim foi que Verinha recebeu inúmeros presentes da população campineira e mesmo de cidades circunvizinhas. Muitos foram os poetas que lhe dedicaram versos."

DIÁRIO DO POVO, CAMPINAS, SÃO PAULO, 26 DE ABRIL DE 1958

EM 1958, despontava como faquiresa em Campinas, interior de São Paulo, uma jovem pernambucana de apenas vinte e dois anos. A moça já havia trabalhado como passista de frevo e corista de teatro de revista e chanchadas da Atlântida no Rio de Janeiro.

Embora rápida – a exibição de Verinha em Campinas durou apenas quarenta e dois dias – , a sua passagem pela cidade causou grande alvoroço e recebeu cobertura diária por parte dos jornais locais, que durante a sua prova detalhavam tudo o que acontecia ao redor de sua urna e publicavam suas fotografias.

Aclamada pelo povo campineiro como verdadeira heroína, recebendo visitas de autoridades e figuras importantes da cidade, além de diversas homenagens, Verinha desapareceu tão repentinamente quanto apareceu, deixando apenas um rastro de mistério.

De onde viera? Para onde fora? Ninguém sabia.

Verinha, que estivera por mais de um mês tão ao alcance de quem a quisesse ver, bastando para isso pagar o ingresso para assistir a sua prova de jejum, deixara a sua urna, vitoriosa, para se tornar lenda na cidade.

Nascida em 1935 em Afogados da Ingazeira, no sertão de Pernambuco, Verinha não tinha ainda vinte anos de idade quando começou a participar dos programas da rádio Clube de Pernambuco, em Recife, dançando frevo e participando de concursos.

No final de 1954, o jornalista Júlio Amaral e José Chaves, que, segundo o jornal **Última Hora**, não era "jornalista, nem radialista, mas simplesmente um folião de primeira água", organizaram um concurso no qual seriam selecionados passistas para levar "o frevo pernambucano, como realmente ele é dançado no Recife (nos clubes, nas ruas...)" ao Rio de Janeiro.

Ao fim do concurso, foram selecionados dois rapazes e quatro moças, elas o grande destaque do grupo, que ganhou o nome Demônios do Frevo (às vezes trocado por Malabaristas do Frevo). Uma das moças era Verinha e as outras três se chamavam Liége, Myrtes e Jandyra (Myrtes e Jandyra eram às vezes chamadas pela imprensa carioca, uma ou outra, de Ivone ou Sônia). Além dos passistas, o grupo contava com "uma infernal orquestra" formada por dezesseis músicos.

Com chegada no Rio de Janeiro prevista para 15 de janeiro de 1955, os Demônios do Frevo parecem ter feito a sua estreia carioca no Ginástico Português no dia 22 daquele mês.

A estreia oficial do grupo em terras cariocas, porém, seria no dia 05 de fevereiro, no teatro João Caetano, em um baile denominado "Noite Popular do Frevo". No dia seguinte, os Demônios do Frevo se apresentariam no Tijuca Tênis Clube e, mais tarde, participariam de uma festa no hotel Glória, "especialmente convidados pelo senhor Tapajós, que, inclusive, ofereceu hospedagem às passistas".

Os Demônios do Frevo seguiram se apresentando em diversos bailes carnavalescos Rio de Janeiro afora, sempre com muito sucesso.

No dia 16 de fevereiro, o **Correio da Manhã** publicava uma longa matéria com as quatro passistas do grupo, que, mentindo, se apresentavam como duas duplas de irmãs. A matéria, intitulada "Para dançar o frevo no Carnaval", e com a chamada "Chegaram as famosas irmãs pernambucanas – Receberam vários convites de clubes – Acompanharão a Rainha do Carnaval – E um pouquinho do fabuloso ritmo para os seus admiradores...", apresentava assim o grupo:

"Chegaram há pouco do Recife. Vieram passar o Carnaval aqui. E exibir, para o carioca, o diabólico passo do frevo. São profissionais. Já percorreram diversos estados. Conhecem Alagoas, Bahia, Sergipe, Ceará, São Paulo. São duas duplas de irmãs que se dedicam, há anos, ao frevo e por onde passam, dominam, completamente, aqueles que tanto admiram o espetacular ritmo pernambucano. São elas Myrtes, Verinha, Liége e Ivone. São as quatro caboclas recifenses que entram pela nossa redação e vêm dançar como se estivessem em um palco, deixando aqui entre nós um pouquinho dessa impressionante dança.

Myrtes fica, depois, ao lado do repórter. E vai cantando com o acompanhamento de Verinha, sua irmã, e Liége e Ivone, duas outras irmãs também:

terra boa, meu Pernambuco
que faz?
frevo bom e maracatu
tem mais
banho em Beberibe
cachaça gostosa
mangaba cheirosa
ai, ai, ai
tudo isto minha terra tem

É um pedacinho de Pernambuco que as lindas garotas trazem para a gente, que, nestes últimos dias, vive com os ouvidos sòb o som dos nossos sambas e marchas. Elas cantam o frevo. Fazem uma paradinha. Caem no passo. Requebram-se dos pés à cabeça. Vão ao chão e sobem. Mais uma pausinha e mais frevo letrado:

tem rede macia
p'ra gente sonhar
buchada e peixada
bate-bate p'ra enganchar
tem morena formosa
que o seu coração não me deu
mas por isso não choro porque
Pernambuco, você é meu

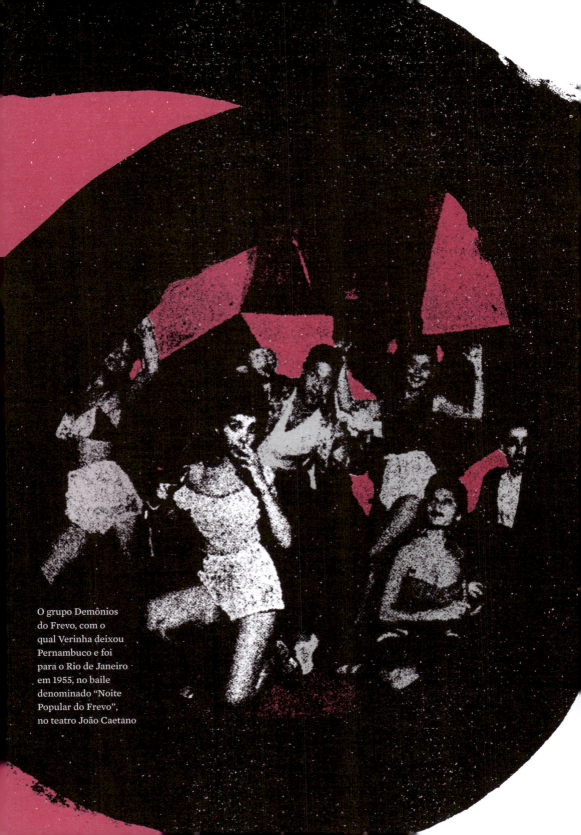

O grupo Demônios do Frevo, com o qual Verinha deixou Pernambuco e foi para o Rio de Janeiro em 1955, no baile denominado "Noite Popular do Frevo", no teatro João Caetano

— É o frevo para vocês. — dizem as garotas — Pouco conhecido por essas bandas, mas que, aos poucos, irá fazendo concorrência às outras músicas.

Myrtes, Verinha, Liége e Ivone falam, agora, dos mais populares compositores de frevo. Existem muitos. Todavia, têm se destacado com as suas músicas os seguintes: Nelson Ferreira, Aldemar Paiva, Capiba e Sebastião Lopes. E de cada um desses compositores, apresentam exemplos. Falam de 'Come e dorme', grande sucesso no ano passado, 'Pimenta no fogo', 'Vassourinhas', 'Casá-casá'.

Esse simpático quarteto do frevo veio fazer muito carnaval aqui. As garotas receberam convites de todas as partes. Todos os clubes estão interessados nas suas exibições. Por enquanto, não sabem onde se apresentarão. Atenderão, porém, a um convite da A.C.C. e desfilarão com a Rainha do Carnaval.

Terminado o Carnaval, Myrtes, Verinha, Liége e Ivone irão a vários estados exibir o passo. Programaram Minas e São Paulo. Depois, continuarão cantando e dançando por outros estados. O regresso a Pernambuco ainda não está marcado.

Os brotos de Recife comparecerão amanhã ao Madureira Tênis Clube para assistir ao ensaio geral da escola de samba Império Serrano. Se tiverem oportunidade, exibirão o ritmo pernambucano para os sambistas da Serrinha."

No dia 19 de fevereiro, os Demônios do Frevo participaram do programa de César de Alencar, na rádio Nacional, ao lado de artistas como Ademilde Fonseca, Vera Lúcia, Ângela Maria, Nora Ney, Emilinha Borba e Nelson Gonçalves.

Passado o Carnaval, os Demônios do Frevo partiram para Minas Gerais, onde se apresentaram entre março e abril.

O grupo, porém, se desfez pouco depois e Verinha voltou para o Rio de Janeiro. Ela passou a trabalhar com o comediante Badaró, com quem atuou na revista *É fogo no Catete* (que mais tarde teve o seu título alterado para *Folia no Catete*) e namorou durante algum tempo.

Sozinha entre fins de 1955 até meados de 1957, Verinha usou também o nome artístico Vera Leila. Além de se apresentar como passista de frevo em festas e bailes, ela participou de revistas musicais e chanchadas da Atlântida, como **Rio Fantasia** e **Garotas e Samba**, trabalhou como modelo e fez figuração em televisão.

Não se sabe como ela se tornou faquiresa, mas em 1958, depois de alguns meses sumida, Verinha reapareceria em Campinas, dançando frevo e se exibindo em uma urna de vidro com cobras, deitada sobre uma cama de pregos. Loura, ela carregava o inevitável olhar obstinado comum a todas as faquiresas.

A primeira referência encontrada ligando Verinha ao faquirismo data de 15 de janeiro de 1958.

Nesse dia, Verinha fez uma solicitação formal à prefeitura de Campinas para "realizar, nesta cidade, uma prova de jejum, do gênero das que vêm sendo levadas a efeito em São Paulo e no Rio". Ela solicitou, "para a realização da citada prova, a cessão de um espaço predeterminado no largo do Rosário, onde se instalará uma barraca em que deverá ser montada uma urna de vidro, na qual a requerente permanecerá encerrada pelo período de quarenta dias". O pedido informava ainda que Verinha pagaria "os impostos devidos" sobre o valor cobrado pela "visitação pública" que receberia durante a prova e, "da renda produzida", destinaria "uma porcentagem" a uma instituição de caridade de Campinas indicada pela prefeitura.

O pedido foi indeferido três dias depois e refeito em nova solicitação formal no dia 13 de fevereiro, dessa vez indicando que a prova deveria "ter lugar num pavilhão que para esse fim será instalado em área do terreno situado à rua general Osório, entre as ruas José Paulino e regente Feijó, possuindo a requerente, para esta instalação, a competente autorização do proprietário do citado terreno". O terreno em questão pertencia ao doutor Sylvino de Godoy, proprietário do jornal campineiro **Correio Popular**. A nova solicitação de Verinha foi aceita.

Apresentada à cidade como Verinha, a Rainha do Frevo, nos dias seguintes ela dançou em programas de auditório das rádios locais e distribuiu fotografias à imprensa. Assim, quando foi encerrada em sua urna, Verinha já era conhecida em Campinas.

Verinha iniciou sua prova de jejum às oito horas da noite do dia 15 de março. Segundo o **Correio Popular**, em matéria publicada nesse dia, ela iniciara "sua carreira depois de anos empreendidos a seguir o yoguismo". "Durante esse tempo de longos e pacientes

O médico dos faquires, doutor Caetano Virgílio Netto, examina Verinha em São Paulo, dias antes do início de sua prova de jejum em Campinas

Verinha

estudos sobre o yoguismo", ela fora "orientada pelo doutor Caetano Virgílio Netto" (que era, junto ao doutor Heraldo Costa, o médico dos faquires, já tendo trabalhado com Silki, Lookan e Yone em suas provas de jejum), que muito colaborara "para a sua carreira de faquiresa".

Ao fim de sua exibição em Campinas, "depois de dois meses de repouso", Verinha seguiria para o Rio de Janeiro, onde tentaria bater o "recorde mundial feminino de jejum", que então pertencia à "faquiresa Yone, com setenta e seis dias".

O jornal informava ainda que o leito de Verinha seria "composto por setecentos pregos" e ela teria "como companheiras inseparáveis cobras de diversas espécies, como sucuri, salamanca, jiboia e coral", durante os quarenta dias de sua exibição. Trinta e dois cadeados lacrariam sua urna.

No entanto, o ***Correio Popular*** deu pouca atenção aos primeiros dias da prova. Em 20 de março, numa das poucas matérias dedicadas ao assunto, o jornal informou que Verinha dissera "estar sentindo fome, mas não muito por ora".

> "Disse-nos que o que mais a lhe está molestando é o calor, isso porque a urna é toda envidraçada, quase não entrando o ar suficiente. Declarou que no mais, está perfeitamente bem e espera concluir, com absoluto êxito, essa arrojada prova de jejum e, finalmente, finalizando, disse: 'Quase cem horas já foram atingidas. Restam somente trinta e seis dias...'."

A exibição de Verinha parece ter demorado algum tempo para começar a atrair público, pois no dia 02 de abril ela fez outra solicitação formal à prefeitura de Campinas, dessa vez pedindo "a isenção de impostos, em virtude da arrecadação ser mínima para superar as despesas do pavilhão, empregados e outras forçadas", estando ela "desprovida para o pagamento dos impostos exigidos por lei". O pedido, porém, foi indeferido.

No mesmo dia, o ***Correio Popular*** publicou que a faquiresa "passara por maus momentos, sentindo as fortes dores da pesada tortura dessa arrojada prova, sendo solicitado com urgência o auxílio da Assistência Municipal". Embora Verinha já estivesse melhor, ainda se sentia "algo nervosa".

A partir dessa notícia, segundo informação do ***Correio***

Popular no dia seguinte, "aumentou consideravelmente o interesse do público campineiro" pela exibição de Verinha, que distribuía "cartões postais comemorativos à grande prova de jejum" que realizava.

Conversando com o repórter, Verinha dissera que "na madrugada passada sentiu muito frio", falou de "sua satisfação em ter recebido a visita de numeroso público, sem dúvida alguma o que muito a incentiva nessa arrojada prova" e contou que ouvia "diariamente programas musicais", com os quais se distraía.

A reportagem do *Correio Popular* sobre o mal-estar de Verinha parece ter atraído também a atenção do *Diário do Povo*, que, no dia 03 de abril, publicou uma longa matéria sobre Verinha, "Rainha do Frevo faz prova de jejum em Campinas":

> "A reportagem do *Diário do Povo* dirigiu-se ao pavilhão montado num terreno da rua general Osório, quase esquina da José Paulino, frente à lateral esquerda do Palácio da Justiça, onde se encontra encerrada em uma urna de vidro uma jovem faquiresa.
>
> À entrada, o repórter avistou logo a urna de vidro, dentro da qual se achava uma bonita jovem, toda vestida de cetim cor-de-rosa. Nas paredes, viam-se fotografias de tipos os mais variados da jovem faquiresa. O pavilhão é modesto, simples mesmo, não obstante tenha custado muitos mil cruzeiros.
>
> Ao centro, está a urna, junto da qual nos chegamos, mantendo bem alto aquele nosso espírito de curiosidade. Profunda observação nos conduzia naquele instante. Observamos todos os cantos. Procuramos algo que deixasse de nos convencer. Contudo, por todos os lados que olhávamos, encontrávamos sempre algo que nos encantasse, quer pela beleza da moça, quer pela sua coragem e força de vontade que só dignifica a mulher brasileira, ou mais ainda sua renúncia às futilidades da vida em troca de uma aventura que requer coragem e arrojo.
>
> Sim, Verinha renunciou aos sonhos de todas as moças. Abandonou os divertimentos que a juventude requer e se dedicou exclusivamente à vida de faquiresa e seu grande objetivo é ser campeã mundial de jejum nesse setor.

Mais próximos de Verinha, entabulamos conversação. Queríamos ouvir agora. Ouvir para saciar a nossa curiosidade de repórter e, ao mesmo tempo, transmitir depois novidades aos nossos leitores.

Verinha não escondeu a sua satisfação em receber a nossa visita. Disse-nos que o seu maior estímulo tem sido as honrosas visitas constantemente recebidas e notadamente da imprensa.

Nasceu a jovem em Pernambuco, em outubro de 1935, exatamente há vinte e dois anos. Verinha conta-nos que é bailarina e que durante três anos consecutivos, obteve o título de Rainha do Frevo. É, portanto, tricampeã dessa especialidade. Referido concurso realiza-se no Recife e as três melhores classificadas são conduzidas ao Rio de Janeiro, onde se procede a uma nova escolha. Daí ser ela considerada campeã brasileira do frevo.

Prosseguindo em nossa entrevista, a faquiresa nos disse:

— Estudei yoguismo durante quatro anos a fim de aprender a me dominar e também a resistir à fome e às torturas e sofrimentos que a vida de faquiresa oferece.

Após pequena pausa, Verinha conta-nos que o seu orientador e grande incentivador foi o médico doutor Caetano Virgílio Netto, especialista no assunto, já que vem assistindo a grandes profissionais do faquirismo. E são suas as palavras: 'E a esse ilustre facultativo devo a minha carreira, pois foi ele quem muito me incentivou'.

Referindo-se ainda à sua carreira, Verinha falou à nossa reportagem ser essa a primeira vez que se exibe. Antes disso, fez uma prova experimental na clínica do doutor Caetano Virgílio Netto, onde permaneceu dezesseis dias sem comer. Foi a prova de jejum. Como resistisse satisfatoriamente, resolveu iniciar as suas provas públicas de jejum e tortura, escolhendo então para início a nossa cidade.

Perguntamos a Verinha por que a escolheu para início de sua carreira e também o que pensa a respeito desta cidade, ao que nos respondeu:

— Escolhi Campinas porque era necessária uma cidade pequena e grande ao mesmo tempo, e só esta cidade pareceu possuir as referidas qualidades. Era necessário ser interior e ter aspecto de capital. Daí Campinas. Considero-a a 'Princesa d'Oeste', São Paulo em miniatura. Quanto ao seu povo, gostei muito, e ele é muito bom e também hospitaleiro.

Verinha está encerrada na urna há dezenove dias, pretendendo permanecer quarenta dias. Sua cama é de pregos, num total de setecentos. A urna é fechada em toda a volta por trinta e dois cadeados, cujas chaves se acham em poder de autoridades da cidade. Uma porta possibilita a passagem de cigarros e líquidos, além da roupa que Verinha troca constantemente. A chave dessa portinha está em poder do policial de plantão, já que há dia e noite um soldado próximo da urna da faquiresa. Não come nada. Bebe água e chá e fuma em média três cigarros por dia de acordo com a prescrição médica. Mais cigarros poderão fazer-lhe mal.

Junto à graciosa pernambucana, encontra-se uma cobra jiboia a qual ela chama de Daisy. Verinha e Daisy são boas amigas e uma procura confortar a outra.

À nossa pergunta sobre o que faz dentro da urna, Verinha respondeu:

— Aqui dentro leio revistas, componho letras e faço as músicas. Procuro enfim me distrair. Banho-me constantemente.

Percebendo a nossa admiração por essas palavras, Verinha disse:

— Então você não vê as cortinas que contornam a minha urna? Em caso de necessidade é só fechá-las.

Perguntamos a Verinha qual a sua maior ambição e ela, sem titubear, respondeu:

— Minha maior ambição é conquistar o título de campeã mundial de jejum. Referido título está atualmente em poder da jovem Yone, com setenta e seis dias. Pretendo jejuar no Rio durante setenta e sete dias, batendo assim o recorde.

— Quando será realizada essa prova? — perguntamos.

— Vencida a atual, repousarei durante dois meses e, em seguida, rumarei ao Rio de Janeiro, onde farei o jejum máximo que irá me dar o título máximo.

Entrada de Verinha na urna de vidro dentro da qual deveria jejuar durante quarenta dias em Campinas em 1958.

Verinha jejua em sua urna de vidro em Campinas

Verinha informou-nos ainda que três médicos estão lhe prestando a necessária assistência, quase que diariamente. Dois deles são da capital, doutores Caetano Virgílio Netto e Rubens Segal, e o terceiro, de Campinas, doutor Carlos Hossri.

A bela faquiresa esclareceu-nos que faz a prova unicamente por amor à arte, já que o dinheiro que está arrecadando com os visitantes está sendo muito escasso ante as grandiosas despesas. Verinha gasta cerca de mil e quinhentos cruzeiros por dia em despesas diversas. O pavilhão custou-lhe muitos cruzeiros e portanto as visitas ainda não estão dando para cobrir o que despendeu.

O povo campineiro deveria cerrar fileiras em torno da arrojada prova que a jovem faquiresa está realizando em nossa cidade e fazer-lhe uma visita para ver e sentir o arrojo e a coragem da mulher brasileira, representada pela jovem pernambucana.

Interrogamos finalmente a Verinha se não pretendia se casar como as outras moças e ela nos respondeu sorridente:

— Claro que pretendo me casar e quero ter bastantes filhos. Porém, ainda é cedo para pensar nisso. Agora, só cogito dedicar-me ao yoguismo. Depois, então, vou pensar em me casar e nada mais farei do que me dedicar inteiramente ao meu lar, ao meu esposo e aos meus filhos."

No dia seguinte, o **Correio Popular** dizia que Verinha conseguira "anotar a presença de destacadas autoridades civis e militares" de Campinas "e de localidades circunvizinhas", entre elas o vice-prefeito de Brotas. Mais adiante, informava que "a principal novidade que nos foi contada ontem pela Verinha foi que a sua companheira Daisy, uma colossal jiboia, foi retirada da urna por volta das onze horas a fim de tomar um pouco de sol". Acrescentava que "inúmeras pessoas" que vinham visitando Verinha lhe ofereciam "bonitos presentes, tais como um travesseiro de molas, oferecido por uma casa comercial". De Odilon Arantes, o responsável por sua prova, Verinha recebera "um rico crucifixo", que colocara "dentro de sua urna".

Além disso, o proprietário do restaurante campineiro Rosário se prontificara "em oferecer um lauto jantar à jovem faquiresa após a sua prova e, consequentemente, após se recuperar fisicamente. Igualmente os componentes do 'grupo da quarta-feira' do clube Concórdia" ofereceriam "um jantar a Verinha". O texto contava ainda que Verinha recebera "uma poesia de um seu admirador, senhor Roberto Mauro B. Vidal, a qual se acha fixada na urna da jovem faquiresa". Mais tarde, Vidal se tornaria cineasta e dirigiria inúmeras pornochanchadas.

Dias depois, em 09 de abril, o *Correio Popular* relatava que Mazzaropi visitara Verinha no pavilhão onde se exibia. Na entrada do local estavam,"procedentes de uma fazenda de um seu conhecido", "duas cobras furiosas" recém-chegadas. Naquele dia, a faquiresa receberia "a visita de um dos sacerdotes da Catedral, ocasião em que" se confessaria e receberia "o sacramento da comunhão".

Um dos aspectos para o qual era chamada a atenção dos leitores do *Correio Popular*, aliás, era a religiosidade de Verinha. No dia 12 de abril, por exemplo, era noticiado que Verinha recebera "a visita da madre superiora do Asilo dos Inválidos, que na oportunidade lhe ofereceu uma relíquia de Agnus Dei", tendo ela se comprometido "em oferecer, assim que termine a sua prova, donativos àquela instituição de caridade".

Em 15 de abril, nova reportagem publicada pelo *Correio Popular* contava que "como é sabido, além de estar deitada numa cama com mais de setecentos pregos, a faquiresa Verinha vem sendo molestada por duas grandes cobras. Na noite de anteontem, uma dessas cobras ficou bastante furiosa, acabando por morder a jovem faquiresa. Imediatamente, o senhor Odilon Arantes, responsável pela prova de Verinha, comunicou-se com o seu médico, doutor Caetano Virgílio Netto, que, também de pronto, forneceu os medicamentos necessários. Estamos em condições de afirmar que não há gravidade no caso". Ainda nesse dia, o *Correio Popular* informava que "até dias atrás, Verinha vinha resistindo bem nessa sua arrojada prova, sentindo--se mal uma única vez", porém, "percebe-se claramente agora que a jovem faquiresa está muito abatida e, consequentemente, emagrecendo. Na tarde de anteontem, nossa reportagem voltou a visitar a jovem faquiresa, encontrando-a bastante indisposta, pouco podendo conversar, dizendo apenas que se sentia muito exausta e com bastante sono, porquanto não tem conseguido dormir o suficiente". Apesar disso, o que muito alegrara Verinha fora "a visita que lhe fizeram uns aviadores de Pernambuco", seus conterrâneos, com quem "na oportunidade, embora ainda indisposta, Verinha palestrou". Os visitantes "lhe contaram muitas novidades pernambucanas".

Dois dias depois, em 17 de abril, o **Correio Popular** falava sobre as frequentes visitas de um "fã misterioso" no pavilhão de Verinha e os "bonitos presentes" que ela vinha recebendo.

> "Fato bastante curioso está se passando no pavilhão armado à rua general Osório, quase esquina com a rua José Paulino, onde Verinha vem realizando a sua prova. Nossa reportagem conseguiu apurar que um 'fã misterioso' visita frequentemente (de quatro a cinco vezes por dia) o pavilhão, sendo a sua presença notada não só pela jovem faquiresa, bem como pelos seus auxiliares nessa prova. Quem será?
>
> Diariamente, a jovem faquiresa, por ocasião da visita que lhe vêm fazendo os campineiros, tem recebido bonitos presentes. Nessa semana, Verinha foi presenteada com um isqueiro, cinzeiros, uma cigarreira e outros bonitos e interessantes objetos."

No dia 19, a coluna "Rococó", assinada por Orlindo Marçal e publicada no **Diário do Povo**, fazia uma crítica à exibição:

> "Não resta dúvida, bonita pernambucana, que você tem muita coragem. Não duvido, também, da honestidade de seu jejum, de seu sacrifício, dos pregos pontiagudos, nem das cobras que lhe cercam. Aplaudo até, e elogio mesmo, sua maneira difícil de viver, ainda mais sendo você tão moça, tão bonita e exímia dançarina do frevo, com o qual, em palcos e entre aplausos, receberia o bastante para uma vida confortável e melhor.
>
> Apenas, bonita pernambucana, vai aqui uma nota que eu, nordestino como você, sem pretensão nenhuma de desafiar sua capacidade ou de tirar seu valor, devo dar. Trata-se, Verinha, de nossos conterrâneos do Nordeste, gente como eu, como você, que tão bem conhe-

cemos a têmpera, o espírito incansável, o amor pelo chão que os viu nascer.

Lá, nestas épocas de seca, eles praticam o faquirismo, o jejum, martirizam-se, moços e velhos, crianças e mulheres, e ninguém, ninguém, destes ninguéns importantes, que distribuem verbas, que mandam em ministérios, que têm 'viscounts', se incomodam, se perturbam, notam, procuram apreciar o espetáculo doloroso.

Você, linda pernambucana, pode sair desta urna à hora que lhe aprouver, quando lhe determinar o médico, que a todo instante a examina. E eles? Até quando, anualmente, continuarão naquela prova duríssima de faquirismo, sem assistentes, sem olhares curiosos, sem sequer um dinheiro qualquer, que você, muito justamente, estipula para aqueles que a querem apreciar?

Não, Verinha, não quero lhe tirar o valor. Quero apenas lembrar a você e a todos que me leem que lá, no Nordeste, você não faria sucesso. Lá pelos sertões, das caatingas, do mandacuru, da ribança, do chão duro que racha ao sol, da miséria, da fome, da sede, do medo do amanhã, jejum não é novidade. Nenhuma.

E se você puder, se você obtiver sucesso financeiro nesta sua prova que, repito mais uma vez, aplaudo e elogio, guarde um pouquinho do que lhe sobrar de suas despesas e quando você encontrar uma família de retirantes que dormem à beira das calçadas altas das estações de estradas de ferro, compre um pedaço de pão, um agasalho, ou a passagem de volta para todos eles.

Porque, apesar de tudo, eles sempre querem voltar."

Em 20 de abril, já na reta final de sua exibição, Verinha avisou ao **Correio Popular** que resolvera prolongar sua prova, inicialmente prevista para durar quarenta dias, por mais dois dias, "porque pretende terminar a arrojada prova num sábado, o que, sem dúvida alguma, dará ensejo para que maior número de pessoas possa assistir ao encerramento".

No dia 23, porém, embora "bem disposta e confiante", ela se encontrava "algo triste, porquanto a Daisy, uma enorme jiboia que vinha lhe fazendo companhia desde o início dessa prova",

Verinha

morrera "em consequência da mudança de temperatura". Para substituir Daisy, mais duas jiboias foram providenciadas.

Durante a prova, segundo reportagem publicada no ***Correio Popular*** em 24 de abril, Verinha tomava "apenas uma ou duas vezes por dia" somente "água com suco de laranja coada quatro vezes em algodão antes de ser bebida", na presença do soldado responsável por vigiá-la e do público.

O encerramento da exibição de Verinha aconteceu às oito e meia da noite do dia 26 de abril, quando ela completava quarenta e dois dias de jejum, no salão térreo do edifício Catedral, "à rua Francisco Glicério, esquina com a rua Costa Aguiar", onde a sua urna foi aberta.

Nesse dia, o ***Diário do Povo*** publicava que "Verinha, durante a sua prova em nossa cidade, conseguiu captar a simpatia do povo que a visitava constantemente, uns por curiosidade, outros por admiração e outros ainda ali iam com o fito de levar um pouco de incentivo à jovem. Assim foi que Verinha recebeu inúmeros presentes da população campineira e mesmo de cidades circunvizinhas. Muitos foram os poetas que lhe dedicaram versos". O ***Correio Popular*** complementava que, "após se recuperar fisicamente", Verinha receberia "manifestações de simpatia e apreço do povo campineiro", que se prontificara "a proporcionar justas e carinhosas homenagens à jovem e corajosa faquiresa pelo êxito completo" que alcançara em sua prova.

Depois de sua exibição em Campinas, Verinha não foi para o Rio de Janeiro a fim de bater o "recorde mundial feminino de jejum", como anunciara, não voltou a aparecer como passista de frevo ou corista em revistas musicais e chanchadas, nem realizou novas provas de jejum.

Partiu de Campinas e não foi mais notícia na cidade ou no resto do Brasil. De Verinha, a jovem pernambucana de vinte e dois anos de idade que enfrentara quarenta e dois dias "encerrada numa urna de vidro, deitada sobre uma cama de setecentos pregos e molestada por uma jiboia", só restou o encanto deixado no coração de quem assistiu a ela em sua prova e nunca mais pôde esquecê-la...

SUZY KING

"Eu jogo, jogo, jogo no bicho / mas o bicho não quer dar / jogo na cabra
e dá o burro / você viu que urucubaca? / Me dá, me dá, me dá / me dá um
cachorro aí / Me dá, me dá, me dá / me dá um cachorro aí / Um cachorrinho,
uma vaquinha / uma cobrinha também não faz mal / meu Deus do céu /
que loucura! / Gagarin, Gagarin / me leva p'ra lua / Gagarin, Gagarin /
eu quero ir p'ra lua!"

"ME LEVA P'RA LUA", COMPOSIÇÃO DE SUZY KING E GUARÁ

EM 1962, Suzy King, dançarina, cantora, atriz e faquiresa, registrou no lado A de um 78 rotações, gravado em parceria com Oswaldo Pereira, a emblemática marchinha "Me leva p'ra lua", escrita por ela e pelo conhecido compositor Guará.

A marchinha, cuja letra pode parecer simples à primeira vista, se mostra autobiográfica a quem conhece a história de Suzy King, principalmente se o "jogo do bicho" de que fala for interpretado como uma metáfora à corrida pelo êxito artístico empreendida por ela desde 1938. Foi quando ela chegou a São Paulo, sozinha, aos vinte e um anos, com uma ousadia incomum às mulheres de sua época.

Quando Suzy King gravou "Me leva p'ra lua", ela estava com quarenta e cinco anos, de modo que já era considerada uma senhora segundo os costumes e padrões da época. Ano após ano, Suzy tentara tudo o que estivera ao seu alcance para conquistar o seu lugar no meio artístico, mas só o que conseguiu foi a marginalização, dentro e fora do meio. E a solidão e a incompreensão.

Fazia sentido que na época, à beira de se retirar da cena artística, Suzy King cantasse aqueles versos – essa tinha sido a sua vida: jogara, jogara, jogara no bicho, mas o bicho nunca deu. E nesse jogo, no qual "uma cobrinha também não faz mal", valia até morar com cobras.

E se nada desse certo, ainda havia uma última esperança – partir para a lua ou, quem sabe, para qualquer lugar onde tudo fosse diferente...

Suzy King, cujo verdadeiro nome era Georgina Pires Sampaio, teria nascido, segundo documentos de identidade expedidos em São Paulo e no Rio de Janeiro a partir de 1938, em Porto Alegre, em 28 de agosto de 1917.

Sua árvore genealógica, porém, aponta para a região de Jequié, na Bahia. Foi ali que no início do século XX, Josino Pires Sampaio, seu pai, se casou com Etelvina Ferreira do Nascimento, sua mãe.

Além disso, na certidão de nascimento de Carlos, seu filho nascido em Salvador em 1932, mas só registrado em 1937, Suzy King se declarou natural da Bahia. Nessa certidão de 1937 não consta o nome do pai de Carlos.

Essa certidão é a primeira referência encontrada sobre Suzy King, que na época residia na rua Carlos Gomes, em Salvador.

A partir de 1940, Carlos seria declarado filho do major baiano Rodolfo Lopes de Araújo, informação cuja veracidade não foi possível comprovar.

Pouco mais de um ano depois, em 28 de agosto de 1938, dia de seu aniversário de vinte e um anos, Suzy King embarcou no navio Conte Grande em Salvador, Bahia, tendo viajado sozinha, na segunda classe, e aportado em Santos, São Paulo, no dia 31 seguinte. Na ocasião, seu destino era o hotel Concórdia, na capital do estado. Na lista de bordo, Suzy King se declarava "doméstica", o que na época tinha o mesmo significado da expressão "do lar", usada pelas donas de casa.

Em 1940, Suzy King fez uma viagem à Bahia, da qual voltou no dia 11 de outubro, a bordo do navio *Aratimbó*. Agora, porém, não vinha sozinha. Trazia consigo Carlos, seu filho, então com sete anos de idade (mais tarde, ela o apresentaria aos jornais cariocas como sendo seu irmão de criação ou seu sobrinho). Nessa ocasião, a profissão declarada por ela na lista de bordo, na qual todas as mulheres declaravam "doméstica" e a maior parte dos homens "comércio", já era "artista".

Estava dada a largada de sua corrida pela fama.

Em São Paulo, usando o pseudônimo Diva Rios (em 1942, foi fichada como meretriz pela polícia de Marília, cidade paulista, com o nome Diva Biussi) e residindo na rua Aurora, 499, onde funcionava então o hotel São Carlos, Suzy King, anunciada como "muito apreciada cantora de sambas e marchas", se apresentou no dancing Danúbio Azul entre novembro de 1940 e janeiro de 1941. Ela dividia o palco com Yolanda de Juno, "graciosa intérprete de canções portenhas", miss Tarzan, Lili, "a menor anã do mundo", que, embora "pequena no tamanho", era "grande na arte", pois cantava e bailava "como gente grande, no seu variadíssimo repertório de sambas e marchas", a dupla Nhô Nardo e Cunha Júnior e Saika Milani, entre outros.

Pouco depois, Suzy King transferiu-se para o Rio de Janeiro, onde residiu durante algum tempo nos números 39 e 87 da rua do Rezende. Foi quando morava no segundo endereço, em uma pensão, que surgiram as primeiras notícias de confusões nas quais ela esteve envolvida, sempre por problemas com o senhorio. A ele desagradava "a vida irregular" que Suzy King, então referida como "a artista Diva Rios", levava, já que no local moravam "duas jovens em vésperas de casamento, uma das quais" era filha da proprietária da pensão.

No dia 12 de junho de 1946, a dona da hospedaria onde ela morava foi à redação do **Diário de Notícias** para contestar a acusação que Suzy King fez quatro dias antes ao mesmo jornal: a de que teria sido "brutalmente agredida" por ela.

Nesse período participou de **Alvorada do Amor**, opereta encenada pela companhia Paschoal Segreto que estreou no teatro Carlos Gomes em 14 de dezembro de 1944. É esse o único registro de contrato em sua ficha de artista junto à Delegacia de Costumes e Diversões do Rio de Janeiro. Embora ela se declarasse "cantora", o mais provável é que tenha figurado em **Alvorada do Amor** como corista ou como atriz em algum papel secundário, pois o seu nome não aparecia nos anúncios da opereta, estrelada por Tanára Régia e Pedro Celestino.

As primeiras notas em que Suzy King aparece com esse nome datam de 1952, embora o seu nome artístico só tenha sido alterado em seu registro na Delegacia de Costumes e Diversões do Rio de Janeiro em outubro de 1953.

Em 09 de agosto desse ano, uma fotografia sua foi publicada no jornal **A Manhã** com a seguinte legenda: "uma das destacadas bailarinas típicas e clássicas que atua em nosso ambiente artístico".

Meses depois, em 10 de novembro, o *Diário da Noite* publicou uma nota já mais próxima das que acompanhariam Suzy King durante toda a sua carreira. O título era "Socos na bailarina":

> "A bailarina Suzy King, ontem à tarde, quando deixava a agência do Touring Club, na praça Mauá, acompanhada de um senhor de nome Eduardo Monteiro, foi inopinadamente abordada por um portuário e um outro indivíduo, à paisana, que se dizia colega do mesmo. O fardado perguntou-lhe quem era e o que fazia ali, tendo a resposta imediata de que lhe não competia a indagação. Isso bastou para que o brutamontes a empurrasse, jogando-a pela escadaria, enquanto o outro, tão covarde como o primeiro, agredia o acompanhante da artista.
>
> Suzy e Eduardo, mal informados, dirigiram-se à polícia marítima, mas, ali, erroneamente, os mandaram à polícia portuária, o que eles fizeram, sendo recebidos com impropérios pelo mesmo agressor, que os fora esperar, acintosamente. O fiscal do dia acumpliciou-se com o guarda infrator, ouviu tudo o que os queixosos disseram e não tomou qualquer providência, dando ainda motivo a que o agressor novamente investisse contra a bailarina e lhe vibrasse um soco, ferindo-lhe os lábios e arrancando-lhe um dente do maxilar inferior."

Segundo o jornal, Suzy e Eduardo foram em seguida ao 9º distrito para apresentar queixa. Ao final da nota, o *Diário da Noite* dava ainda o endereço de Suzy King, que já era o mesmo onde ela moraria nos próximos anos. Foi no apartamento 1003 do edifício Tunísia, na avenida Nossa Senhora de Copacabana, 80, que ela protagonizou o primeiro episódio pelo qual recebeu grande destaque na imprensa carioca.

O edifício Tunísia fora construído em meados dos anos 40. No início de 1953, ocupou as páginas de todos os jornais cariocas devido a uma tragédia ocorrida ali – por volta das seis horas da manhã do dia 05 de fevereiro, um jovem de vinte e oito anos de idade, residente no apartamento 1104, despencara do décimo primeiro andar e caíra morto sobre o telhado do quarto do zelador do prédio.

Suzy King nos anos 40, quando se apresentava cantando sambas e marchas sob o nome artístico Diva Rios

Raízes baianas: Suzy King em seu apartamento em Copacabana ao lado de retrato do padre alemão dom frei Eduardo José Herberhold, bispo de Ilhéus nos anos 30, em 1959

Crime ou suicídio? Embora a segunda hipótese não fosse descartada, alguns detalhes indicaram a possibilidade de assassinato – o relógio posto para despertar, uma "meia nylon de mulher" encontrada ao lado do corpo (o jovem dividia o apartamento apenas com seu irmão, que estava em Barra Mansa) e um estranho embrulho atirado horas mais tarde do alto do edifício. Um automóvel, passando por cima do embrulho, rasgara o papel "e então apareceram vestes de homem sujas de sangue", segundo o jornal *Última Hora*. O caso, porém, não foi esclarecido e acabou sendo esquecido.

Meses depois, outro incidente ocorrido no prédio levou o edifício Tunísia de volta aos jornais, mas dessa vez o assunto não era nada grave: uma das cobras de Suzy King fugira de seu apartamento e invadira o apartamento da vizinha, uma senhora italiana que, "tomada de terrível pânico ao deparar com enorme cobra na varanda de sua morada", correra ao telefone e chamara a Rádio Patrulha.

A história rendeu a Suzy King manchetes nas primeiras páginas de vários jornais. Não se sabe quando, no rastro do sucesso de Luz del Fuego, ela resolvera incluir cobras em seus números de dança, mas o episódio lhe serviu de apresentação ao público carioca nessa nova fase de sua carreira. O jornal *A Noite*, por exemplo, publicou, no dia 01 de dezembro de 1953, uma longa reportagem com fotografias de Suzy King e suas cobras. Sob o título "— Duas minhocas... - Mas que minhocas!", a matéria contava assim a fuga da cobra para o apartamento vizinho:

> "Georgina Pires Sampaio, que usa o pseudônimo artístico Suzy King, é bailarina e atua tanto em circos, como no palco, e trabalha com duas cobras gigantescas, a que deu os nomes Catarina e Cleópatra.
>
> De regresso, ontem, de uma turnê pelas principais cidades do interior baiano, como era natural, fez-se acompanhar dos ofídios. Os bicharocos, em um caixote na varanda do seu apartamento, o de número 1003, ali permaneceram toda a noite. Mas acontece que Catarina, mais irrequieta, pôde com felicidade deixar o 'aposento'. Resolvera dar uma voltinha até o apartamento vizinho. Esticou-se para a varanda seguinte e, gostando do ambiente, em meio de jarros de plantas, ali deixou-se ficar...

Eis que a dona da casa, ao levantar-se, dá com a descomunal serpente. Vê-la e botar a boca no mundo foi obra de um segundo. 'E quem não o faria?', perguntou aos que depois procuravam ouvi-la.

Suzy King, falando à reportagem, disse que é concorrente de Luz del Fuego.

Para ela, não se justificava o alarme da vizinha, que se assustou diante de duas modestas 'minhocas'... A realidade, no entanto, é outra. Nossa reportagem teve o ensejo de verificar que se trata de duas formidáveis serpentes – uma sucuri e a outra jiboia, capazes de assustar um frade de pedra...''

Em meados de 1954, Suzy King se apresentou com suas cobras em São Paulo e em Curitiba, estrelando o show-fantasia ***Noites Românticas de Viena***.

No dia 30 de agosto de 1954, em Curitiba, antes de voltar para o Rio de Janeiro, Suzy King fez um espetáculo único no Cine Curitiba, sendo anunciada como "a Deusa das Serpentes" pelo jornal local **A Tarde**:

"Suzy King, a considerada artista da rádio Tupi – TV – do Rio de Janeiro, que já fez diversas apresentações em nossa capital, exibir-se-á hoje, segunda-feira, no Cine Curitiba, levando um grande espetáculo – 'show das serpentes' – e diversos números de seu apreciadíssimo repertório de bailados e cantos, destacando-se o mambo, o maracatu, a rumba e números de nosso folclore como frevo e samba.

A querida artista Suzy King dará um único espetáculo, retornando à capital federal na próxima terça-feira, onde tem de cumprir contrato.

Acreditamos que a representação da 'Deusa das Serpentes' agradará plenamente ao público curitibano que estiver presente no Cine Curitiba no dia de hoje.''

Alguns dias antes, em 07 de agosto de 1954, a conhecida artista Suzy Kirby revelara, à ***Revista do Rádio***, "seu aborrecimento com as atividades de uma artista que surgiu com um nome parecido com o dela":

"A outra usa o nome Suzy King, dança com cobras e para aumentar a confusão, mora perto de sua casa. Há pouco tempo, a segunda Suzy deixou escapar algumas cobras que guarda em seu apartamento e Suzy Kirby teve um trabalhão para explicar aos amigos que não é amiga de répteis."

No edifício Tunísia, "as atividades" de Suzy King andavam aborrecendo muita gente. Uma crônica assinada por L. C., "As cobras", e publicada no jornal *Última Hora* em 17 de setembro de 1955, contava o drama que vinham enfrentando seus vizinhos.

"Há um edifício de apartamentos em Copacabana cujos moradores estão vivendo uma espécie de pânico permanente, como se lhes rondasse os passos um terrível inimigo. Não se trata de nenhum prédio mal-assombrado, nem sob ameaça de desabamento ou incêndio.

É que reside num dos apartamentos dos fundos uma senhora extremamente ofídica, dona do mesmo hobby da senhora Luz del Fuego: adora cobras.

Trata-se, segundo ela própria proclama nos programas que espalha pelos circos suburbanos, de uma 'bailarina exótica'. Seu número de maior sensação é, precisamente, o das cobras. A madame em questão possui uma bela coleção de jiboias, gordas e dóceis, que se enroscam em seu corpo esguio de bailarina, deslizam pelo seu busto seminu, apertam-lhe o pescoço e escorrem por suas pernas, afetando até mesmo uma intimidade exagerada.

Como se trata de seu ganha-pão, a coleante senhora delas não se separa. As cobras residem com ela no apartamento, comem à sua mesa e até participam de acontecimentos domésticos mais íntimos. São répteis cordatos e mansos, ao que ela própria afirma. Mas o certo é que os moradores do prédio, tão logo descobriram a presença ali daquele pequeno, mas terrível, Butantã particular, ficaram em polvorosa, as mães aflitas já não deixam as crianças à solta nos corredores; houve uma assembleia geral extraordinária dos proprietários para decidir se expulsam ou não a estranha inquilina.

Uma atmosfera de tragédia iminente caiu sobre o edifício e há moradores mais sensíveis que acordam à noite aos gritos de pavor, 'vendo' cobras subindo pela cama, descendo das paredes, escondidas entre as cortinas, debaixo do travesseiro, em toda parte.

É, evidentemente, uma situação bastante desagradável que não pode continuar. Mas a 'bailarina exótica' alega em sua defesa uma razão ponderável: as cobras são o seu instrumento de trabalho, como a máquina de escrever para o escritor, o arado para o lavrador, o pincel para o pintor. Ela não pode separar-se de suas cobras pelo simples fato de que elas, as jiboias, a ajudam a ganhar a vida.

E a questão continua a agitar o outrora tranquilo edifício, sem qualquer entendimento possível entre a ofídica senhora e a aflita legião dos demais moradores."

Apesar disso, Suzy King seguia em frente com suas cobras e sua corrida pelo êxito artístico.

Ao longo dos anos 50, era comum, quando se aproximava o Carnaval, o anúncio de concursos que coroariam rainhas de diversas categorias – Rainha do Carnaval, Rainha das Atrizes, Rainha das Vedetes, Rainha das Girls, Rainha da Cidade, Rainha do Frevo, Rainha de determinado baile carnavalesco e Rainha do que mais se pudesse imaginar.

Os concursos atraíam artistas de todas as áreas e representavam uma grande chance de conquistar a fama.

Em 1955, Suzy King já era artista profissional há mais de quinze anos, embora com esse nome o fosse apenas há três. Apesar de tantos anos dedicados à atividade artística, o que conseguira ainda era pouco. Vencer um desses concursos parecia um passo definitivo em direção ao sucesso.

No dia 06 de dezembro de 1955, o jornal *A Noite* anunciava a inscrição de Suzy King no concurso que elegeria a Rainha das Atrizes. Organizado pela Casa dos Artistas, o concurso era um dos mais importantes da época. Artistas como Eva Todor, Gilda de Abreu, Aracy Côrtes e Mara Rúbia disputaram e venceram em anos anteriores.

Entre as concorrentes de Suzy King destacavam-se Angelita Martinez, Lia Mara, Rosita Lopes, Lilian Fernandes, Célia Mara, Sônia Mamede, Wilza Carla e Peggy Aubry.

Em 05 de fevereiro de 1956, o ***Jornal das Moças*** publicava o seguinte perfil de Suzy King:

> "Este ano, o concurso para Rainha das Atrizes será abrilhantado com várias concorrentes de grande valor, destacando-se a figura bonita de Suzy King.
>
> Essa estrela da comédia e sobretudo admirável bailarina folclórica tem aparecido em vários elencos, sobressaindo-se, ultimamente, na TV Tupi, onde tem dançado enroscada em várias cobras. Esses sucessos de sensação muito têm agradado e empolgado ao grande público telespectador.
>
> Suzy King é, de fato, uma jovem bonita, com uma plástica admirável capaz de causar inveja a Vênus de Milo, caso ela existisse, dança com apuro e representa com arte; enfim, todas as qualidades próprias e suficientes para ocupar o trono de Rainha das Atrizes, lugar tão almejado por todas as artistas de grande projeção.
>
> A postos, pois, senhores cabos eleitorais: Suzy King deverá ser a Rainha das Atrizes de 1956, certame que está sob o patrocínio de ***Última Hora***."

Além da coroa de Rainha das Atrizes, a vencedora do concurso ganharia um automóvel.

Suzy King, embora não tenha vencido o concurso, conseguiu boa colocação e aliados importantes – ela esteve na "Câmara, conseguindo a adesão de alguns parlamentares, inclusive o trêfego Tenório Cavalcanti", segundo o jornal ***Última Hora*** em 03 de janeiro.

Em 31 de janeiro, conforme o jornal ***A Noite***, o concurso chegava ao fim com Angelita Martinez levando o título de Rainha com 450350 votos, Peggy Aubry e Wilza Carla de princesas com, respectivamente, 100050 e 21500 votos e Suzy King ficando em quarto lugar com 14350 votos, bem acima das demais candidatas, que não chegaram a 5000 votos.

Depois de saber da derrota, Suzy King foi para São Paulo, onde criou novo tumulto com suas cobras. A edição paulista do jornal ***Última Hora*** contava assim o episódio:

"Fato inédito teve como palco, na manhã de ontem, o hotel Irradiação, localizado na avenida Ipiranga, esquina com a rua Santa Ifigênia. Durante toda a noite, grande era o rebuliço dos hóspedes, que abandonavam às carreiras seus aposentos, alarmados com a notícia transmitida pela conhecida vedete carioca Suzy King. Aflita, chorando, ela exclama:

— Perón fugiu! Procurem Perón! Não lhe façam mal! — e batia de quarto em quarto, à procura do companheiro inseparável.

Os hóspedes, ao terem conhecimento da notícia, tomaram a única atitude aconselhável: abandonaram os quartos e ganharam a rua!

O Perón, que tão aflitamente procurava a artista Suzy King, não era, como poderia parecer a princípio, o ex-ditador argentino, mas uma cobra de metro e meio que, iludindo a vigilância da dona, saíra a dar umas voltas pelo hotel.

Diante do alarme, o proprietário do hotel passou a tomar as providências que se faziam necessárias: correu ao quarto da artista e... Qual não foi a sua surpresa ao encontrar sobre a cama mais dois brutos ofídios: Cleópatra, uma autêntica jiboia de três metros, aos beijos e abraços com o companheiro Ozéas Martins, uma jaracuçu do brejo macho, com dois metros de comprimento.

Apavorado, exigiu explicações da artista, pois desconhecia a existência daquele 'ninho de cobras' em seu estabelecimento. Este não aceitava nem cachorro. Nem gato.

A jovem esclareceu então: era bailarina profissional, artista de rádio e televisão carioca, onde se apresenta com números exóticos, cantando e dançando com dezenas de cobras. Possui no seu apartamento em Copacabana aproximadamente umas vinte cobras. Cleópatra, Ozéas Martins e Perón são suas companheiras inseparáveis. Para onde vai, jamais se separa das três 'amiguinhas'. Leva-as.

Durante toda a noite, o proprietário, os empregados e a artista procuraram Perón, inutilmente. Os hóspedes, alarmados, permaneciam no hall, tendo muitos ali pernoitado. Pela manhã, todas as buscas tinham sido infrutíferas. O proprietário só encontrou uma solução: comunicar o fato às autoridades policiais.

Com a presença da guarnição nº 86 da Rádio Patrulha, novas buscas foram efetuadas, sendo baldados todos os esforços. Todos os apartamentos, móveis, bagagens e utensílios foram revistados minuciosamente. Tudo inútil: Perón desapareceu espetacularmente, sem deixar o mais leve vestígio!

Entre lágrimas, Suzy King narrou à reportagem sua tragédia e o injustificável procedimento do companheiro, exclamando:

— Perón é um ingrato! Jamais pensei que fosse capaz de uma atitude como esta! Durante toda a noite, dormiu ao meu lado. Quando despertei, tinha me abandonado.

E prosseguiu:

— Se fosse a Cleópatra ou o Ozéas Martins, acredite-me, eu teria me suicidado! No entanto, não me surpreendeu muito esta atitude de Perón. Nunca tive sorte com este nome. Esta é a segunda cobra a que dou tal nome. A primeira foi tão terrível e violenta que jamais consegui domá-la. Foi sempre rebelde. Morreu seca, mas não se curvou... Não houve carinhos, não houve nada que desse jeito!

Em seguida, Suzy King nos contou os motivos de sua estada em São Paulo e como obteve as cobras:

— Vim a São Paulo descansar, depois de uma intensa atividade artística, atuando em rádio, televisão e em algumas turnês. No entanto, a fuga de Perón atrapalhou tudo e tenho que procurá-lo, agora, por toda a cidade ou partir levando esta profunda mágoa: tê-lo perdido para sempre! Perón – continuou Suzy King – foi obtido juntamente com Cleópatra e Ozéas Martins em Belém do Pará. O preço de cada uma está avaliado em Cr$ 15000,00. Dá grande trabalho sua manutenção, especialmente no que diz respeito à alimentação e aos locais onde possam ser colocadas. São como crianças, 'cegam' a gente e vão dar suas 'voltinhas', criando um sem-número de casos como este.

Indignado ante a balbúrdia e confusão estabelecidas no seu hotel com a fuga de Perón, o proprietário intimou a vedete a abandonar dentro de poucas horas o estabelecimento e foi textual, afirmando:

— A senhora tem um prazo até às dezesseis horas para apanhar sua bagagem, cobras, o diabo e dar o fora.

Deste modo, a estas horas, Suzy King já deve estar em outro qualquer estabelecimento, brincando com suas queridas 'filhinhas' até que por um descuido qualquer o Ozéas Martins ou a Cleópatra resolvam 'tomar ares' e criem novo problema para a rival de Luz de Fuego."

Foi por essa época que Suzy King parece ter se lançado como faquiresa.

Como se deu a aproximação dela com o faquirismo não foi possível descobrir, mas o fato é que o conhecido Mister Eco, que assinava uma coluna sobre a noite carioca no jornal ***Diário da Noite*** chamada "'Cachos' da madrugada", acabava de chegar cheio de novidades de São Paulo quando, em edição especial de sua coluna intitulada "Ronda paulista", publicada no dia 15 de maio de 1956, contou aos seus leitores:

"Não falem com a faquiresa. A bela entre as feras. – dizia o aviso. Como Mister Eco não estava para falar e fazia frio, o Augusto entrou. Encerrada numa urna de vidro, Suzy King, que foi candidata a Rainha do Baile das Atrizes, dormia a sono solto envolta em pesado cobertor e sobre um colchão de VulcaSpuma. Ao seu lado, também com frio, enroscadas e muito tristes, duas cobrinhas inofensivas. 'A bela e a fera'. Dez cruzeiros a entrada. Coisas."

Nada foi encontrado sobre essa prova de jejum realizada por Suzy King em São Paulo nos principais jornais da capital paulista.

Apenas um anúncio da boate Canadá, na avenida São João, 2057, publicado no ***Diário da Noite*** em meados de abril, revelava sua passagem por São Paulo:

"Suzy King e suas cobras bailarinas. A artista mais cara do Brasil que dança com as serpentes".

Suzy King no hotel Irradiação

Suzy King explica o caso da fuga da cobra à guarnição nº 86 no hotel Irradiação

Suzy King

Suzy King no hotel Irradiação

O texto anunciava ainda os transformistas Los Mexicanitos e a rumbeira Sandra Duarte.

Meses depois, em julho, Suzy King reapareceu na boate Bidou, em Copacabana, anunciada como "domadora de serpentes" e dividindo o palco com Carmen Brown, a "'Vênus de Bronze', famosa bailarina norueguesa".

Em novembro seguinte, Suzy King voltou às páginas de todos os jornais cariocas protagonizando um caso bastante pitoresco, que mostra o quanto a mulher Georgina e a artista Suzy King se misturavam.

No dia 11 de novembro de 1956, o ***Correio da Manhã*** publicou uma nota dizendo que a "senhora Georgina Pires Sampaio" estivera na redação e mostrara "uma salsicha de péssimo aspecto comprada por sua empregada pela importância de dezessete cruzeiros" em uma mercearia de Copacabana. "Ao interpelar o dono da casa comercial, foi por ele destratada com palavras de baixo calão. Disse-lhe o comerciante que fosse apresentar queixa na Delegacia de Economia Popular, onde, revelou, tinha amigos que nada fariam contra ele". Suzy King "aceitou o conselho, porém, ao se dirigir, naquela dependência, a um senhor, que se identificou como investigador, foi igualmente destratada. O policial – segundo a reclamante – disse que o comerciante poderia cobrar o que entendesse pela salsicha, pois estavam liberados os preços daqueles artigos, e que não tomava uma providência no caso por não ter gostado dos modos da senhora".

Na tarde do dia seguinte à publicação dessa nota, Suzy King tomou as dores de Georgina e foi lutar por seus direitos.

Segundo o jornal ***A Noite*** do dia 13 de novembro, Suzy King, "que se diz vedete", "a pretexto de fazer publicidade negativa de determinada casa comercial, andou se exibindo em espetáculos nas ruas da cidade de maneira condenável pela boa moral. Ostentando um maiô sumaríssimo e longas meias de nylon, fazia uma série de piruetas com duas cobras. Alguns, absolutamente certos de que se tratasse de uma louca, iam passando apressados. A maioria, no entanto, parava, formando roda em torno de Suzy King, que se desmanchava toda com trejeitos imorais, repetindo as obscenidades tantas vezes quantas lhe fossem solicitadas pela plateia".

"Quando percebia que juntara muita gente, a pretensa vedete desandava, então, a falar mal de determinada firma a quem acusava como responsável pelo envenenamento de uma de suas cobras. Aí contava sua história, com expressões e gestos licenciosos, escandalizando a todos que a ouviam. Mas o que Suzy King queria dizer é que comprara na firma salsichas podres, que envenenaram sua cobra. Depois, quando a bichinha morreu, queria dez mil cruzeiros de indenização, mas o fabricante não lhe deu, sequer, resposta.

Fora a várias delegacias, percorrera jornais e estações de rádio, sem qualquer resultado, já que todos a consideravam louca. Daí ter deliberado dizer, de porta em porta, em todas as ruas da cidade, o que pensa a respeito do fabricante de salsichas que envenenaram sua cobrinha de estimação. A mulherzinha andou na cidade inteira dizendo isso e mais uma porção de coisas condenáveis. Até que, na praça Tiradentes, um senhor que ia passando com a família resolveu reagir, tentando acabar com o abuso. Estabeleceu-se, assim, tremenda confusão que degenerou, inclusive, em pancadaria grossa, durante a qual alguns aproveitadores tentaram, inclusive, tirar de uma vez a pouca roupa que Georgina ostentava".

Um guarda aparecera então "para tentar acalmar os ânimos".

"A essa altura, porém, até as cobras estavam exaltadas. E uma delas, que a mulher diz chamar-se Padilha e que sempre se revelou muito valente desde pequena, avançou para a mão do guarda, ferrando-o irremediavelmente. Depois, mordeu, também, a própria dona."

Suzy King e o guarda foram socorridos no hospital Souza Aguiar, seguindo depois para a delegacia.

Ao **Diário Carioca**, Suzy King declarou que a cobra "envenenada" se chamava Café Filho e que possuía "uma verdadeira legião de cobras em seu poder. Só no apartamento em que reside, cria cinco jiboias, tendo mais quinze sob os cuidados de sua conhecida que mora na Tijuca. Todas elas têm nomes próprios, geralmente de personalidades de projeção nacional ou internacional. Em seu apartamento, encontram-se duas de muita importância, que foram batizadas pela vedete com os nomes Jânio Quadros e Perón".

Não contente com a repercussão do caso, Suzy King ainda conseguiu ser notícia ainda mais uma vez por conta do episódio, em matéria intitulada "Suzy King (a mulher das cobras), apavorada, afirma: 'O dono da fábrica de salsichas peitou um homem para matar-me!'", publicada no jornal **Última Hora** no dia 20 de novembro.

"Por mais uma vez, a irrequieta Suzy King, artista exótica que, há dias, promoveu um show extra-espetáculo quando dançou completamente nua para uma multidão que se postava na praça Tiradentes (ocasião em que foi parar no 10° distrito), volta a fazer carga contra a fábrica de salsichas Saborosas, por ela acusada de ter sido a causadora da morte de um dos seus (cinco) répteis, justamente o Café Filho. Desta feita, a artista diz-se ameaçada de morte por um homem (preto, forte e feio) peitado pelo proprietário daquela fábrica para exterminá-la, para que, assim, Suzy deixe de fazer 'onda' contra a firma em apreço.

Diante da ameaça, que poderá concretizar-se de um momento para outro (segundo ela), Suzy resolveu telefonar para o **Última Hora** a fim de dar ciência do que lhe vinha acontecendo. Sem que proferíssemos qualquer palavra, disse-nos:

— O 'negócio' começou no dia 13 último, quando tornei público que uma das minhas cobras havia morrido após comer uma salsicha Saborosas. Daí por diante, minha vida tem se transformado num verdadeiro inferno! — e depois contou-nos a história (algo estranha) do homem contratado para matá-la — Diariamente, tenho visto, ou tomado conhecimento através de amigos, que um homem forte, de cor preta e bem vestido, posta-se à porta do meu edifício para somente sair à noitinha.

Acredita a ofídica senhora que este homem, a quem se refere com tanto medo, seja 'elemento peitado para matá-la'.

E vai mais além, afirmando que o indivíduo a vigia a cada passo. Como prova, disse-nos que, à tardinha de sábado, foi até uma mercearia, a fim de fazer compras, mas voltou amedrontada para casa, pois todos os seus passos foram seguidos pelo indivíduo. Desse dia em diante, seu estado de saúde, que já não estava muito bom, agravou-se.

Concluindo a 'rápida entrevista', explicou-nos Suzy King que, se não fosse o porteiro do edifício onde ela reside, que possuí ordens expressas para não dar acesso a ninguém que deseje vê-la, já estaria morta. E o que mais a aflige consiste em saber de que forma pretendem eliminá-la: será com um tiro ou uma facada?"

Quase três meses depois, em 08 de fevereiro de 1957, o jornal *O Globo* contava que Suzy King, "a faquiresa cujo nome é Georgina Pires Sampaio", tinha estado "na iminência de ser agredida a navalha por duas desordeiras, como agora veio à nossa redação contar. E acrescentou ter-se refugiado numa repartição municipal, daí solicitando socorro à Rádio Patrulha, sem que pudesse ser atendida".

Nos meses seguintes, Suzy King sumiu das páginas dos jornais cariocas.

Quando reapareceu, em 1958, ela contou que tinha se exibido "em São Paulo e em Juiz de Fora, estando contratada para ir ao Peru".

Não foi encontrada nenhuma referência sobre a passagem de Suzy King por Juiz de Fora nos principais jornais da cidade. A exibição de uma outra faquiresa, Dzy Tzú, em Juiz de Fora na mesma época também foi ignorada pela imprensa local, sendo referida apenas na revista *O Lince* em reportagem de Antônio Gelli publicada em dezembro de 1957:

"Encontra-se em Juiz de Fora, desde o dia 01 de dezembro, a famosa e bela faquir japonesa Dzy Tzú, a qual continua despertando grande interesse entre o povo de nossa cidade pela sua incomparável exibição dentro de uma urna de vidro.

O repórter de *O Lince* entrou em contato com a jovem faquir, que conta apenas vinte anos de idade, a fim

Suzy King na delegacia depois de protestar seminua pelas ruas do Rio de Janeiro contra a morte de uma de suas serpentes, que teria morrido depois de ingerir uma salsicha estragada

"Enquanto espero a morte, vou me alimentando a bolachas e chá", disse Suzy King ao jornal Última Hora em reportagem publicada no dia 20 de novembro de 1956

de colher diretamente algumas informações sobre o seu voluntário sacrifício, ao qual a ex-salesiana se dedica com a máxima serenidade.

Durante a palestra que o repórter manteve com a inviolável exibidora, soube que Dzy Tzú abandonou o convento há dois anos, faltando apenas seis meses do juramento claustral, escolhendo a 'via crucis' do faquirismo, guiada por uma inspiração de sublime sacrifício.

Com o fruto do seu trabalho, pretende abrir futuramente um orfanato para crianças desamparadas, contribuindo assim para a humanidade.

A mais jovem faquir do mundo, deitada em sua cama de pregos, dominando o jejum, tem fé em vencer os intermináveis trinta dias que passará em Juiz de Fora, fechada em sua urna de vidro.

Dzy Tzú disse que em outra ocasião, conseguiu permanecer na urna por quarenta dias e que talvez na sua próxima exibição no Rio de Janeiro estabelecerá um prazo de sessenta dias. Dzy Tzú pretende no próximo ano passar pelas principais cidades do Brasil, onde sua exibição é aguardada com vivo interesse.

A bela e solteira faquir, com as suas já famosas demonstrações, estará em breve possibilitada para competir em recordes mundiais. O médico doutor José Tostes, de nossa cidade, está assistindo Dzy Tzú, constatando diariamente o estado da exibidora, que até a presente data continua satisfatório.

Filha de lavradores japoneses de Goiás, Dzy Tzú, dominada por um espírito de sacrifício, quer realizar uma obra a favor da humanidade desamparada e conta com a solidariedade de todos os brasileiros.

A sua exibição terminará em 31 de dezembro, despedindo-se assim do povo amigo e hospitaleiro de Juiz de Fora, que lhe dispensou a sua admiração.

O Lince faz votos à mais jovem faquir do mundo para que possa conseguir o seu intento humanitário."

Em matéria intitulada "Se Ígor não jejuava, Suzy engolirá cobra", publicada no ***Diário Carioca*** no dia 17 de maio de 1958, além de falar sobre suas exibições recentes Brasil afora,

Suzy King afirmava que estava "noiva de um marinheiro do navio Missouri".

Um faquir colombiano, "que se apelidara príncipe russo Ígor, internou-se numa urna com várias cobras e declarou que jejuaria até bater o recorde mundial. A barraca onde ficou exposto (para vê-lo, cada curioso pagava Cr$ 5) estava armada em Copacabana, no Posto Quatro, e uma noite, o jejuador foi surpreendido por policiais do 2º distrito quando comia um suculento bife regado a suco de abacaxi. Só não foi linchado por causa da proteção policial". Em seguida, seu empresário apresentara queixa contra ele.

O caso se passara em meados de abril e desde o dia 26 daquele mês Suzy King declarara publicamente o seu apoio a Ígor, pois "apesar de ter abandonado a urna, onde já se encontrava há vinte e três dias", ele não fora "pilhado em flagrante se alimentando, tanto assim que foi posto em liberdade pelas autoridades do 2º distrito, por falta de testemunhas que comprovassem, cabalmente, a sua desonestidade". Suzy King acolheu Ígor em seu apartamento, onde, segundo o *Diário da Noite*, os dois estavam vivendo "em companhia de trinta cobras de diversas espécies".

Ao *Diário da Noite*, Suzy King revelou que pretendia "dentro de pouco tempo, exibir-se seminua, com suas cobras, para o público carioca, procurando assim, 'provar' que o seu protegido não se alimentou, e que qualquer um que seja faquir de fato pode com facilidade passar um mês ou mais sem comer, nem beber".

Dias depois, na redação do *Diário Carioca*, Suzy King foi além, dizendo: "Se eu não conseguir provar a inocência de Ígor, engulo uma cobra inteira! Mas acho que não vou precisar comer coisa nenhuma, pois nunca perdi uma parada". Frisava ainda que defendia Ígor "só 'por honra do faquirismo', pois não tem nenhum outro interesse com respeito a ele".

A história acabou ficando por isso mesmo e o faquir teve seu pedido de permanência no Brasil negado.

1958 não foi um ano fácil para Suzy King.

Em outubro, uma peça de sua autoria, *Aluga-se um quarto*, foi interditada pelo Serviço de Censura de Diversões Públicas do Departamento Federal de Segurança Pública. A peça, segundo o jornal *Luta Democrática*, contava "a excêntrica história vivida por um transviado que, precisando de moradia, alugou um quarto numa pensão. Ao ocupar esta dependência, encontrou uma cobra grande e grossa, pela qual passou a ter grande afeição. Tempos depois, convidado para mudar do quarto que ocupava para um melhor, o transviado se recusa, passando, então, a haver acesa discussão entre a dona da pensão e o seu inquilino."

Em seguida, de acordo com nota publicada no *Jornal do Brasil* em 05 de novembro, Suzy King impetrou um mandado de segurança contra o diretor do Serviço de Censura de Diversões Públicas, alegando "ser abusivo e ilegal o ato porque a censura prevista no preceito constitucional vigente para espetáculos e diversões públicas não prevê a interdição de peças, pois isso importa em impedir a livre manifestação do pensamento, sendo a sua função a de restringir, para certos espetáculos, a assistência dos mesmos por menores, fixando os horários próprios, a idade mínima dos espectadores ou exigindo que conste dos anúncios ser próprio só para homens". A seu favor, argumentava "dizendo que há certos jornais imorais, sem qualquer censura, que entram em todos os lares e ficam ao alcance dos menores, que trazem notícias e fotografias que a censura restringiria em qualquer peça teatral e ainda com o que está se passando com a peça de Nelson Rodrigues, *Os Sete Gatinhos*, que, embora merecendo restrições de todos os críticos teatrais pelo seu caráter altamente obsceno, não foi interditada".

Em junho de 1959, o juiz da 2ª Vara da Fazenda Pública do Distrito Federal, onde o processo corria, denegou segurança ao mandado impetrado por Suzy King, declarando, segundo o *Correio da Manhã* em notícia publicada no dia 17 daquele mês, que a comédia era "atentória à moral".

Diante da leitura da peça, considerada pela Comissão de Censura "acintosamente obscena, imoral e sem o menor requisito para merecer a aprovação consciente do Serviço de Censura" e defendida por Suzy King com os argumentos publicados no *Jornal do Brasil*, o juiz da 2ª Vara da Fazenda Pública do Distrito Federal considerou que "com efeito, nenhum é o direito invocado, porque a interditada 'comédia' é sem dúvida, obscena e ofensiva

Suzy King e Ígor na redação do Diário Carioca

Dzy Tzú

Suzy King e Ígor

ao decoro público", dizendo ainda que "o ato impugnado, além de praticado em função do cumprimento do dever legal, é inspirado em sadia moralidade, que só pode merecer, como de fato merece, o apoio e o aplauso deste juízo, hostil aos atos omissos da realização das atividades afins do Estado".

Além de ter sua peça interditada, durante uma "'batida' em regra" empreendida pelas "autoridades policiais", "nos locais mais suspeitos da Zona Sul, principalmente de Copacabana, no sentido de reprimir o trottoir que é feito às escâncaras em determinadas vias públicas e locais de diversão noturna", segundo noticiava o ***Diário da Noite*** em 28 de novembro, "Suzy King deu show e foi presa por desacato".

> "Uma das primeiras mulheres que foram abordadas pela caravana policial foi Georgina Pires Sampaio, de quarenta e um anos de idade, solteira, residente na avenida Copacabana, 80, apartamento 1003, que também é conhecida pelo nome artístico Suzy King e anda sempre acompanhada de uma serpente em suas exibições, além de ser faquiresa.
>
> Logo que as autoridades a ela se dirigiram, foram recebidas com a maior hostilidade. Suzy King foi logo dizendo que pertencia ao cast artístico da TV Rio e estava vindo do programa ***Da vida nada se leva*** ao ser presa na avenida Atlântica, esquina da rua Duvivier.
>
> O comissário Drumond, que chefiava a diligência, não se perturbou com as explicações e pediu-lhe os seus documentos. Suzy King então virou uma verdadeira fera, negando-se terminantemente a mostrar os seus documentos. Deu um show na via pública, agredindo os policiais com palavrões impublicáveis. Em vista disso, o comissário Drumond não teve outra alternativa senão prender a 'artista' por desacato."

A fúria de Suzy King não era injustificada.

Naquele ano, sua luta pelo sucesso completava vinte anos. Não é difícil imaginar o que significava para ela, depois de tantos anos tentando ser reconhecida artisticamente, ainda não poder andar sozinha à noite sem ter que dar satisfações e apresentar seus documentos. Além da artista, quem desacatava os policiais era também a mulher não pública, transformada em "verdadeira fera" ao viver situações como aquela por ser independente e não ter um homem ao seu lado.

Aliás, com certeza pesara muito, no ato da interdição de *Aluga-se um quarto*, o fato de a peça ter sido escrita por uma mulher. As autoras teatrais de então costumavam assinar suas peças com pseudônimos masculinos, ou como se fossem parcerias com homens. O fato de Suzy King submeter ao Serviço de Censura de Diversões Públicas uma peça assinada somente por ela, sem disfarce masculino, soara como um atrevimento. Suzy King sabia do risco, é claro – devia ser a esse critério a que ela se referia como "abusivo e ilegal".

Em 1959, como faquiresa, Suzy King ocuparia as páginas dos jornais cariocas por mais duas vezes, em outros daqueles episódios sensacionais que protagonizava de quando em quando.

Em matéria de primeira página intitulada "Multidão transformou lady Godiva em Eva", o *Diário Carioca* narrava assim um desses episódios no dia 14 de março de 1959:

"Um índio chamado Tarzan, um cavalo da polícia militar e uma mulher que tentou reviver o espetáculo da lady Godiva no asfalto e debaixo de sol quente interromperam na tarde de ontem o trânsito no início da avenida Rio Branco porque a multidão não se conteve em ver de longe o estranho desfile e avançou contra o índio, o cavalo e a lady Godiva de biquíni, deixando esta completamente nua, enquanto o silvícola fugia na carreira e o cavalo se apavorava.

A mulher, cujo nome de guerra é Suzy King, trabalha como faquiresa e estava fazendo propaganda do espetáculo que deveria se iniciar às dezesseis horas de hoje, após o que entraria para uma urna e, depois de permanecer cento e dez dias sem comer, viajaria para o Uruguai, a convite de empresários daquele país, a fim de fazer exibições de canto e danças, com cobras e outros bichos.

Suzy King planejou a original propaganda há algumas semanas e estava certa de que a repercussão seria grande, como de fato foi. Dirigiu-se em seguida ao quartel de polícia da rua frei Caneca, onde solicitou ao coronel Lauro, da cavalaria, que lhe emprestasse um animal para colaborar no plano.

Iniciou o desfile, com grande assombro dos populares, cobrindo o trajeto do Castelo à praça Mauá. E em cada rua e avenida por onde Suzy passava com o seu cavalo e o índio, a multidão se comprimia para vê-la e para rir. Os carros, porém, não podiam se movimentar: havia engarrafamento de trânsito em toda parte.

Quando os populares passaram a seguir o cavalo em que estava a lady Godiva brasileira, esta ficou apavorada. Conseguiu, porém, fazer a curva na praça Mauá e já voltava pela avenida Rio Branco, quase em frente à Caixa de Amortização, no instante em que alguns populares mais afoitos iniciaram o ataque. A confusão aumentou, elementos subiram no cavalo, jogaram o índio Tarzan ao chão, queimaram o animal com pontas de cigarro, espancaram o índio, colocaram-no em fuga. Lady Godiva sofreu mais. Foi atirada ao chão, rasgaram-lhe as raras peças que trajava, terminaram por arrancá-las, deixando a lady completamente despida, fato que mais animou a turba.

(...)

Durante longos minutos, Suzy esteve por conta da multidão, até que apareceram dois soldados, sendo um da polícia militar e outro da Marinha. Também um investigador que surgiu em cena, vendo que os policiais poderiam ser facilmente dominados, sacou de seu revólver e fez um disparo para o alto a fim de assustar os agressivos populares que continuavam fazendo 'misérias' com a lady. Depois de muita luta, a faquiresa foi colocada num auto e conduzida para o 7º distrito, a esta altura já com o corpo envolto por uma camisa que lhe fora dada.

Na delegacia, depois de explicar de muitas formas como havia sido atacada, inicialmente perguntou o comissário: 'Mas não vejo sinais de agressão.'. Ao que Suzy respondeu: 'O senhor pensa que é sopa aguentar tanta mão boba? Nunca vi tamanho desaforo em toda a minha vida. Se a lady Godiva sofresse tudo isto, eu só queria ver o que é que ela ia dizer'.

Desfile de Suzy King, inicialmente de máscara e peruca, pelo centro do Rio de Janeiro, seminua e montada em um cavalo, para promover prova de jejum de cento e dez dias à qual daria início na galeria Ritz, em Copacabana, no dia 13 de março de 1959.
"À proporção que ela ia seguindo o seu caminho, populares iam-se aglomerando, aos gritos, uns entusiásticos, outros revoltados. Suzy sorria e acenava, indiferentemente, para os que a aprovavam e para os que não a aprovavam."
Luta Democrática, março de 1959

Suzy King é detida durante "campanha contra o trottoir"

Suzy King depois do tumulto que causara na avenida Rio Branco com seu exótico desfile. "O comissário Moura, diante do espetáculo, se viu a braços com o perigo de ter a sua delegacia invadida por populares. Mais de setecentos postaram-se diante da dependência policial esperando a saída da mulher."

Suzy King

E como se tais observações não bastassem para explicar o rumoroso caso, Suzy perguntou ao comissário: 'Onde está aquele índio maroto, vagabundo de Tarzan, que prometeu me defender? Será que ele jogou fora a minha fantasia?'. Não sabendo o que responder, disse: 'Naturalmente, ele voltou para a tribo'. Suzy alegou que havia sofrido um prejuízo de... Cr$ 35 mil, pois as pérolas de seu biquíni foram roubadas pela multidão. 'Só me restou um chinelo, seu comissário', disse ela.

Mesmo depois de normalmente vestida, Suzy ficou com medo de deixar a delegacia e, voltando-se ainda para o comissário, declarou: 'Que bárbaros eles foram! São todos uns tarados de primeiro grau.'."

Ao **Diário da Noite**, Suzy disse "Não posso compreender o povo. Na praia, uma mulher fica de biquíni sem que nada lhe aconteça...". Ao jornal **Última Hora**, explicou que "apenas quis" se despedir "por algum tempo da vida agitada que se leva no centro da cidade", já que passaria os próximos cento e dez dias encerrada em uma urna de vidro na loja 3 da galeria Ritz, na avenida Nossa Senhora de Copacabana, 610. Ela confessou ainda que "estava muito sentida com a acolhida do público, 'que me ofendeu e maltratou'".

O **Diário da Noite**, por fim, dava o currículo do cavalo, que se chamava Tordilho e era um "veterano do teatro, com participação em inúmeras peças, tendo atuado em **É de Xurupito** durante seis meses seguidos" e no "cinema nacional". Tordilho fora emprestado a Suzy King pelo exército mediante o uso do nome do já falecido (em 1948) suposto pai de Carlos.

O episódio foi satirizado em 18 de março de 1959 pela coluna "Na Boca do Lobo", do jornal **O Globo**, com um poema intitulado Godiva 59:

para fazer 'promoção'
Suzy monta um alazão
e lá se vai, na avenida,
mas o povo não diz – Viva!
diz – Morra, lady Godiva,
que está por demais despida!

esse povo, que é de morte,
abafa a lady sem sorte,
o pouco das vestes rouba
e a Godiva acaba o dia
em plena delegacia
com 'souvenirs' da mão boba

um conselho para Suzy:
esse truque não mais use
no centro da zona urbana,
de outra vez, lady Godiva,
seja um pouquinho mais viva,
trotando em Copacabana

No dia de seu desfile mal-sucedido, Suzy King disse ao jornal *Última Hora* que pensava em adiar o início de sua prova em alguns dias, pois não se sentia bem emocionalmente. Mas ela parece ter entrado em sua urna naquele dia mesmo.

A primeira notícia encontrada sobre a exibição de Suzy King na galeria Ritz data de 30 de março de 1959, e foi publicada no jornal *O Globo* sob o título "A faquiresa teve a urna danificada":

"Dizendo ter sido assaltada esta madrugada na urna de vidro em que está encerrada, a faquiresa Suzy King solicitou socorros médicos do posto de assistência do Lido. Suzy mostrava-se nervosa, tendo-lhe sido ministrado um calmante. Falando à reportagem, Suzy King declarou que se encontrava adormecida quando alguém jogou sobre a urna uma garrafa, danificando-a. Mostra-se a faquiresa aborrecida com a polícia, dizendo que apesar de estar legalmente naquele local para uma exibição de cento e dez dias de absoluto jejum, até agora não houve fiscalização da Delegacia de Costumes e Diversões, disso se aproveitando os maus elementos para perturbarem seu trabalho. Afirmou que até hoje (décimo sétimo dia de exibição), nem as autoridades do 2º distrito lá estiveram."

De acordo com nota publicada no jornal *O Estado de S. Paulo* na ocasião, as autoridades policiais acreditavam que Suzy King estava "novamente tentando obter publicidade".

Esse não foi o único incidente ocorrido durante a exibição de Suzy King na galeria Ritz. Em matéria publicada no dia 07 de maio de 1959, o jornal **Luta Democrática** contava que a faquiresa vinha "se exibindo na loja 3 da galeria Ritz por concessão da CIPA, que ficou de receber, como aluguel, uma participação na arrecadação dos ingressos".

"Acontece, porém, que o espetáculo não estava dando o lucro esperado. Tanto assim que Suzy já está devendo aos empregados, além de outras continhas por fora. Diante disso, resolveu a faquiresa desistir do jejum. Não quis fazê-lo, contudo, de forma a evidenciar o fracasso do espetáculo e também dar motivo a futuras complicações em face do contrato assinado. Vem procurando, portanto, desde que tomou a resolução de desistir da prova, encontrar um bom motivo que justifique sua saída e salve o seu cartaz.

Primeiramente, alegou que um desconhecido jogara uma garrafa contra a urna, quebrando-a, e roubara os talões e o dinheiro da bilheteria. No entanto, os cacos de vidro não caíram dentro da urna e sim do lado de fora, estando o vidro estilhaçado nesse sentido. Da segunda vez, uma menina entrou no salão, ofereceu-lhe leite, insistiu para que ela bebesse. Como Suzy recusasse, a menina quebrou o vidro da urna com a garrafa de leite que trouxera. Mais uma vez, os cacos e o estilhaçamento do vidro da urna ficaram como no caso anterior. O terceiro caso do movimentado jejum se deu quando o fiscal verificou estarem os ingressos sendo vendidos sem selagem, nem carimbo. Perdoou a falta, pois constatara que a renda não estava dando nem para pagar a multa.

A CIPA, empresa de administração predial, sabedora do que estava ocorrendo, designou o porteiro do edifício para atuar como fiscal junto à bilheteria. Este, que é nos meios desportivos o conhecido lutador Nocaute Jack, percebeu que as entradas eram vendidas, mas os talões não eram destacados, o que impedia assim qualquer controle da renda. Admoestou o bilheteiro, que prontamente lhe disse estar obedecendo ordens de Suzy. Disse mais o porteiro que certa vez, ela pedira a ele e aos demais que a cercavam que pusessem fogo nos papéis existentes na urna e depois atribuíssem o ato aos estudantes. Seria também um bom motivo para sair da urna. Não foi atendida pelo porteiro, que recusou tomar parte na 'marmelada'."

De acordo com o jornal **Folha da Manhã**, em outra ocasião, Suzy King mandara ainda "sua empregada derramar álcool na cortina da sala de exposição e incendiá-la", esperando novamente que "estudantes fossem acusados do incêndio". Mais uma vez, porém, Nocaute Jack (que, mais tarde, atuaria como massagista da Seleção Brasileira de Futebol durante muitos anos) impedira que seu plano se concretizasse.

Depois de cinquenta e três dias encerrada em jejum, Suzy King conseguiu finalmente abandonar a sua urna.

Na madrugada de 06 de maio de 1959, segundo o **Jornal do Brasil**, Suzy King quebrou "a marteladas a urna em que estava encerrada".

A versão do jornal a **Luta Democrática** sobre o episódio:

"Às duas e quarenta e cinco da manhã, o porteiro percebeu os sinais que lhe fazia a empregada de Suzy e viu, em tempo, a faquiresa se esgueirando, de fininho, em direção à saída. Abordou-a e fez-lhe ver que não poderia agir dessa forma. Pediu-lhe então que aguardasse enquanto ele telefonava para que alguém da CIPA viesse tomar conhecimento, oficialmente, de sua retirada em face do contrato. A fuga já estava premeditada, pois, há alguns dias, Suzy mandara buscar em casa um vestido. Descontrolando-se, a mulher saiu para a rua gritando e acenando para os táxis e lotações que passavam. Mas Nocaute Jack, imperturbável, pedia aos motoristas que não a recolhessem, pois a mesma devia aguardar no local a chegada da Rádio Patrulha que o mesmo solicitara. Foi aí que Suzy acusou o porteiro de haver surrupiado seiscentos cruzeiros que havia em caixa. Mas uma amiga de Suzy que estava no local e se diz também artista (não quis revelar seu nome) disse que, no domingo, dia forte para a féria, a bilheteria não

Suzy King mostra aos repórteres do jornal Última Hora as sequelas do episódio de sua fuga da urna de vidro onde jejuava em Copacabana

Suzy King depois de deixar a urna onde jejuava há cinquenta e três dias na galeria Ritz, em Copacabana fez nem cento e cinquenta cruzeiros. Não sabe explicar como poderia, numa terça-feira, haver seiscentos cruzeiros de féria em caixa."

De acordo com o **Jornal do Brasil**, após a chegada da polícia, Suzy King e Nocaute Jack foram levados ao 2º distrito. "No distrito, Suzy falou em voz alta durante quarenta minutos, defendendo-se e acusando" Nocaute Jack, "que teria ameaçado matá-la". Nocaute Jack, por sua vez, afirmara: "Ela não é jejuadora coisa nenhuma, pois come todos os dias.". Suzy King, enfim, teve "uma crise de nervos, atirando-se no chão. Foi chamada uma ambulância do posto do Lido, cujos enfermeiros fizeram muito esforço para aquietá-la na maca, uma vez que a faquiresa estava possessa. Depois de medicada, Suzy se acalmou".

Fotografias do episódio revelam que Suzy King estava muito magra, sem maquiagem no rosto, de olhos arregalados, nervosa. Era natural. A sala onde ela se exibia, nos fundos da galeria Ritz, longe da rua, era muito pequena e devia ser realmente sufocante passar cinquenta e três dias encerrada ali, dentro de uma urna de vidro, ainda mais para uma mulher ativa como Suzy King.

Um inquérito foi aberto e ela voltou para o seu apartamento. Já recuperada, recebeu a imprensa no dia 08 de maio e falou sobre o incidente.

Durante esta prova de jejum de Suzy King, ficou evidente como esse tipo de espetáculo desgastou-se aos olhos do público e da imprensa ao longo dos anos.

Ao contrário das primeiras faquiresas, aclamadas como heroínas, a imagem de Suzy King veiculada pela mídia era a de uma anti-heroína. Uma nota publicada na edição paulista do jornal **Última Hora** no dia 20 de março, por exemplo, dizia que ela "pretendia explorar o povo com um espetáculo de jejum, desses bem manjados". Outra, publicada no jornal **O Globo** depois de sua saída da urna, em 13 de maio, era ainda mais incisiva:

"Pretendia seu empresário ver Suzy bater o recorde do jejum feminino, enquanto ele bateria o da arrecadação de entradas. Acontece, porém, que esta história de mulher passar fome está perdendo muito cartaz. Qualquer senhora elegante, da 'society', passa dias e dias sem comer, para manter a linha, e sem tirar dinheiro de ninguém, muito pelo contrário. A faquiresa da sociedade diminui as despesas do armazém aderindo de corpo e alma à 'casa sem banha'. Aconselhamos, portanto, à dona Suzy que procure outra profissão. As amadoras, como em muitos outros casos, estão fazendo séria concorrência às profissionais da fome."

Apesar desse desgaste e do desfecho de sua exibição na galeria Ritz, Suzy King não esperou muito tempo para voltar a jejuar em Copacabana.

Essa nova prova, iniciada no final de 1959, recebeu ainda menos destaque do que a primeira e não foi possível descobrir nem mesmo o local exato onde aconteceu.

O único registro encontrado sobre a prova data de 23 de janeiro de 1960, e foi publicado no jornal **Luta Democrática** sob o título "Filé mignon para a faquiresa – Suzy afirma que foi espancada por policiais":

"A faquiresa Georgina Pires Sampaio esteve em nossa redação para queixar-se contra as autoridades do 2º distrito. Suzy, como é conhecida nos meios artísticos, esclareceu que, de quando em vez, está sendo molestada por policiais daquele distrito, que insistem em impedir o seu trabalho. Ainda ontem – acentuou – no interior de uma urna de vidro, onde se achava havia cinquenta e três dias, foi novamente importunada por investigadores do 2º distrito, que, acompanhados de alguns jovens transviados, tentaram colocar no interior da urna um bife de filé mignon, o que quebraria todo o mérito do seu trabalho. Não satisfeitos com a brincadeira de mau gosto, retiraram-na de lá, levando-a, em seguida, para aquela dependência policial, onde, depois de espancada e com diversas escoriações, foi recolhida ao xadrez. Suzy afirma que a perseguição é devida ao fato de ter ela, certa feita, movido um processo contra o comissário Drumond. Não vê em seu ganha-pão nada de criminoso. Finalizando, disse a queixosa que até a guia que solicitou para ir a exame de corpo de delito, lhe foi negada. Através de *Luta Democrática*, pede providências ao chefe de polícia."

Em 12 de dezembro de 1960, uma crônica de Antônio Maria, publicada no jornal *Última Hora* sob o título "A cobra suicida", voltava a chamar atenção sobre Suzy King.

"Sim, leitor, em Copacabana, capital do estado da Guanabara, uma cobra se atirou do décimo andar da avenida Copacabana, 80. Crise amorosa, questões financeiras, a polícia, até agora, não conseguiu apurar. É verdade que, em dado momento, na delegacia do 3º distrito, tal era a balbúrdia, que um detetive chegou a sugerir:

— Então vamos ouvir a cobra.

A ideia não foi aceita porque, como se sabe, cobra não tem palavra.

Num canto da delegacia, piscando seus olhos viscosos, num blaseísmo irritante, a cobra aguardava o seu destino. Apesar de ter-se atirado de um décimo andar, chegou embaixo com vida e, aparentemente, sem uma fratura. Trata-se de uma sucuri de dois metros, lenta e mal-encarada.

Eis a história, com os nomes nos lugares certos. A jovem sucuri pertence à coleção de uma famosa faquiresa, cujo nome é Suzy. Lembram-se deste nome? Há alguns anos, Suzy propôs-se a bater o recorde feminino de jejum. Fechou-se em um túmulo de tampa de vidro e o público ia vê-la por vinte cruzeiros. Suzy foi assunto de todos os jornais. Recorda-se um título de notícia: 'Suzy, a bela sepultada'. Repórteres minuciavam sua beleza – seus louros e longos cabelos, o ondulado grácil do seu corpo. Após quinze dias de jejum, a polícia descobriu que Suzy, depois que a plateia se retirava, comia um bife, com arroz e batatas fritas. Mais reportagens. Suzy passou, então, a ser chamada de 'a bela impostora', durante dois ou três dias de indignação pública. Depois, ninguém falava mais nela. Hoje, Suzy volta ao noticiário, em virtude da tentativa de suicídio de sua sucuri que, milagrosamente, escapou de um décimo andar."

Embora tenha misturado a história de Suzy King a episódios de outros faquires, a notícia dá a pista de que ela, no final de 1960, ainda criava cobras em seu apartamento.

Não foram encontradas nos jornais pesquisados notícias sobre outras provas de jejum realizadas por mulheres no Brasil a partir de 1961.

Em 1962, Suzy King lançou a marchinha "Me leva p'ra lua" pela gravadora Esse Eme.

Sua voz já não era a mesma do tempo em que ela, então usando o nome Diva Rios, era anunciada como "muito apreciada cantora de sambas e marchas". Mas, em compensação, era uma voz que carregava e revelava toda a trajetória daquela mulher que trocara a vida que a sociedade impunha por outra que podia não ser fácil, mas que ao menos era a que escolhera. Em apenas dois minutos de gravação, Suzy King se expõe, revela alegria, dor e uma corajosa autenticidade.

O que poucos sabiam é que, nos bastidores de sua tumultuada vida artística, Suzy King cuidava sozinha de seu filho "vítima de doença nervosa".

A partir de 1946, Carlos passara por diversos hospitais psiquiátricos e desaparecera por alguns dias em 1957, quando Suzy King publicou anúncios nos jornais cariocas procurando por ele.

Em 1962, Carlos desapareceu outra vez. O novo sumiço foi se prolongando mês a mês, deixando Suzy King aflita, pois ela temia que o filho tivesse sido "confundido com mendigos". Seu medo tinha motivo – na mesma época, o Rio de Janeiro se viu abalado por um escandaloso caso de assassinatos de mendigos por policiais do Serviço de Mendicância. Depois de recorrer a vários jornais, inclusive prometendo uma gratificação a quem lhe desse qualquer informação sobre Carlos, Suzy King recorreu ao *Diário Carioca*, que em 24 de março de 1963 publicou uma fotografia de Carlos acompanhada de uma nota sobre o seu desaparecimento, que vinha "preocupando sua irmã, senhora Georgina Sampaio, que em breve embarcará para os Estados Unidos".

Embora tenha continuado procurando Carlos durante muitos anos, Suzy King nunca conseguiu encontrá-lo.

No dia 24 de janeiro de 1964, Suzy King concorreu ao posto de Rainha dos Bailes do Hotel Glória usando uma fantasia intitulada "Professora Bossa Nova", em referência à sua aposta para o Carnaval daquele ano.

Mais uma vez, Angelita Martinez levou o título.

Para o Carnaval de 1964, Suzy King lançou outra marchinha de sua autoria pela gravadora Esse Eme, "Não tenho inveja".

A letra da canção era claramente autobiográfica. Nela, Suzy King, prestes a completar quarenta e sete anos de idade, brincava com sua condição de mulher madura.

> naturalmente
> não sou mais broto
> que que há?
> mas ainda eu quebro galho
>
> não tenho inveja
> de nenhum broto
> sou professora
> e ainda posso lhe ensinar
> tá?

Meses depois, em julho, Suzy King, apresentada como professora de dança e "figura bastante conhecida nos meios policiais pelos distúrbios que promoveu com uma cobra, que ela diz ter domesticado", reaparecia no jornal *O Globo* queixando-se de um assalto que sofrera numa feira em Copacabana. A notícia informava que ela, "mesmo aconselhada a dar parte do ocorrido, não quis comunicar a ocorrência ao 12º distrito por 'conhecê-lo bem'".

> "— Há cerca de um ano, tive meu apartamento roubado por uma empregada. Denunciei o fato à polícia e até hoje, nada foi feito. Ficou tudo na base do 'vamos ver'."

A fotografia que acompanhava a reportagem mostrava uma Suzy King bem diferente da que costumava posar para os jornais cariocas uma década antes.

Seu olhar e sua atitude revelavam uma mulher marcada, descrente da polícia, coerente com a voz desesperada que, vencida, suplicava: "eu quero ir p'ra lua!".

Aquele era o fim da linha para Suzy King no Brasil...

No dia 09 de agosto de 1985, em um parque de trailers situado na zona de meretrício de Chula Vista, cidade do condado norte-americano de San Diego, na Califórnia, o corpo de Jacuí Japurá Sampaio Bailey foi encontrado no trailer onde residia sozinha, embora oficialmente fosse casada com um norte-americano desde 1970. Seu marido, segundo vizinhos, aparecia uma vez a cada um mês e meio e pouco sabiam dele. Descobriram que Jacuí Japurá, uma brasileira que se naturalizou norte-americana em 1974, tinha apenas cinquenta anos de idade, embora aparentasse ser mais velha, conforme consta no relatório de sua autópsia.

Jacuí Japurá estava nua e tinha os cabelos grisalhos presos em tranças. Não era possível precisar quantos dias seu corpo, já em estado de decomposição, ficara ali. Morrera sentada no chão acarpetado do trailer e seu corpo só foi descoberto porque o dono do parque de trailers notara que ela desaparecera há vários dias e chamara a polícia.

Na certidão de óbito consta que a morte foi causada por "arteriosclerotic cardiovascular disease".

Seu marido não foi encontrado e o corpo de Jacuí Japurá foi cremado em Pasadena, também na Califórnia, no dia 16 seguinte.

Em 12 de janeiro de 1974, o *Jornal do Brasil* publicara uma nota sobre o desaparecimento de Carlos pedindo a quem soubesse o seu paradeiro que entrasse em contato com Jacuí Japurá em seu endereço na Califórnia. Jacuí Japurá, que se dizia prima de Carlos, já havia pedido notícias dele através do jornal *O Globo*, em março de 1972. A fotografia de Carlos enviada por ela ao jornal na ocasião era a mesma que Suzy King publicara em 1963 no *Diário Carioca*.

Quem seria essa mulher de nome tão incomum procurando o filho de Suzy King, quando a própria parecia ter cessado essa busca, se não ela mesma?

Em novembro de 1966, em Curitiba, no Paraná, Suzy King se registrou em um dos cartórios da cidade como Jacuí Japurá Sampaio, abandonando o nome Georgina Pires Sampaio a partir daí.

Não foi possível descobrir detalhes mais exatos sobre a partida de Suzy King do Brasil, mas o fato é que entre 1966 e 1970, ela parece ter passado pelo Peru, pelo Panamá e pelo México, onde residiu em Tijuana e foi membro da Asociación Nacional de Actores, apresentando-se como cantora, bailarina

Suzy King fala ao jornal O Globo em julho de 1964

e encantadora de serpentes. Por lá, ela era anunciada como "la Reina del Amazonas".

Às vezes, nesses países, o nome Jacuí Japurá Sampaio aparecia grafado como Yacui Yapura Sampaio.

Em 1969, apresentou-se em Mexicali (cidade da Baixa Califórnia), e o jornal local *La Voz de la Frontera* publicou a seguinte reportagem:

> "Enigmática e misteriosa, Jacuí Japurá é a primeira encantadora de serpentes que visita Mexicali na qualidade de artista, apresentando um número muito espetacular e impressionante como é a dança com enormes répteis, os quais foram batizados por ela mesma. É a segunda vez que a Rainha do Amazonas vem à nossa cidade, trazendo consigo Cleópatra, uma jiboia de três metros, Jackie, Charlton Heston e Nero, quatro 'bichos' que são inofensivos, trazidos diretamente de Manaus, Brasil, no Amazonas. Conversamos com ela por parte do *La Voz de la Frontera* e julgamos interessante a conversa para nossos estimados leitores. Enfeitada com novíssimas pulseiras de ouro em forma de serpentes e cobras adquiridas na China e no Japão, Jacuí nos disse que tem viajado por todo o mundo, América Central e América do Sul, e que depois desse contrato, irá para a Europa. Seus animais são a menina de seus olhos, e ela os alimenta com 'cuyos', da família dos coelhos."

Do México, Suzy King foi para os Estados Unidos, onde se casou no dia 05 de janeiro de 1970 com um norte-americano chamado Weldon Jackson Bailey, passando a se chamar Jacuí Japurá Sampaio Bailey – em alguns documentos, Yacui Yapura Sampaio Bailey ou Yacui Yapurra Sampaio Bailey.

Vários indícios, entre eles o fato de que eles nunca moraram juntos, sugerem que o casamento, o sexto de Weldon, foi um arranjo para que ela pudesse permanecer nos Estados Unidos.

Em 1974, Suzy King naturalizou-se norte-americana.

Em Chula Vista, ela morou em diversos parques de trailers, muito comuns naquela região. Alguns de seus endereços foram 288 Broadway, 568 Palomar Street e 352 Broadway, todos na zona de meretrício da cidade.

A nova identidade de Suzy King parece ter sido cuidadosamente planejada por ela.

Enquanto Jacuí é um importante rio do Rio Grande do Sul, estado natal (pelo menos oficialmente) de Georgina Pires Sampaio, Japurá é um importante rio do Amazonas, estado no qual Jacuí Japurá teria nascido em 25 de dezembro de 1934, mais especificamente em Manaus.

Ter nascido no dia 25 de dezembro, aliás, combinava com os nomes escolhidos para os pais de Jacuí Japurá: José e Maria. E não era Jesus "o primeiro e o último"? Jacuí e Japurá são rios do primeiro e do último estado do Brasil. Os rios da diva Suzy King, que no início da carreira se apresentou como Diva Rios.

Além disso, em suas respectivas línguas de origem, o nome Georgina significa "aquele que trabalha com a terra", enquanto Japurá significa "aquele que trabalha com a água". Jacuí, por sua vez, significa "água de jacu". Curiosamente, sobre a cama de Suzy King em seu apartamento em Copacabana, já havia desde os anos 50 um quadro no qual se via um desenho de um pássaro jacu.

Não foi possível obter maiores detalhes sobre a vida de Suzy King nos Estados Unidos.

Terá sido feliz? Amou? Foi amada? Fez amigos? Teve cobras? Dançou com elas? Dançou para grandes plateias? Ou ao menos para pequenas? Dançou apenas para si na solidão de seu trailer, de repente saudosa dos palcos, dos aplausos, de seu nome nos jornais? Ou nunca mais dançou, talvez amarga depois de tanta luta, depois de tanta vida, depois de perder seu filho?

Terá valido a pena?

Suzy King morreu bailarina, mas sua vida e sua morte não negam – era faquiresa legítima, ainda que fugisse de sua urna. Fazia parte do show.

Suzy King

Epílogo

Suzy King parece ter sido a última faquiresa a se exibir em território nacional.

A mudança do Distrito Federal para Brasília, a bossa-nova, o rock, o espírito de modernidade que invadia o Brasil na virada dos anos 50 para os 60 e, pouco depois, a instalação da Ditadura Militar no país foram, sem dúvida, fatores definitivos para o fim desse tipo de exibição no país.

Alguns faquires do sexo masculino ainda realizaram provas de jejum no Brasil nas décadas seguintes, mas nunca mais tivemos uma faquiresa.

Entre 1923, quando o jornal *A Noite* publicou que a prova de jejum de Rose Rogé era "a maior e mais interessante novidade da época", e 1959, ano em que a edição paulista do jornal *Última Hora* publicou que Suzy King "pretendia explorar o povo com um espetáculo de jejum, desses bem manjados", a sociedade se transformara a tal ponto que os cento e dez dias de jejum prometidos por nossa última faquiresa pareciam inferiores aos oito dias de jejum de Rose Rogé.

Ao longo de pouco mais de três décadas, as faquiresas passaram dos grandes cinemas das capitais a circos e pavilhões montados em terrenos baldios em cidades interioranas.

Embora realizada no Rio de Janeiro, a derradeira tentativa de Suzy King, em uma pequena sala nos fundos da galeria Ritz, longe da rua e sem nenhum destaque por parte da imprensa, já sinalizava o desgaste desse gênero de exibição.

Seu desfecho, frustrado, entre o trágico e o cômico, pode ter sido decisivo para que outras mulheres não se animassem a repetir a façanha, de modo que as faquiresas sumiram totalmente do Brasil.

Ou simplesmente foi o país que mudou e não mais comportou mulheres como Rose Rogé, Gitty, Arady Rezende, Zaida, Rossana, Mara, Iliana, Yone, Marciana, Verinha e Suzy King, já não houve tempo ou espaço para suas loucuras, suas transgressões, suas exibições.

Se o Brasil não pode com novas faquiresas, que se conserve a memória das velhas representantes de atividade tão controversa: glórias nacionais não pelo êxito ou fracasso de suas exibições, mas pela força que carregavam consigo e pela coragem de entrarem em suas urnas e iniciarem suas provas.

O silêncio de todos esses anos não foi o bastante para que elas fossem esquecidas para sempre ou permanecessem presas no passado.

Nossas faquiresas estão libertas e o mundo que dê conta disso...

As três genealogias de uma pesquisa

QUE PROFUNDO e duradouro impacto é esse, capaz de fazer um menino de oito anos, levado pela mão do irmão mais velho até um pequeno espaço no centro de Campinas, guardar para sempre na memória a inusitada visão de uma surpreendente mulher vestida de azul, encerrada numa urna de vidro lacrada, imóvel sobre uma cama de pregos, e ainda por cima com uma cobra ao seu lado? Era 1958. No vidro da urna, papeizinhos colados com declarações de amor e votos de sucesso, bichos de pelúcia e ramalhetes de flores. Soldados montavam guarda e o *Correio Popular* publicava matérias diárias sobre o andamento dos quarenta e tantos dias de jejum a que voluntariamente se submetera aquela estranha mulher. O menino recortava as matérias e coloria as fotos com lápis de cor e as grudava na parede. O nome dela era Verinha. O menino se chamava Alberto e virou um apaixonado pelo teatro e suas artes.

O mesmo impacto duradouro e profundo atravessaria, muitas décadas depois, outro Alberto menino, quando ele ouvia no rádio cantores e cantoras já então fora de moda, cujas melodias e respectivas letras eram conhecidas exclusivamente por estudiosos. Até hoje, as notas das canções vivem em sua memória — o menino se tornou um conhecedor excepcional da música popular brasileira e, autodidata, demonstrou possuir uma incomum habilidade para pesquisar a vida de antigos artistas, descobrindo papéis, fotos, testemunhas, sobreviventes...

Seriam essas duas experiências meras antecipações, na infância, de futuros interesses bizarros, até mesmo profissionais, ou, por outra via, teriam sido essas vivências de rara intensidade as ativadoras de núcleos criativos preexistentes? Creio, como analista junguiano, que não se tratou nem de uma coisa nem de outra. O que esses meninos sentiram foi o impacto do "numinoso", termo que Jung tomou de empréstimo ao teólogo Rudolf Otto, em seu livro *A Ideia do Sagrado* — Otto criou esse termo a partir do latim, numen = divindade, poder divino. Para Jung, numinosa é a experiência que se tem diante de algo, cujo sentido é ignorado ou ainda não conhecido, da qual decorre uma força psíquica capaz de fascinar a consciência do sujeito. Trata-se, em poucas palavras, de uma experiência arrebatadora, inesquecível e transformadora, que se tem ao entrar em contato com uma dimensão sagrada, epifânica, transcendente, maior do que o ego.

O grande artista Kazuo Ohno, que desenvolveu a seu modo o Butô criado por Tatsumi Hirakata, conta que quando menino foi levado por seu pai, no Japão, a assistir à apresentação de La Argentina, uma artista espanhola que dançava acompanhada por suas castanholas. Comentou ele mais tarde que essa visão havia sido o "seu Butô", no sentido de revelação de uma paixão. Há alguns anos, em São Paulo, beirando os noventa anos de idade, Kazuo Ohno eletrizou a plateia ao encarnar La Argentina, transfigurada por sua arte oriental. A aclamada soprano dramática inglesa Susan Bullock recentemente revelou, numa entrevista para a BBC, concedida horas antes de interpretar o papel de Brunhild na cena final do **Crepúsculo dos Deuses**, de Wagner, que seu momento numinoso ocorreu aos doze anos de idade, quando o irmão mais velho trouxe para casa um disco desse compositor, colocou-o na vitrola e a levou a seu quarto para ouvir a pleno volume o poderoso fluxo sonoro wagneriano. Foi nesse exato momento que ela teve certeza de que seria cantora lírica, muito antes de iniciar seu aprendizado vocal. O jovem pianista chinês Lang Lang igualmente revelou, numa entrevista concedida no dia em que executaria no festival de Salzburg o "Concerto para Piano número 1", de Liszt, que o ouvira pela primeira vez com dois anos e meio de idade, e que naquele exato momento, soube que um dia seria pianista. Em suas memórias, Jung relata a forte sensação de ter ficado consciente da vastidão do mundo e da pequenez do eu quando seu pai o levou, menino que era, ao topo do monte Rigi, nas cercanias de Lucerna, de onde se tem uma visão de trezentos e sessenta graus dos picos nevados dos Alpes suíços em toda a sua majestade. Os exemplos de experiências desse tipo são muitos, e todos fascinantes. No caso de nossos dois Albertos, foram essas vivências de impacto sobre a alma que os levaram a empreender um trabalho conjunto de pesquisa sobre essas estranhas e inquietantes mulheres, que praticaram no Brasil dos anos 20 e 50 o faquirismo como arte performática, muito antes que esse termo tivesse sido inventado. Essa é a primeira genealogia da pesquisa que ora comentamos.

O tipo de apresentação pública que a pesquisa buscou desenterrar do esquecimento, para sobre ela lançar um novo olhar, é um subproduto da galeria de atrações exóticas tradicionalmente presentes nos espetáculos circenses de qualquer lugar, ao lado dos palhaços, dos trapezistas, das bailarinas equestres, dos malabaristas, das mulheres barbadas, dos domadores de tigres, dos contorcionistas, dos cachorros bípedes, dos engolidores de fogo e espadas, dos equilibristas, dos halterofilistas, das odaliscas, dos ilusionistas, dos hipnotistas, das moças com roupas sumárias suspensas às alturas por um cabo preso a um coque na cabeça. Desse time de figuras que encarnavam o avesso do distinto público sentado na plateia, surgia às vezes um faquir de turbante indiano, de longas unhas e barbas, magro e pálido, que se deitava sobre uma cama de pregos, andava sobre brasas, engolia tiras longuíssimas de pano e depois as regurgitava, ou perfurava a língua, a bochecha ou a mão com longas agulhas de metal. Dentre todos os componentes desse bando surrealista, o faquir era o único que se autoimolava, era o único que demonstrava possuir um tal domínio sobre o corpo capaz de fazê-lo suportar, ou até mesmo de não sentir dor, como ocorreria a qualquer mortal. Todos os demais artistas circenses superavam os limites do corpo em suas proezas, mas o faquir o fazia porque era sua mente que comandava o corpo, e não o contrário; as várias proezas realizadas pelos demais dependiam basicamente de corpos exímios bem treinados e de mentes apenas concentradas para não perderem o equilíbrio, a graça, a coreografia, o peso ou a tração muscular.

Mas as faquiresas só apareceram muito depois na história do espetáculo circense. O que a pesquisa pretende mostrar é como essa figura foi tomando forma fora e além das lonas de circo, exibindo-se ao lado de seus parceiros ou mesmo sozinhas em outro tipo de ambiente, detentoras agora de uma persona teatral própria. É a construção dessa máscara, no sentido do teatro grego, que a pesquisa detalha e documenta, num seguimento paralelo em que a simples mulher que buscava a fama e ascensão social reaparece juntamente a seu duplo teatral, a faquiresa coberta de todos os atributos da personagem, presa por semanas a fio numa urna de vidro na companhia de cobras, praticando um longo jejum sem perder a pose e a persistência. Não mais no circo, mas em salas sem qualquer atrativo, alugadas por seus "empresários" de ocasião na avenida São João e cercanias ou no interior, às quais acorriam, ingresso na mão, homens de paletó e chapéu na hora do almoço, os homens todos que povoavam as ruas do centro da cidade. Mas será que eles sabiam o que tanto os atraía, o que é que queriam ver? Certamente, uma figura feminina que não se encontra em casa, mas que não se decifra exatamente quem é.

A faquiresa era, em primeiro lugar, o oposto radical da mãe, para os meninos, e da esposa, para os adultos. Não era a puta, não era a louca, não era a mendiga, não era a vedete, não era a artista, não era a Pomba-Gira, não era a Nega Maluca, não era a Chiquita Bacana. Não era Maria Madalena. Não era a vadia sem eira, nem beira. Não era a bêbada caindo pela calçada, nem tampouco a Bela Adormecida. Não era a Rainha Diaba. Não era a condenada à morte, a facínora, a depravada, a devoradora de crianças, a sacerdotisa de magia negra ou de missas satânicas. Não era a rumbeira, nem Maria Bonita, nem Luz del Fuego ou Elvira Pagã, nem fantasma, nem alma de outro mundo. Não era a Rainha Má, nem a bruxa, nem a Cuca, nem a sereia, nem a Iara, nem a Mãe d'Água, nem a Mula sem Cabeça. Não era, certamente não, a torturada, a Mártir, a Mater Dolorosa, Aquela que dilacera o coração sofrido com espadas. A faquiresa na caixa de vidro não era rigorosamente nada disso, era apenas uma mulher razoavelmente atraente, minimamente erótica, absolutamente silenciosa e sem nada a declarar, totalmente imóvel, aprisionada numa caixa de vidro, voluntariamente em jejum, ofertando por dias e noites sem fim ao público curioso o espetáculo de um corpo que subvertia as leis biológicas da sobrevivência. Ela vivia seu momento de glória quando brevemente iluminada pelos flashes dos fotógrafos que publicavam sua imagem em preto e branco nos jornais e revistas da época, que nossos pesquisadores tiveram o faro de Sherlock Holmes para desencavar sabe-se lá de que baú. O estouro do flash fugazmente iluminava a figura indecifrável da faquiresa, mas a personagem performática que esta encarnava não era do mundo solar, e sim da escuridão. A faquiresa revivia, provavelmente sem disso dar-se conta, o feminino renegado pela cultura. Assim, elas resgatavam uma dimensão que as mulheres não podem acessar, o que as priva de terem consciência de uma completude que necessariamente inclui o lado negro da lua: os mistérios do reino obscuro, que as antigas deusas ditas pagãs, como Ísis, Inanna, Astarte, Hécate, Kali, Deméter, Proserpina, ou semidivindades como a pitonisa de Delfos ou a Morgana dos celtas, encarnavam sem por isso terem barrado seu acesso ao mundo solar. Mas era do mundo subterrâneo que todas essas figuras míticas do feminino extraíam conhecimento sobre tudo aquilo que não se pode explicar, como, por exemplo, a cura do que não tem cura, a recomposição dos corpos desmembrados, a conexão profunda com os animais, a resolução de partos difíceis, o anúncio de profecias, a clareza de visões, a compreensão da fala dos pássaros ou do murmúrio das ondas do mar, a recepção dos presságios da natureza, o destemor diante da loucura e da morte.

Para os nossos índios do Brasil e o povo todo de pé no chão, essas figuras do feminino são familiares até para crianças, assim como comparecem em todos os conjuntos míticos de povos pré-letrados, pré-judaico-cristãos, orientais ou ditos pagãos. A mulher construída pela civilização judaico-cristã foi dividida em duas — a luminosa dissociada da sombria —, a partir do momento histórico peculiar em que esta última foi soterrada pela destruição da memória mítica e pelo seu banimento ao domínio do inconsciente – onde continua viva, mas sem forma, nome ou significado coletivo. Não é por outra razão que me servi da metáfora produzida pelos verbos "desenterrar" ou "desencavar" para aludir à presente pesquisa. E há de se cavar muito, muito fundo, em busca de uma genealogia para essa vontade de investigar o que afinal pode haver de interessante nessas vulgares figuras de faquiresas.

A primeira genealogia da pesquisa foi apontada de início: foram as experiências numinosas de seus autores na infância. Mas há uma segunda genealogia, ou dito de outro modo, uma segunda raiz arquetípica para o trabalho que empreenderam em conjunto. A faquiresa é uma versão barata, inconsciente, pobre, mas ao mesmo tempo despudoradamente criativa, da primeira figura feminina criada por Javé, mas posteriormente excluída do relato editado do Livro do Gênesis. Lilith, e não Eva, foi a primeira mulher criada por Javé. Ela foi, até ser banida ao final do sexto dia para os confins do mundo, A Mulher.

Valho-me aqui, para os comentários que seguem, de um inovador trabalho de pesquisa feito por um colega italiano, Roberto Sicuteri, que o publicou em 1980 (em 1985, já estava aqui traduzido e publicado pela editora Paz e Terra). Seu livro chama-se ***Lilith – A Lua Negra***. Farei a seguir um resumo de sua pesquisa de modo não acadêmico, ou seja, sem citações entre aspas a todo o tempo, já que são as ideias dele que passo a expor, para dessa forma retraçar um desenho há trinta séculos apagado e eliminado da consciência coletiva, e que serve de pano de fundo para as nossas performáticas faquiresas. Mesmo que seja numa desajeitada sala de aluguel no largo do Paissandu.

Em busca de um fio da meada perdido, Sicuteri principia com a ideia que teve Javé de criar o homem para coroamento de sua Criação, dizendo: "Façamos o homem, que seja a nossa imagem, segundo nossa semelhança". Fez uma massa de pó, sangue e bile, com a qual moldou Adão e lhe deu vida. Colocou o primeiro homem no Jardim, em meio aos animais. A mitologia bíblica sugere que Adão era psiquicamente andrógino. Em *Gênesis* I, 27, é dito que "Deus criou o homem à sua imagem, à imagem de Deus o criou; macho e fêmea o criou". Uno feito de Dois, dois em um, trazendo em si os dois princípios, o masculino e o feminino, só depois separados. Na sequência mítica, posteriormente editada, Adão terá duas naturezas femininas, duas companheiras.

O *Gênesis* é repleto de contradições, o que desde a Antiguidade motivou uma série de correções e interpretações, todas excluídas do texto que conhecemos. No *Livro do Zohar*, por exemplo, um rabino aponta que um versículo diz "o criou", mas outra versão do mesmo versículo usa o verbo no plural, "os criou", pois essa é a imagem de Deus, na qual tudo está unido, todos os contrários em conjunção. Adão teria sido, segundo *Gênesis* I, 26-27, dois em um, homem e mulher. Nos livros talmúdicos, na *Torá* e nos *Midrash*, há comentários na mesma linha das duas naturezas integradas do primeiro homem, em tudo semelhantes ao mito exposto no *Banquete* de Platão, o hermafrodita que será separado em dois. A questão que interessa a Roberto Sicuteri, analista junguiano, é justamente entender como se separou o feminino do masculino.

Seguindo obscuras pistas que vão levando de um comentador a outro através dos tempos, chega-se a uma indicação, depois suprimida, de uma natureza semianimal do primeiro homem – e aqui já começamos a nos aproximar de Darwin e de sua teoria da evolução das espécies, ainda renegada por essa antiga matriz religiosa judaico-cristã. Os comentadores não ortodoxos concebiam um Adão portador de uma sexualidade em estado primário, antropoide, diríamos hoje, acasalando-se com os animais que encontrava (o que aliás, sempre existiu nas sociedades agrárias e pastoris). Segundo o mais antigo mito humano conhecido, que data de quatro mil anos atrás, o de Gilgamesh mesopotâmico, seu alter ego Enkidu vivia com as gazelas e copulava com animais selvagens. Teria sido esse o Adão dos babilônicos, anterior ao nosso. O Adão bíblico pede a Javé uma companheira porque estava insatisfeito e solitário, mas procede a observação do psicanalista freudiano Theodor Reik, em seu livro **Psicanálise da Bíblia**, de que Adão/Enkidu afastou-se das práticas sexuais indiferenciadas quando conseguiu reconhecer a mulher. Quando proclama sua solidão, comenta Sicuteri, "Adão ainda é andrógino, talvez em sentido psíquico, mas ignora a alteridade sexual; é ainda animal". Quando Adão pede a Javé que lhe dê uma mulher – já que, como andrógino, seus companheiros eram os animais – , Javé separa esse Dois em Um, retirando do todo uma metade. Esse casal é portanto anterior à criação de Eva. A primeira mulher, metade de Adão, que assim passa a ser só homem, foi Lilith, criada por Javé, que misturou pó, sangue e saliva, configurando um ser tão natural quanto Adão. O casal teria uma sexualidade polimórfica e indiferenciada, sem disparidade entre os sexos. É aí que surgem os primeiros requisitos bíblico-míticos para a criação da segunda mulher.

Lilith perturbou Adão por sua extrema libido sexual (saliva) e animalidade (sangue menstrual), embora nascida das mãos de Javé tão impura e humana quanto ele, pois ambos eram oriundos da separação do mesmo ser original. Lilith é criada ao entardecer da sexta-feira, ao avançar das trevas, junto aos répteis e demônios, que ficaram sem corpo porque chegou o sábado, dia do descanso e já desprovido da luz divina. Tudo aconteceu entre o sexto e o sétimo dia. Rapidamente entra Eva em cena e logo em seguida é decretada a expulsão do Jardim do Paraíso.

No dizer de Sicuteri, Lilith é um mito arcaico, seguramente anterior, na redação bíblica, ao de Eva: por isso, pode-se dizer que foi a primeira mulher de Adão. Mas quando surge o mito de Eva, Lilith aparece como demônio, junto às serpentes, e não mais como a mulher natural e selvagem que era, assim como Adão, sua metade. Ora, em resumo, Adão não suportou a sexualidade de Lilith, que não se submetia à dele, que se recusava a deitar-se sob ele e obedecer aos desejos do macho ignorando os seus. Adão pede então a Javé que crie a mulher submissa,

Eva. Lilith é expulsa para os confins do deserto e desaparece do relato mítico-bíblico, porque o povo monoteísta palestino precisava de uma figura mítica feminina, no caso Eva, que legitimasse as pretensões do patriarcado de submeter as mulheres às suas leis. É bom lembrar: qualquer mito é uma projeção da psicologia humana dominante no período histórico em que é coletivamente engendrado. Lilith foi apagada da consciência porque era uma ameaça à ordem patriarcal – mas não desapareceu do inconsciente coletivo, a partir de onde às vezes reaparece sob formas assustadoras, terríveis, vingativas, perigosas para a ordem geral das coisas. O temível poder de sua figura é a capacidade de abalar o desequilíbrio que há trinta séculos vigora entre o masculino e o feminino, entre homens e mulheres. E nossas faquiresas, no plano mítico, encenam o retorno de Lilith à consciência. Arte precária talvez, mas mito vivo – tanto que ao mesmo tempo fascina e repugna.

E há ainda uma terceira genealogia para esta pesquisa, que é a figura do faquir e sua história. Basta consultar uma boa enciclopédia, como o Grand Larousse Encyclopédique, para ficar sabendo que "fakir", em árabe, quer dizer "pobre", termo que designava, na Índia antiga, os mendicantes que praticavam exercícios ascéticos. Mas o termo era pejorativo, como se estes fossem um simulacro dos autênticos ascetas, os sadhu ou yogin, em sânscrito. Já temos pois, no próprio nome, a insinuação de performance arcaica, de exibições de feitos extraordinários, atribuídos a um poder sobrenatural dos faquires. Os primeiros relatos sobre tais exibições chegaram à Europa no século XVIII, feitos por viajantes e missionários católicos. No fim do século XIX, os faquires já se exibiam em público em Londres ou Paris, seguindo a onda de interesse pelo exotismo, ao lado de pigmeus, índios brasileiros, polinésios tatuados, King Kongs, hermafroditas e toda a galeria de "outros" que servia de prova da superioridade da raça branca colonizadora. Aí nasceu o espetáculo, porque havia o espectador curioso. O público extasiava-se diante de demonstrações de catalepsia, insensibilidade à dor, suspensão do pulso vital (sepultamento), bem como diante de ações do faquir sobre a matéria, fazendo objetos distantes moverem-se, lançando cordas ao ar que não caíam, exibindo água que fervia sozinha, supostamente por uma concentração do espírito e de um poder sobrenatural da mente. A crítica científica prontamente rotulou tais apresentações de prestidigitação, combatendo assim a aura de mistério que envolvia as palavras "Ásia" ou "Índia".

Examinemos agora a prática do jejum. Basta consultar outro volume da mesma enciclopédia e veremos que o jejum tem origem religiosa, seja cristã, precedendo a eucaristia, ou judaica, antes do dia do perdão. Os ascetas hindus, há séculos e até hoje, consomem apenas uma pequena quantidade de arroz por dia. Na respeitável tradição da yoga, codificada por Patanjali no século II D. C., o jejum é praticado como meio de alterar o estado habitual da mente, permitindo certos tipos de meditação baseados em sutras que paulatinamente permitem ao iniciado a descoberta de poderes extraordinários, como prever a hora da própria morte, superar as barreiras do corpo e da matéria, e tantos outros quase impossíveis de compreender para os ocidentais. Consulto aqui Sutras de **Patanjali e dos Siddhas** e o livro de Mircea Eliade, estudioso de religiões comparadas, intitulado **Patanjali y el Yoga**. O livro III da compilação de Patanjali das antigas tradições versa sobre os "poderes" adquiridos com a prática disciplinada. O sutra 29 refere-se ao jejum prescrevendo a concentração sobre o plexo solar, especialmente o umbigo, o que promoveria o desaparecimento da fome e da sede, bastando ao corpo físico, para manter-se vivo, alimentar-se de prana, energia vital presente no ar que se respira através das respectivas técnicas de pranayama. Importado da Índia, como exotismo no século XIX ou a partir do período hippie, nos anos 60, quando se abre no Ocidente um interesse pela cultura espiritual hindu, esse conhecimento inevitavelmente sofre distorções, antes de mais nada, por estar desvinculado do contexto geral em que floresceu. Paramahansa Yoganada, que se transferiu para os Estados Unidos e escreveu o best-selller **Autobiografia de um Yogue**, recomenda claramente, em outro livro seu, intitulado **Man's Eternal Quest**, a prática do jejum como uma das grandes vias para se chegar a Deus. Se somos pura energia divina, diz ele, é a energia da consciência pura que nos alimenta, e não a matéria que a condensa.

A faquiresa, ao que consta, não veio da Índia. Deve ter-se originado como atração das feiras de exotismo das metrópoles imperialistas. Ou talvez tenha surgido concomitantemente no Brasil.

O que pretendi com essas linhas foi iluminar o pano de fundo das salas ou palcos em que se exibiram nossas artistas de arrabalde e das "emoções baratas", na feliz expressão de Alberto Camarero, que causavam à plateia. Na tradição do teatro ocidental, ao fundo do palco, coloca-se um fundo de tecido negro, conhecido como "rotunda". Se a cortina, ao abrir-se, desvela o mundo imaginário, a rotunda preta serve de tela de projeção para que o espectador complemente a ilusão da cena com sua criatividade imaginal. O que quis foi depositar nessa rotunda essas três genealogias de que nasceu a pesquisa: o fascínio numinoso de dois meninos, a figura feminina banida da consciência coletiva e o uso profano da sabedoria sagrada.

O que me resta é esperar que nós brasileiros, a despeito de nossos complexos, aprendamos a detectar valor nas formas aparentemente simplórias de que se serve nosso povo artista para expressar, muitas vezes, temas de insuspeitada grandeza.

Roberto Gambini
Analista Junguiano

ENTERRADAS VIVAS, envolvidas por cobras, submetidas à fome, deitadas sobre pregos e, ao mesmo tempo, belas, louras, odaliscas, vedetes.

As faquiresas que realizavam suas performances em centros urbanos e no interior no Brasil nas seis primeiras décadas do século XX se tornaram referências do imaginário popular, nessa época e contexto, com fantasias calcadas em dicotomias presentes na constituição da noção de feminino em diferentes sociedades ocidentais, primitivas ou modernas. Essas dicotomias ou ambiguidades, como veremos adiante, encontraram representações expressas em performances circenses, alçadas provavelmente do interior provinciano às cidades, já tomadas por culturas globalizadas. A figura do faquir, originária do oriente, provê de exotismo espetáculos populares que atingem diferentes classes e toma proporções significativas na mídia, alimentando os negócios do entretenimento no país em desenvolvimento.

Um livro sobre as faquiresas talvez possa trazer alguns caminhos de elucidação do alcance do fenômeno e me junto aos autores para algumas reflexões.

Em primeiro lugar, insisto em compreendê-las como artistas, porque elas próprias assim definiam o seu desejo de se expor como mulheres sacrificadas em autoflagelo, identificadas com o submundo dos mortos e da animalidade bestial das serpentes. A imolação em performance espetacular tem como matéria básica a sedução que as faquiresas provocavam por serem mulheres e desafiarem a ordem estabelecida. Esse desafio se consubstanciava ao manterem em suspensão as condições do cotidiano e enquanto expunham a intimidade do feminino, gênero humano mais próximo da natureza - esta desafiadora, por sua vez, da cultura, um domínio masculino por excelência.

A mulher se aproxima mais da natureza porque é o ser que gesta e dá à luz, reproduz a espécie, sangra e amamenta como as fêmeas do reino animal, têm instinto de proteção também como essas, e é abjeta por isso mesmo. Mais do que mais próxima, pertence mesmo ao mundo inferior da natureza. Ser enterrada viva, viver com cobras, ser imolada, é potencializar a vocação abjeta do feminino. O fascínio que a faquiresa exerce para ambos os públicos, feminino e masculino, se encontra nesse modo superlativo de escancarar, com sua performance ambígua de vedete e mártir, a ousadia de borrar limites entre o permitido e regrado e o proibido e desregrado.

A antropóloga Mary Douglas nos fala como a falta de limites e regras representa perigo para a ordem social, e que nada ameaça mais a ordem do que o ambíguo porque ele confunde as fronteiras entre o certo e o errado, o belo e o abjeto, a pureza e o perigo. A faquiresa, representante do sexo "frágil", pode desafiar o poder masculino da força, isto é, o estabelecido, ao se submeter à fome. A fome pode levá-la à morte, mas ela quase sempre vence, e na data marcada, é liberta de sua prisão e sacrifício, viva.

A mulher encerrada em caixões, trancafiada, sem chance de ser salva e ainda ameaçada por cobras e fragilizada pela tortura dos pregos sobre os quais se deita, encarna a ambiguidade de ser ao mesmo tempo a beleza frágil e a força física que resiste às torturas e ameaças da vida.

Mas o fascínio não se deve apenas à ambiguidade. A forma expressiva de sua performance é espetacular e glamourosa: cetins, caixões de vidro e cabeleiras louras são itens recorrentes. Aí reside sua força, na sensualidade que, em lugar de despertar piedade pela mártir, acende o desejo pelo que é torto, desvia a regra, pela negação dos limites, pela desordem, sujeira, sexo.

A ambiguidade das faquiresas se potencializa porque seus espetáculos são performances, arte da não representação e sim da experiência subjetiva, autobiográfica e sem limites entre a atuação artística e a vida pessoal — às vezes, as cobras não são elementos de cena, mas bichos de estimação das faquiresas, por exemplo.

Vencer o prazo do jejum e isolamento é questão de vida e morte. E é arte, é profissão. Elas são artistas de rua, de circo e de outras circunstâncias de apresentação que conferem à arte da performance sua especificidade. Certamente, esse era um gênero inexistente para a crítica e história da arte na época, particularmente as produzidas no Brasil. Mas, na atualidade, a atuação das faquiresas perfeitamente se enquadraria nessa linguagem da arte.

Não é à toa que Guillermo Gómez-Peña, ao definir a arte da performance como uma "forma de estar num espaço em frente e ao redor de um público específico com uma maneira de olhar intensificada, com um sentido particular de propósito no manejo de objetos, compromissos e palavras", afirma que "é também uma atitude ontológica frente ao universo, como tão bem o compreendem os xamãs, os dervixes, os faquires".

REGINA POLO MULLER

Acervos consultados

Archivo Histórico de Tijuana, Tijuana, México

Arquivo Municipal de Campinas, Campinas, SP

Arquivo Nacional, Rio de Janeiro, RJ

Arquivo Público do Estado da Bahia, Salvador, BA

Arquivo Público do Estado de São Paulo, São Paulo, SP

Arquivo Público Municipal, São José do Rio Preto, SP

Biblioteca Municipal Murilo Mendes, Juiz de Fora, MG

Biblioteca Nacional do Brasil, Rio de Janeiro, RJ

Biblioteca Pública Arthur Vianna, Belém, PA

Biblioteca Pública Estadual Luiz de Bessa, Belo Horizonte, MG

Centro de Memória do Circo, São Paulo, SP

D.A Press, Brasil

FamilySearch, https://familysearch.org

Folha de São Paulo, São Paulo, SP

Instituto de Cultura de Baja California, Mexicali, México

JusBrasil, www.jusbrasil.com.br

Museu da Imagem e do Som do Rio de Janeiro, Rio de Janeiro, RJ

National Archives and Records Administration, Washington, Estados Unidos

O Estado de São Paulo, São Paulo, SP

O Globo, Rio de Janeiro, RJ

Rede Anhanguera de Comunicação, Campinas, SP

United States Citizenship and Immigration Services, Missouri, Estados Unidos

Além desses acervos, listados aqui pela publicação de informações obtidas neles neste livro, foram consultados, ao longo de extensa pesquisa realizada pelos autores, cartórios civis do Brasil e do exterior e também diversos outros arquivos públicos e privados nacionais e estrangeiros, não referidos por não ter sido encontrado neles nada que tenha sido aproveitado no presente volume.

Agradecemos, de forma geral, para que ninguém seja esquecido, aos funcionários de cada um desses arquivos, que nos atenderam e nos dispensaram sua atenção ao longo dessa pesquisa.

Seria impossível listar todas as pessoas que nos deram algum tipo de ajuda ou apoio durante a nossa pesquisa.

Dentre esses, destacamos Verinha, a única faquiresa brasileira encontrada viva quando a pesquisa foi iniciada, e sua família, Carlos, o filho de Suzy King, e os filhos das faquiresas Rossana e Mara, os quais sempre foram atenciosos conosco, atendendo-nos e cedendo material para o livro.

Além deles, merecem menção especial Ana Paula Ribeiro Maia, Andres W. Espinoza, Antônio Moraes, Célia Camarero, Claudinho Pereira, Dalva Eyrão, Darkson Luís Pastore Veríssimo, Dora Lessa, Iara Márcia Santana Pastore Veríssimo, João Antônio Buhrer, Lynn Phillips McDougal, Luiz Amorim, Luiz Antônio de Almeida, Luiz Carlos Monteiro de Portilho, Maria Dias da Silva, Mariah de Olivieri, Marilene Andreza Guerreiro de Souza, Maurice Capovilla, Pedro Ivo Tomé, Ralph Muñoz, Regina Polo Muller, Roberto Gambini, Romero Azevedo, Urano Andrade e Vítor Etrusco, assim como alguns familiares e amigos mais próximos dos autores.

Impresso
com o papel
offset 120 gramas.